二十世纪
名人自述
/系列/

张 謇自述

张 謇 著 文明国 编

时代出版传媒股份有限公司
安徽文艺出版社

图书在版编目（CIP）数据

　　张謇自述/张謇著；文明国编.—合肥：安徽文艺
出版社，2014.1
　　（二十世纪名人自述系列）
　　ISBN 978-7-5396-4720-3

　　Ⅰ.①张… Ⅱ.①张… ②文… Ⅲ.①张謇（1853～1926）
—自传 Ⅳ.①K825.38

　　中国版本图书馆CIP数据核字(2013)第249128号

出 版 人：朱寒冬　　　　责任编辑：刘　哲　张　磊
特约编辑：韩美玲　　　　封面设计：汪要军

- -

出版发行：时代出版传媒股份有限公司　www.press-mart.com
　　　　　安徽文艺出版社　www.awpub.com
地　　址：合肥市翡翠路1118号　邮政编码：230071
营 销 部：(0551)63533889
印　　制：北京鑫瑞兴印刷有限公司

- -

开本：710×1000　1/16　　印张：20　　　字数：230千字
版次：2014年1月第1版　　2014年1月第1次印刷
定价：40.00元

- -

（如发现印装质量问题，影响阅读，请与出版社联系调换）

版权所有，侵权必究

目　录

第一编　啬翁自订年谱

目
录

第二编 家 传

第三编　实业建设

张謇
自
述

第一编

啬翁自订年谱

年谱自序

民国十二年（一九二三）

古人无所谓年谱，有之则后人敬仰前哲，缀缉其言行事迹，参比而为之，无自订者。自订自謇始。謇曷为自订？记一生之忧患示训子孙乎？忧患士之常，非也。记学问乎？学殖薄而无专长，粗窥文字而不足离古人自立，亦非也。记出处乎？本于亲训，凤无宦情，迫而强从，前不足三月，后不过二年，不足记，尤非也。然则曷为自订？夫今之世，非中国上下五千年绝续之会乎！五帝以前，史所不能质言者，吾不敢知。由今日而企五帝之世，其国体为君主，则可断言。嬗民主而开天，尤非今莫属也。惟君主故更数十年或数百年必有争，争故预其争当其争者，千万人蒙其害，而一二最强伯善争者享其利。利至于无餍足而莫之止，乃复有争。此大较也。民主启于法于美，亦千万人不胜一二人专与争之害而为此制。制此者以减害，以平争，为此善于彼之冀幸，我踵而行之十有四年矣。散一二人之专，为千万人所欲之专，而争如故；合千万人之争，附一二人之争，而争逾甚。其故安在？一国之权犹鹿也。失而散于野，则鹿无主，众人皆得而有之而逐之而争以剧。一人捷足而得之，则鹿有主，众无所逐而争以定。此虽名法家言，而事实如此，不可诬也。然一人独有众之所欲得，而又私而不善公诸人，则得亦必终失。夫私也，若何而善公诸人，则孟子所谓舜禹之有天下也而不与焉是也。世固不能皆舜禹也。不能舜禹而欲其公，固莫如宪法。自清光绪之季，革命风炽，而立宪之说以起。立宪所以持私与公之平，纳君与民于轨，而安中国亿兆人民于故有，而不至颠覆眩乱者也。主革命者目为助清，清又上疑而下沮，甲唯而乙否，阳是而阴非；徘徊迁延而濒于澌尽。前此迁延徘徊之故，虽下愚亦能窥其微，虽上圣不能警之寤。謇当其间，有一时一地一人一事之见端而动关全局者，往往亲见之，亲闻之。当时以为恨，后时则且以为不足道。然而黄帝以来，五千年君主之运于是终。自今而后，百千万年民主之运于是始矣。乌乎！岂非人哉，岂非天哉！謇年二十有二，始有日记，至于七十，历四十有八年，视读古史殆易数姓。此四十八年中，一身之忧患学问出处，亦尝记其大者，而莫大于立宪之成毁。不忍舍弃，撮为《年谱》，立身行己，本末具矣。系日于年，固有事在，以供后之作史而论世之君子，倘亦有所取裁。

啬翁自订年谱[1]

清咸丰三年（一八五三年），癸丑五月二十五日，卯时，生于海门常乐镇今敦裕堂前进之西室，一岁。

余家自先高祖由石港迁金沙场东五里庙河南头总。清嘉庆元年先曾祖卒，先祖年才八岁。先祖兄弟三人，府君第三，家颇温饱。先长伯祖既娶分爨，就田于余中；次伯祖不勤农业，外出不归；先曾祖母特爱府君，幼从学村塾。年十六岁时，在塾闻母猝病，急归省，已噤，不能处分后事。既葬，家日蚀于前，嫁长姊之族诱之博，覆焉。外曾祖东台栟茶吴圣揆公为小瓷商于金沙场，无子，止一女，习知府君忠朴被绐家落，怜之，赘为婿如子，命生子兼祧吴氏。时当嘉庆中叶，嗣胤日繁，虑为外家累，乃迁西亭。旋外曾祖亦迁海门常乐镇，兼治小农。先祖命先君月走七十里一省视，有事则留数日或旬，事竟始归以为常。外曾祖父卒，外曾祖母高年独居，闻人称先母

①《年谱》公元系年，为《张謇全集》编者所加。

在室之勤孝，命先祖父祖母为先君聘娶而侍外曾祖母。申外曾祖母命，生子后吴；先母金氏，故与外曾祖母同贯东台也，时为清道光之季。先君始娶于葛，生伯兄誉（小名长源）；三十年金太夫人生仲兄謇（小名长庆）；咸丰元年生叔兄詧（小名长春）；三年謇生（小名长泰）。

十一月，先祖卒，年六十有六。

四年（一八五四年）甲寅 二岁

葛太夫人生弟警。

五年（一八五五年）乙卯 三岁

七月，外曾祖母殷卒，年八十有一。

六年（一八五六年）丙辰 四岁

通海大旱蝗，蝗自北至，作风雨声，辄蔽天日，落地积厚二三寸，户外皆满。先君先母指谓此害人物，饥民满道，见袖饼啮者辄攫。先母杂蚕豆作饭，见乞者恒辍箸予之，余时能俯槛拾棒击蝗矣。

冬，先君始教识《千字文》。

七年（一八五七年）丁巳 五岁

正月，三叔父来，知余已识字，命背诵《千字文》，竟无讹。三叔父喜，先君先母亦喜。遂命随伯仲叔三兄入邻塾，从海门邱畏之先生大璋读，命名吴起元，名仲兄吴庆华，叔兄吴首梅。

八年（一八五八年） 戊午 六岁

仍从邱先生读。

夏大水，塾前桥与水平，余随三兄上塾，行后过桥落水；邱先生讶少一人，亟出视，见水涌动，伏桥援之起。

九年（一八五九年） 己未 七岁

仍从邱先生读。

七月，仲兄与邻儿嬉，溺水殇，年十岁。

十年（一八六〇年） 庚申 八岁

仍从邱先生读。

三月，先祖母吴卒，年六十有四，先君治丧于西亭。余与叔兄辄据案习字记小帐，一族兄挈游城隍庙，入后宫，神夫妇二偶像坐特高，重宇阴閟，族兄命揖，甫揖，坐上笔筒签筒翻倒作声，余惊而啼，道士奔集，抚而慰之。自是先母戒后勿入庙。先母挈叔兄与余往东台，追荐先外祖母之丧。

十一年（一八六一年） 辛酉 九岁

仍从邱先生读。

清同治元年（一八六二年） 壬戌 十岁

仍从邱先生读。

二年（一八六三年） 癸亥 十一岁

自五岁至是七年，读《三字经》、《百家姓》、《神童诗》、

《酒诗》、《鉴略》、《千家诗》、《孝经》、《学》、《庸》、《论》、《孟》毕；始授《诗经·国风》二册。学属对三四五字，非特不知四声，并平仄声亦不了解，先生命属对，法以上下左右昼夜黑白相对，如是推类。先君见以日悬天上对师所命月沉水底而喜，谓可读书，谋于三叔父，明年延师于家。是年江南犹陷于寇，避地之人时有至者；余闻人诵《滕王阁序》于市募钱，久之耳熟，问先君曰："若岂不以关山难越四语诉苦乎？"先君颔焉。

三年（一八六四年）甲子　十二岁

八月，湘军克江宁复之。先君于住屋外别治一室，室外有五柳，因名仿陶书屋。

正月，延西亭宋蓬山先生效祁授叔兄五弟与謇三人读，无僮仆，洒扫粪除诸役，皆三人任之。先生检视前所读书，音训句读多误，令自《学》、《庸》、《论》、《孟》始；尽易新本，授令重读，既背更授，自日三十行，渐增至六七十行或百行；亦授四声，或就《三字经》、《四字鉴》、《千家诗》为说故事。一日，先生在塾，有武弁骑而过门外者，先生举"人骑白马门前去"命对，应曰"我踏金鳌海上来"；先生大喜，先君亦喜甚，归告金太夫人；太夫人曰："儿诚可喜，但勿过誉之，成败未定也。"

是年五月，先生应岁科连试，复病足，罢课几两月。

六月，先君命与叔兄、五弟随佣工锄棉田草，大苦，乃益专意读书。至州，三叔父家侧有药王庙，庭有皂荚树，余用泥水匠垩帚，大书"指上生春"四字于扁鹊神龛之后背，字大一尺七八寸；庙中有砚工朱姓，大称善，逢人便告张氏第四子能书。

十一月，先生应江南乡试，子璞斋先生琛获中，先生又为摒挡诸事，计在塾教授不足六阅月也。在塾之日，先君必朝夕起居致敬礼。

四年（一八六五年）乙丑 十三岁

三月，二叔父卒，年四十有六。是时宋先生年五十有八，故患喘，夜寐恒短，感先君先母于其服食起居，忠敬有加；又以上年旷课久为歉，督余益严，日授生书，尝再量难易为多寡，读则抗声先之，读而谐则称奖之。余兄弟故与同寝室，床相接，即寝寐未熟间，问他事或问且所读书义若何，意惬，则次日告先君而称许。是岁读《论》、《孟》、《诗》、《书》、《易》、《孝经》《尔雅》竟。学为五七言诗，试帖自二韵至六韵，制艺作讲首；先生每归，必挈与俱，亦令至西亭诗社，分题作诗，或限字为诗钟。

五年（一八六六年）丙寅 十四岁

读《礼》、《春秋左传》，作八韵诗，制艺成篇；第一题为："有心哉，击磬乎？"州试题也，先生命先作一破，余破"磬能传心，心以磬传矣"。遂命赓续终篇。

五月，余东灶民，以禁米出江，并与盐商争荡之故，乡人推诸生许朝桢为首，抗不遵禁，殴伤州役；州移镇营会缉，仍抗斗，伤营兵，兵有堕水死者，知州以匪乱报督抚请兵，巡抚李鸿章檄提督张绍棠、吴庆华统二营临剿，逮许戮焉。事解，而乡人之惊惶逃徙遍数十里，匝月不绝。

六月，先生以兵警归，未几病卒。时方盛暑，先君闻讯，即挈余兄弟星夜赴其丧，任经纪丧费。

先君命至西亭，从宋紫卿先生琳读，宿膳其家。先生，蓬山先生之从子也。

六年（一八六七年）丁卯 十五岁

仍从学子西亭，间从璞斋先生问业，读《周礼》、《仪礼》，苦《仪礼》难读，亦不甚了解。余先世祖父，由口口相传为三姓街张氏；顾三姓街族谱久不修，而先世又率务农。先君性慷爽，贫时亦济人急，既业商稍裕，益事周恤，里人因目为富。通俗，凡三世无隶名学官为生员者，名为冷籍。子弟与试，则学官及廪膳生中之为认派保者，必钩联多索费。三姓街族人兆彪字啸谷者，以武举经商起家；自兆彪习武中举，族习武中举者，咸、同两朝，先后殆十余人；兆彪尝憾族自道、咸后无文士，其于族派，则先君同辈行也；尝语紫卿先生：令余应试，而其人为两宋先生所不慊，先君唯两宋先生之言是从。璞斋先生有素所谂之如皋人张驺，因欲余认驺为族，先试如皋，不得当再试通。

七年（一八六八年）戊辰 十六岁

仍从学于西亭。

正月，璞斋先生介绍张驺与先君晤识；驺兄驹，驹子铨前卒，计以余为铨子，报名注籍，试但一场，取有名而已，试文与驺孙易写，一试即返，州试如之；许院试隽，酬以钱二百千；不隽，但为任骊子与孙之试费，以是为计大巧而值大廉；先君疑不可，璞斋先生谓兹事法当然，不然不谐；且戒毋令先叔知而泄，乃名余曰育才。骊孙故以贫，读书于县之抚幼塾，塾不征学资而给食，就学子弟以字分次其入塾之年。骊孙名育英，故蒙其字而名余，余与先君心皆不安，顾已应县州试，无如何也。

十月，应院试。学使为鄞县童侍郎华，题为"神谌草创之，世叔讨论之，行人"。榜发，取中二十六名附学生员，由是酬驹以二百四十千；资不足则署券，而从而居不泄之功索报者，实繁有徒。自此家无宁岁矣。先是州试，余取列百名外，同时通范铸少余一岁，取第二；璞斋先生大诃责，谓："譬若千人试而额取九百九十九，有一不取者，必若也。"余至西亭，凡塾之窗及帐之顶，并书"九百九十九"五字为志；骈二短竹于枕，寝一转侧即醒，醒即起读，晨方辨色，夜必尽油二盏，见五字即泣，不觉疲也，至是余隽而范落。

识海门秦烟锄驾鳌、刘馥畴逢吉、张子冲云搏、黄香山锡龄。张、黄长于余，秦、刘长且十年以上，秦又父执也，与为友。

八年（一八六九年）己巳 十七岁

仍从学于西亭，颇苦籍事索酬之应付。时而归，并以文质里中徐石渔先生云锦。先生，外舅之族也。起岁读《纲鉴易知录》《通鉴纲目》。识如皋顾延卿锡爵、仁卿锡祥，陈子琦国璋，黄少轩毓龄，通范铜士铸。铜士后更字肯堂更名当世。顾、陈、黄并同案为县生员，与为友。

九年（一八七〇年） 庚午 十八岁

仍从学于西亭，科试一等十六名。

七月，从紫卿先生应江南乡试；试卷，房考备荐。

先是蓬山先生示意先君，欲以孙女订婚而未举，先生既卒，璞斋先生室孙夫人爱余甚，而婚亦未订；榜后，孙夫人之兄见余落卷，乃促订；顾举两说为约：一须居城；一与合买宅同居。孙属紫卿先生致其说，先生致书先君而语余，余曰："人子娶妇以养亲也，娶而异居，不能养亲，不孝；多分兄弟之财以自适，不弟。不孝不弟，不足当蓬山先生与孙夫人之爱，幸谢。"先生曰："吾书非汝所应答，须归自乃父。"归白先君先母，毷余言。顾先君念蓬山先生与孙夫人之义，婚谢而任其买宅所值之半。

冬，先君为订海门徐氏婚。徐氏初议婚在三年之前。徐氏故农家，富有田业，前议徐氏婚时，余以贫富不相若，白母谢缓。至隶学籍后，议婚者百余家，母以问余，余谓："一秀才值不得如许势利。"母意："家有田，欲得妇知田事。"至是前议者复为言，母请周媪往觇，值九月收棉，徐女方持衡册课佃人，媪与其母他谈，女处事不间；媪反语母，遂定婚。

十年（一八七一年） 辛未 十九岁

从海门训导无锡赵菊泉先生彭渊学。先生以清道光己酉举人教授其县，门下称盛，知名之士，率从问业。晚就训导职来海门，海门士亦多从之游，先君欲余往从，丐友为请，先生令先呈所业，得许可。正月下旬往训导署，先生令尽弃向所读之文，以桐城方氏所选《四书文》，及所选《明正嘉隆万天崇文》授读，每课艺成呈阅，则乙抹过半，或重作，乙抹如前，训督严甚，乃大愤苦。逾半年，抹渐少，复命从事《朱子四书大全》，自是益进，读宋儒书。

张驹子镕关通如皋教谕丹阳姜埘南、训导太仓杨泰瑛，冒铨名控逆；姜杨签传。海门师山书院院长王菘睢先生汝骐，杨同县中表也，余试书院，亦被称录，因付书为地。四月杪，单舸往，不听申诉，押于学宫，索重赂。先君请于璞斋先生，先生谢不能为力，余家实不支，而金太夫人郁致疾。阅三月，先君多方贷集百数十金，延某甲往说，仅获放归。

十月，学院江夏彭侍郎久余临通，乃自检举被罔之误，请襌衣顶归原籍，侍郎悯焉，付提调知州桐城孙先生云锦察究本末。先生以海门厘局总办汉军黄太守筱蔼、海安宣城屠太守晋卿楷皆有书讼余冤，乃属璞斋先生理解之，仍谢不顾。先生具自侍郎，规咨部移籍，而别具揭效姜、杨。未两月，先生受代去，以属后任终其事，后任追寝效案。方侍郎以案付提调时，仍令应试，试取一等十一名。侍郎语提调：文可第一，虑且移籍，避众忌，故抑置，须勉自晦。友人黄少轩试名在余后，欲为余谋补廪请贡而递及之，余以方求去，却不可。始识海门周彦升家禄与为友。岁终，先君送学膳费于赵先生，先生恤余贫，不受。

十一年（一八七二年） 壬申 二十岁

仍从学于海门赵先生署，亦从徐先生问业。以如皋生员归通州原籍，本彭侍郎与孙先生委曲玉成之意，然殊周折，法须先销张镕冒名控案。以余昔为出继，今所为后者有后，听归宗，须原试时廪生保证，由学官知县加勘转州，州详院咨部，部可乃可；而学官仇也，知县祖学官者也，廪生仰学官鼻息者也，余既委曲得廪生保结，至如而杨泰瑛欲阻余归通；则又关通如皋知县周际霖，据抚幼塾董阻留之禀签传。是时余正以求杨详州，在如虑入罗网，深夜昏黑，冒风雨出城，沿濠独行。濠甫浚，泥淖积，路高下崎岖，灯灭盖不能张；又惧堕坎陷，蹲视数尺外有无水光，徐进，不十步辄一蹲，历三四时，行二里许，将黎明矣，抵友人家，叩门，衣履表里濡湿。借而易焉；小坐，天明雇小车间道疾至通，展转销县案，得杨印文，州为详院咨部。当是时，外避仇敌之阴贼，内虑父母之忧伤，进呕学业之求，退念生计之觳，时在海门，时至如皋，时至如皋之马塘，时至通州，一岁殆无宁日。比部文回，仍令补具世系图。赵先生复命多看名家制艺；入冬，于余文时亦有所许可。师山书院院长太仓孙子福先生寿祺屡置余文，前列。是岁读《通鉴》。始识江都束织云锦、畏皇纶、无锡陶季亮廷瑞，与为友。季亮故赵先生弟子。

十二年（一八七三年） 癸酉 二十一岁

仍从学于赵先生海门署。归籍须补之世系图，里邻亲族及廪保结，呈学转州详院文既具，自赍至苏州，投于院胥，速院咨部；夏，部报可；首尾已三年，家益不支。伯兄求先君析居，产物悉均分；因籍事所负千金之债，则余与叔兄任之，计尽卖产抵负，犹不足。

科试，取一等第十五；乡试不中。孙先生知余贫，约明年去江宁为书记。旋屠先生总办大河口厘局，亦招为书记。余以孙先生约在前，且旅省便应各书院试，乃谢屠先生。

是年读《三国志》、《方望溪、姚惜抱集》终。

十三年（一八七四年） 甲戌 二十二岁

二月，孙先生命仆来邀。十八日只身乘小舟与来人同行过东沟，谒谢屠先生，仓卒解缆，将至黄天荡过江，东风大疾，舵折舟横几覆，舟人号呼，下流一空柴船，乘风倏至，得救；入夹江燕子矶，过至草鞋峡宿。明日至江宁，执弟子礼，见孙先生于剪子巷。先生馆余别院，兼与其二子东甫孟平、亚甫仲平共学，给余月十金，先生发审局差，俸月才五十金耳。

三月朔，投考钟山书院。校官课者，丹徒韩叔起弼元。摈不录，余负气投书，求示疵垢，无一人知。望课借他名再试，钟山院长临川李小湖先生联琇取第一。复以他名试经古课于惜阴书院，院长全椒薛慰农先生时雨亦取第一。二先生皆传见，既投韩书事泄，薛先生亦诘韩，语孙先生，先生索观书稿，曰："少年使气，更事少耳，须善养。"余惭谢，即日先生为余谢韩。

四月朔，复投课，取亦第一，始诣韩谢。从李先生闻治经读史为诗文之法。孙先生介见泾县洪琴西先生汝奎，石埭杨仲乾先生德亨。洪先生云："须耐烦读书，耐苦处境。"许借书看。

五月，随孙先生勘淮安渔滨河积讼案，因得冯氏丁氏说淮河利病书，因更求潘、靳书。

七月，随孙先生赴江阴鹅鼻嘴炮台工程局，局借君山下圆觉庵。

八月，孙先生介见凤池书院院长武昌张廉卿先生裕钊叩古文法，先生命读《韩昌黎》，须先读《王半山》。读《晋书》。

十月，岁试，取一等四名，经古五名，补增广（廪）生；学院翰林院侍讲学士长乐林锡三先生天龄。归以旅宁所得俸百金，奉先君还债，先君先妣命陈祖先位前而训之曰："通海乡里老师宿儒，授徒巨室，终岁所得，不过如此（时银一两，当钱一千六百文；百金，则一百六十千，合俗所谓二百卦也），汝何能一出门即得之，此孙公念汝贫，望汝向上如此，须以为恩，勿以为分，但恩不可轻受，当永记。"又训之曰："家中债，有父母在，可渐理，勿以为念；冀非分财，辱父母。"余悚泣，计所还债，才五之一耳。度岁仍窘，以婚事故循俗醵会二百千。

十二月二十一日，徐夫人来归。方与徐氏定婚时，徐故富，阅二三年，以二子习贾丧资过当，顿落，至斥田产偿负，不足，夫人自请于祖母，愿以许给之奁田百亩，鬻以补所乏；祖母不可，乃受三之一，并谢衣饰。余家与近，故闻之。既归，庙见第三日即衣布，黎明起省翁姑，先妣喜语余曰："新妇殊有志气。"余亦私喜妇得亲欢。岁除为调解他人事，典质衣物。

是岁始有日记。

清光绪元年（一八七五年） 乙亥 二十三岁

正月四日闻清穆宗崩，新君为醇贤亲王子，于大行帝为弟。慈安、慈禧两太后秉政，懿旨俟今上生子后穆宗，国号初闻曰永康，既改光绪。自是每岁十二月归，正二月出以为常。

二月，理装濒行，母以所闻人言切诫曰："闻誉当如闻毁，则学进；闻毁当如闻誉，则德进；他日任事，亦当如此。"在家始从李先生言作书学拨镫法；然仅能施之寸以上之字。七日过江由福山经带桥至江阴二次，见孙先生。读《明季稗史》。

三月，闻慈安嘉顺太后崩。鹅鼻嘴炮台之筑，任工程者，庆军统领提督庐江吴公小轩长庆也，夙以儒将著称于淮军，平生轻财礼士，孙先生于吴公为父执。去年吴公见所与来往函牍，因识余，至是数过从与谈；而孙先生于余逢人游扬，颇遭同辈之忌，讽刺或见词色，余不欲以新间旧。

六月，借住惜阴书院肄业避之，荐海门秦少牧兆鹏为代。

八月，应恩科乡试之后，以文呈李、薛二先生，赞许焉。吴公邀至军中候榜，以余与军中试人文，送学院林学士评骘甲乙，置余于甲。余以文字利钝不可知，辞而归。吴公有赠未受。吴公补直隶正定镇总兵。榜放，仍不中。

读《朱子名臣言行录》。

十月九日，至海门为赵先生寿，先生谆谆慰勉，勿染名士气。

十一月，孙先生调河运差，问"能偕行否？"先君先母以明年本省有乡试，不欲余远行，谢。叔兄与里中诸友商办下沙灾赈，先君质衣为助，并倡捐建长乐市石桥。识泾县朱芸阶礼元、嘉兴钱新甫贻元、海宁王欣甫豫熙，与为友。

二年（一八七六年） 丙子 二十四岁

正月二十四日，叔兄送至通，往江宁，仍借惜阴书院肄业。院在清凉山麓，横列三院，右为薛先生所居，中祀前总督陶文毅公，后楼三楹，故空无人，上年曾借肄业者。在通时闻零陵王子敷先生治罩训子曰："遇富贵人不患无礼，而患无体；遇贫贱人，不患无恩，而患无礼。"其勖余曰："文字骄人，贫贱骄人，富贵骄人，皆可鄙；然贫贱之骄，可免于谄；但忿疾则不可，有圭角亦不可。"所引为吕新吾先生语，以余前辞合肥某公聘也。孙先生赴河运差将行，延怀远杨鬵臣先生黻荣课东甫兄弟，先生长制艺，余因亦从之问业。吴公知余在惜阴，令刘筱泉长蔚来邀，客其军幕，治机要文书，不以他事混，俾致力制艺，月俸二十金。余至军，面陈须科试后践约，旋归，代秦丈授徒于竹行镇黄氏。

四月，应科试。经古制艺正复四场皆第一，补廪膳生。不应优行试。点名，林公问故，学官枝梧对，林公嘿然，顾册无名，无如何。

闰五月，由通赴浦口，吴公亦以不与优行试为疑，诘焉。余乃告以学官须先具赘而后举，却以未举义不当先赘之故。吴公首肯者再，乃为特筑茅屋五间于其后堂，为读书兼治文书之所。

六月，内人讯：母病疡剧，叔兄刲臂和药进而愈。

总督侯官沈幼丹尚书葆桢檄吴公带兵查办建平教案。时江皖民间，盛传纸人剪辫事，疑天主教堂为之，故有仇教之狱。吴公以余乡试近，留未俱行。读《陆宣公奏议》、《日知录》。

识海州邱履平心坦、含山严礼卿家让、江宁顾石云、邓熙之嘉绂，与为友。乡试仍黜，杨先生中解元。从张先生治古文。以明年正月父寿六十，须早归，荐畏皇为代，候至而归。籍事所负债尚未了，度岁仍典质。

三年（一八七七年） 丁丑 二十五岁

正月，为先君六十称庆。

二月，往浦口，至海安镇，值孙先生奉总督密札，查办海门厅同知王家麟禀揭绅士黄景仁、民人杨点以征赋由单订变案。王湎于酒，为蠹吏所蒙而护短，而黄、杨则为民请命者，厅人皆冤之，具告孙先生，至省复为言于李先生，案经孙先生侦察得实，平反昭雪，总督褫王职，定谳。军中课日读《史记》、《前汉书》。始于军中识泰兴朱曼君铭盘、无锡杨子承昌祜，因子承识武进何眉孙嗣焜，与为友。吴公有天津之行，畏皇偕。

三月，游摄山，山有峋嵝碑，由湖南岳麓书院摹刻者。观石壁宋代题名，有题曰曲辕子，不知何代人也。孙先生总办通州厘务。

五月，蝗见江北各县，与曼君合陈总督请通饬捕蝗。吴公南旋，总督檄以军队捕，公部勒各营，辄未明起，躬自督视，指授方法，蝗灭搜蝻。

七月，游定山，因代友作安徽学院观风试《太白酒楼赋》二篇，取第一、第三，为学使内阁学士寿阳祁公子禾世长所知，与吴公书，甚称道，惕然引愧。

八月，某甲告余，吴公欲为合肥某、庐江某及余与曼君纳赀为部郎，意若何？曼君意稍动，余语曼君："彼二人为吴公乡里后辈，容有是请，而公有是许；我二人特宴会之陪客耳，不可于进身之始藉人之力，且安知我二人之必不以科名进，徒留此迹无谓。"曼君乃云然。甲告公，再三反，终谢之，顾公意自忠厚。

九月，学院檄学官慎举优行，学官遂首以余应，岁试经古制艺正复四场，皆第一。

十月初，试事竣，计在家度岁，彦升、烟锄与论某近事，各有观感。余曰："观人于不得意时，于不得意而忽得意时，于得意而忽不得意时，经此三渡，不失其常，庶可为士。"彦升规余《日记》议论多须改。

十一月，具呈学官，详改今名。彦升后有《更名篇》见规，谓謇有直言謇吃二义也。孙先生权知江宁府。

十二月，连年年尽辄穷，今年更甚，索逋与告贷者，两难为应也。

四年（一八七八年） 戊寅 二十六岁

正月，室人病未愈，以军中之趣，十七日启行，先君先母以谦谨节俭加勉，尤拳拳于爱身。

二月，至浦口，增月俸为二十四金。闻李先生以八日卒，过江致吊。赵先生乞休归无锡，作叙送之。

三月，知室人病大愈。

四月，江北蝗再见，吴公仍以兵法部勒督捕。

五月，吴公五十初度，同人属为序。

六月，叔兄子德祖溺水殇。

七月二十六日，女淑生，十月二十六日殇。

九月，至无锡，起居赵先生，因访杨子承，同游惠山。先生索观近作制艺，谓"佳者独抒已见而不背法，可希作者，但场屋不可如此。士三年一试，经不得率尔人几度挫折"。留二日归，归后母病。

十一月二十七日，金太夫人六十生日，严戒谢客，曰："汝兄弟勉学为好人，使人归美父母，胜于俗之称寿万万。"乃仅治酒食饷戚族子侄。闻学院林公卒于官，继任者，吏部侍郎仁和夏子松先生同善。

十二月，至江阴，吊林公之丧，而丧已前至苏，会军书促迫，遂折由上海附轮船赴浦口度岁。

五年（一八七九年）己卯 二十七岁

仍客浦口军幕。

正月，荐崇明施仲厚祖珍于黄提督。吴公以总督檄督兵开朱家山河；河载两山间，关浦口、六合两县水利，讼几百年，而总督今决之者也。吴公驻工，余不时往。

三月，叔兄报捐县丞。呈请总督饬江阴以下水师船救生。

闰三月，归至通。

五月，应科试，经古制艺，正复四场，皆第一；优行试亦第一。夏公命见，见谓"初至江阴，属幕宾磨勘前任校试卷，见子前试诸作，传观交誉，余适至，询何名？则子前名育才也，因告诸宾"；又谓："前使病危时，手开优生名单，密封付家属，于交印时送来，子名首列。比至通临试，视册不见子名，疑事故不到，不意已更名也，可谓摸索得之，而前官爱士之诚，正不可没。"闻之悚感。

七月，为畏皇被辱于白塔河盐卡，揭讼于总督。应总督、巡抚、学政三院会考优行生试。

八月，榜放，余第一，次丹徒张祥书、娄县王保衡、无锡杨楫、江宁叶文翰、吴县邹福。总督侯官沈公幼丹葆桢、巡抚固始吴公子健元炳也。吴以事未至，试时总督、学使两院点名，比榜放，沈公已寝疾，入谒不获见。令人传语："文不可但学《班书》，当更致力《史记》。"时近乡试，有二人送房考荐卷关节，皆谢之，试仍黜。谒夏公于江阴试院，谓余曰："科名不足轻重，要当多读书，厚根柢，成有用之才。"

十一月，归，知叔兄以事至东台。母病感冒，医始谓伤寒，易一人，谓冬温，进表解之剂，无汗，某医以麻黄一钱、桂枝五分续进，而气喘作。十七日母语余曰："病殆不起，善事汝父；汝大舅家累重，须看顾；有钱须先还债；穷苦人须周济，不必待有余；科第为士人归宿，门户名号，自须求之，但汝性刚语直，慎勿为官；汝妇能理家事，我无虑；汝作事勿放浪，好好做人。又我平日虽诵经理佛，但身后勿营佛事妄费。"十八日未刻卒，年六十有一，急足告叔兄，后二日归。

十二月，吴公遣人来告，沈公卒官。易箦之前，沈公命幕友陈幼莲、部郎宗濂传语余，身后为作一文，吴公不知余之丧母也。

六年（一八八〇年）庚辰 二十八岁

正月十八日，治金太夫人丧，开吊。读《士丧礼》。二十六日先君病，与叔兄日夜侍，五日而愈。延太仓诸生王幼园元鑫度葬地于余西、金沙、通城东三处；定用城东小虹桥耕阳原地，本范氏墓外之余地也，四亩弱，归白先君，以海门田八亩易之，而移其租，订易地券。吴公升授浙江提督，专使赠葬费百金。

三月十日，先君行遣奠祖奠礼。十一日，启母殡就途。十三日辰刻葬，雨，午后晴，阅二日归。十八日出门，先君与家人环泣于室，叔兄送二里而别。

三月二十日，与肯堂、曼君同舟至浦口。四月，吴公有陛见之行，余与杨子青、安震、彭苇亭汝泫偕，张先生以事去山东，肯堂以事至扬州，同发。

四月七日，自清江浦开车，经众兴、顺河集、沿河集、峒峿、红花埠、新安镇、李家庄、郯城、青驼寺、伴城、沂州府、磬阳、垛庄、公家城、蒙阴、羊流店至泰安。张先生往济南，先生于骡车中，辄握牙管，悬空作书，老辈之专勤如此。从吴公登岱，题名快活岭下。题曰："光绪六年四月，浙江提督庐江吴长庆入觐道此，偕乐平彭汝泫、崇明杨安震、通州张謇登岱陟顶。庆于兹山凡六游，而陟顶且三度矣。"游岱庙，观汉柏并唐槐，槐只一，大可数围，中心已空。闻庙祝言，傍枝尚活。其时初春，叶色青葱，为赋二诗。次日复行，经站台、张夏、晏城、禹城、二十里铺、桑园、德州、连镇、南皮、沧州、新集、唐官屯、静海至天津，休息三日，又行经杨村、石马头、俞家围至京，寓内城东安门内沙滩关帝庙。

五月，吴公入觐。与友游承光殿、紫光阁，观功臣画像，旋移寓南横街南下洼观音院，游陶然亭、龙泉寺、法源寺、驯象所。在京观音院，哭夏先生故幕宾杭州汪子樵以诗。识桐庐袁爽秋昶、合肥张蔼卿华奎，与为友。出都，舟行至天津，海道回南。夏先生病痢卒于官。继任者，侍郎瑞安黄漱兰先生体芳。法兰西寇越南，复侵我领海，海疆戒严。

冬，吴公奉朝命帮办山东防务，公留军六营于浦口、下关、吴淞；移军六营驻登州、黄县。余偕。过扬州，从尹元仲德坤借二百金，寄家度岁。始识闽县郑苏戡孝胥，与为友。

七年（一八八一年） 辛巳 二十九岁

仍客军幕在登州。始驻试院度岁，既移驻蓬莱阁。与周彦升、杨子青、王少卿辈，偕吴公至济南，与巡抚商海防事。

四月，项城袁慰廷世凯至登州，吴公命在营读书，属余为是正制艺。公语余曰："昔赠公以团练克复庐江，为贼所困，命赴袁端敏公军求救；端敏以询子侄，子文诚公以地当强敌，兵不能分，主不救；侄笃臣以绅士力薄，孤城垂危，主救；迁延时日，而庐江陷，赠公殉，嗣与文诚绝，不通问；而与笃臣订兄弟之好。端敏后命随营读书以示恤，义不应命，今留慰廷读书，所以报笃臣也。"慰廷为笃臣嗣子，先是以事积忤族里，众欲苦之，故挈其家旧部数十人赴吴公，以为吴公督办海防，用人必多也，而防务实无可展布，故公有是命，旋予帮办营务处差。军事简，多读书之暇，与曼君、彦升、怡庵诸人时有唱酬。读《老子》、《庄子》、《管子》。

八月，葛太夫人卒，年六十有六。闻讯奔丧归，在家度岁。

八年（一八八二年）壬午 三十岁

正月，台谏奏参江宁猫儿山命案诬枉，朝命刑部大臣至宁审勘，孙先生以前官江宁知府，曾预承审，解淮安府任听勘；余往省，致杨点"公如被冤，愿生死追从"之言。

三月，谳定，先生仅薄遣而已。荐肯堂于冀州知州吴挚甫先生汝纶。

六月二十四日，丁提督至登州，持北洋大臣张总督振轩树声书，告日本干涉朝鲜内乱事；次日，吴公往天津，与偕。

吴公奉督师援护朝鲜之命。五日即回防，属余理画前敌军事。时同人率归应乡试散去，余丁内艰独留，而措置前敌事，手书口说，昼作夜继，苦不给。乃请留袁慰廷执行前敌营务处事。

七月三日，拔队，闻命至是七日耳。草《谕朝鲜檄》。朝鲜参判金云养允植同行。四日，从吴公乘"威远"船自登州行至烟台，会"镇东"、"日新"、"泰安"、"拱北"四船同发于烟台，大风，泊威海卫。六日，东渡。七日晨，抵朝鲜南阳府。

八日，入内港马山津，前遣水陆探员次第回。九日，黎明登岸，慰廷颇勇敢。十日行五十里，至鱼鳞川。十一日，行七十里，宿梁川，行经水原府，盖王京南一都会也。其北门外，道路广坦，松阴交翠，万石渠迎韬馆水木尤胜。十二日，军渡汉江，至距京七里屯子山壁焉。十三日，吴公入京，晤王生父李昰应，午后昰应至军，因宣示朝旨，执送南阳军，传登兵船赴天津。十六日，因国王密请，督军攻剿枉寻里、利泰院二处，廛宇连属，乱军所在也；阵斩数十人，擒一百余人。余察其中有父子兄弟之偎依共命者，言语不通，杀则易妄，白吴公请国王迅命捕盗将，及司法判书驰至军，讯别首从或非辜，得罪人十，戮焉，余尽释纵。移驻枉寻东庙，庙祀关壮缪，尚有南庙，祀同。二十四日，吴公谒国王李熙。王馈飨余与慰廷，别赠余三品官服。余以为考古冠服沿革之资，笺谢之。物今存博物馆。二十六日，公遣兵迎还王妃。

八月，日使花房义质谒公，朝鲜自以五十万偿日订约矣。日廷旋以竹添光鸿代花房，竹添能为诗文，其书记嘉藤义三亦通汉文。李相于忧中回直隶督任，张公、吴公谋专折特保薛叔耘、何眉孙与余，余坚谢而寝。彦升颇以保荐未优为憾，叔兄以筹办南中转运保知县。闻无锡赵先生卒。李相欲以庆军属马建忠，而命公回天津，余力劝公引退，并请奏解本职住京，公初韪之，旋以袁子九、周玉山之言而止。有《壬午东征事略》、《乘时规复流虬策》、《朝鲜善后六策》。回南度岁。

九年（一八八三年） 癸未 三十一岁

仍至汉城军幕。吴公属苏松太道刘芝田瑞芬寄千金于余家。盖援朝之初，公有建策速定其乱者酬赏三千金之谕，此犹其意也。余念却则虑违公意，又似余病其少者，乃声明作为无息之借贷。

八月，叔兄至汉城军中。通海岁歉。

十一月，与敬夫理通海花布减捐。

十二月，得瑞安黄先生讯论时事。读段、桂氏《说文》。

十年（一八八四年） 甲申 三十二岁

正月，先君命与馥畴诸君议散赈平粜事，从烟台万霞如、龚小石借四百金，助平籴。通海办滨海渔团。

二月，订妾常州陈氏。闻盛昱严效枢臣，并且两广总督张振轩，朝局一变。时恭亲王秉国，高阳李相国为辅，高阳又当时所号为清流者之魁杓。自昱效罢恭邸、高阳，政权归醇亲王、孙毓汶辈。自恭王去，醇王执政，孙毓汶擅权，贿赂公行，风气日坏，朝政益不可问，由是而有甲午朝局之变，由甲午而有戊戌政局之变，由戊戌而有庚子拳匪之变，由庚子而有辛亥革命之变；因果相乘，昭然明白，以三数人两立之恩怨，眩千万人一时之是非，动几甚微，造祸甚大。经言：治国平天下，始于正心诚意，是固儒者事矣。故谈朝局国变者，谓始于甲申也。

三月，于常乐议立社仓。

四月，中法议和。吴公调防奉天金州，促往；因由沪至烟台，附"海镜"兵轮，行至金州，则公已病甚；公自朝鲜分其军三营畀慰廷留防后，自统三营至奉，不两月，慰廷自结李相，一切更革，露才扬己，颇有令公难堪者，移书切让之。以五弟属广东陆路提督蔡绥庭金章。

闰五月，吴公命长子保德归应拔贡试，阻之不克。公次子保初刲膺疗父，不效，二十一日公卒。

军事在朝鲜者，由吴提督兆有继统；在金州者，由黄提督仕林继统，宾客星散。彦升以公先有赠予五百金之手谕，因索三百金先去。皖人某甲，又以公有幕客各赠薪水三月之遗示，不及候代任，亟向粮台索取，且欲例外多取；粮台不可，则群怨袁恕堂鸿。袁开县人，颇孤立。叔兄谓其无他私弊，众因迁怒叔兄，势甚汹汹。余与诸方反复晓譬，七月事乃明白，余先归。粤督属蔡提督见招，并促即往，辞之。

北洋又以粤督之托，属袁子九见招，子九并述北洋意，亦辞。在金州，识同知绍兴陈鹤洲，非世俗势利人也。还尹元仲前借二百金之本及息。

九月，闻张总督振轩卒于粤军防次。为海门定拔贡事。

十月，至淮安起居孙先生，留十日归；先生约明年将移官江宁，子弟回避，不能应试，命亚甫与余同北应顺天乡试。

十一年（一八八五年） 乙酉 三十三岁

正月，外舅与长子先后卒。

二月，取妾常州陈氏。

三月，至江宁，为孙先生襄校府试卷，拔江宁沈厚圻、上元邱廷銮。

四月，由上海北上，亚甫前二日行，遇于天津。因袁子九还粤督聘金四十两。至京，先寓杨梅竹斜街和含会馆。吊问夏厚庵。移寓内城东单牌楼观音寺胡同文昌关帝庙。识黄仲弢绍基、王可庄仁堪、旭庄仁东、梁节庵鼎芬、沈子培曾植、宗室伯熙盛昱、濮止潜子潼、王苹卿颂蔚、张伯纪云官、丁恒斋立钧，与为友。

六月，国子监考到，取第一名，录取第四名。与伯熙谈朝鲜之危，不亟图存，必为人有，因以前策示之，共太息而已。闻通海水灾，常乐社仓一时难成。闻叔兄拟应乡试，以补监四成无资而罢。应顺天乡试。

九月十一日，听录，中第二。清代乡人北榜中第二者：顺治甲午盛于亮，乾隆庚午方汝谦，至余共三人。房师商城黄编修梅岑彝年，座师潘尚书祖荫、翁尚书同龢、左都御史宗室奎润、童侍郎华，童院试座师也。潘、翁二师期许甚至，翁尚书先见余优贡试卷；试前，知余寓距其宅不远，访余于庙，余一答谢。同榜旧识钱新甫贻元、沈子封曾桐、杨叔峤锐、屠敬山寄。读王氏《说文释例》、《古文辞类纂》。朝鲜复有内讧，奸人将通款于俄，其王上表乞援，李相力持听其自主不援之议。宗室准仲莱聘教其弟，其弟本科同榜也，谢之。潘师命为《乡试录前序》，翁师命为《后序》。

十月，知蔡提督兵散，五弟归。星乱如织，连三夜，为伯熙拟陈朝鲜事。制艺问业于黄先生，先生以言事被谴，先有谈相者语先生，防有蹉跌。先生曰："数定乎？不如我去寻蹉跌。"移居南半截胡同含山严礼卿编修家让处。岁除，以用余之三十余金，分赠友人。

十二年（一八八六年）丙戌　三十四岁

候试都下，会试不中，注选教谕，潘师留课其弟，辞。

爽秋以杜口不论时事见规。

四月，与同年刘仲鲁若曾及曼君出都，至保定起居张先生，晤延卿。

五月，南旋。读《管子》、《晏子》。

八月，璞斋先生以知县候补山东卒，为理料其归葬诸事。至江宁，孙先生介谒总督曾沅甫国荃。叔兄谋资引见，不谐。先君谋为乡里兴蚕桑，集资购桑秧于湖州，赊于乡人，并送《蚕桑辑要》。

十三年（一八八七年） 丁亥 三十五岁

叔兄欲求河运差，引见又不遂。孙先生由江宁调任开封知府。

三月，在家与家人育蚕。曾总督以江宁书局分校《汉书》见属。

闰四月，购柏秧六百余本、槐秧二百余本，分给乡人；又从袁恕堂乞得油桐子千粒下种备给。

五月，至安庆，偕孙先生往开封任，由枞阳、孔城、六安州、顺河集、冯家集、太和县、淮甸、新镇、周家口、大林港、张市、朱仙镇。

六月十六日，至开封，寓江苏会馆。孙先生命拟开封到任《观风示》并《观风题》十道。

八月十四日，河决郑州东石桥，初三十余丈。次晨，孙先生往决口查灾。决口越二日，宽至二百余丈，全河夺汴、颍、汝、涡而下灌，横经四五十里，灾民四散奔逃，不可数计。上南厅工员吴县人李祁积怨于民久，至是破腹而投河流。与东甫乘舟经中牟二三堡察看水势，凡堤不决处，所存之料，大率空虚，匪徒且乘危掠夺，饥民灾民，倚土搭柳枝栖止，官犹禁焉。闻决口外五六里，人畜死无算。归告先生，泪下如雨，立诣巡抚请设赈局，河道山东人鞠捷昌不主设局，先生苦争，因与藩司鞠道有隙。先生曰："官不做可也，眼前灾民，不能不救。"读《胡文忠公集》。

九月，倪抚军属为主河工计划，拟《疏塞大纲》。山东京官有任河自觅路入海者，有主复铜瓦厢者，意仍由江苏境耳，不知旧黄河下游已淤塞无路。上书潘、翁二师，力陈其不可。复看潘、靳书，及考宋、明史，凡河决开封以上者，无不大浸淮北，而淮扬转轻，前无道及者。高阳李相国鸿藻奉命勘河，河督易李子和鹤年。任河务者，并巡抚为三矣。河工局移杨桥庙工，余之应倪公聘也，先与之约，余为孙先生来，不能因抚院而去，第今事棘，工有事则住工次，回城则住府廨，因举何眉孙为代，促之来。力白李公，乘全河夺流、大治河，复禹故道，李公惊惮焉。北洋令西人贾海来勘，所言大概与余同，复格不行，则请以切滩取直法治河南险工之河。按前河督梅启照开方图，加以最近测自祥符上泛以西郑州五堡、鸡心滩河分南北两支处始，至下泛北头堡、鸡心滩，亦分南北两支处止，居中就势引直，南自广武山尾以东至荥泽、三堡、鸡心滩七里，接至郑州六堡之间二十里，自八堡至中南头堡七十里，三堡至二十六堡三十里；北自祥河三堡南支，至下北十堡四十里，共一百六十七里；可使南而荥、郑、中、祥，北而祥泛五处四十三四里至险之工化而为夷。浚用机器，施工较易。复不行，盖狃于旧河工之说也。是河患终无衰止之日，余去志益决，且恐不速矣。老于河工者主塞决，而臬司贾、河道鞠皆东人，又唱为年内不能兴工之说。

十一月十六日，与东甫俱归，由陈留、杞县、睢州、宁陵、归德、马牧集、扬集、砀山、黄口、合集、徐州、张集、双沟、龙集、高作、洋河、众兴至清江浦而镇江。

十二月，风雪，附江轮，顿衣物于廊，危坐守之，雪不止，坐达旦，至芦泾港下，雪犹盛。

十四年（一八八八年）戊子　三十六岁

赣榆知县陈玉泉廷璐延长选青书院，兼修县志。

太仓知州独山莫善征祥芝，延长娄江书院，谢之，荐彦升为代，仍约过江一谈。刺史子偲先生弟也，故非常吏，留数日，令子楚生棠、族孙少儒自贤从学。刺史亦欲以修志见属，因与王先生及子翔商志例。刺史复借五百金与叔兄，益以孙先生所借，乃得于四月摒挡入都，以江西候补知县引见。

三月，至赣榆选青书院。求宋、明、清名志读之，殆十之六七，乃从事修志。

五月，归。闻亚甫卒，恸焉。

七月，叔兄往江西。

十二月，得解京饷差。为海门任复溥善堂事，诣护院藩司贵筑黄子寿先生、臬司湘乡陈舫仙湜为请。

十五年（一八八九年）己丑　三十七岁

正月二十六日，皇帝举行大婚典礼。作《棉谱》，辑《志例》，欲成《志通》一书。

正月，北上应礼部会试，不中，挑取誊录四十名；房考内阁侍读长白小舫熙麟。倪抚以郑工合龙，保六品衔教谕即选，列保之前，倪抚问所欲得，答以无功无所欲，故就已选之教谕而被饰之云尔。叔兄以到省期满甄别，试问江西水利，叔兄尝读《江西通志》，论独详，取第一，得南昌县帮审。

七月，至苏州吊莫知州之丧。

九月，病。娴儿病痢殇。娴本叔兄女，室人以淑殇而育之者。始识山阴汤蛰先寿潜，与为友。

十六年（一八九〇年） 庚寅 三十八岁

小虹桥先母所葬墓地，前以海门田与范氏易者；地隔，范氏收租不便，而墓地不定，固亦非计，因议照时偿地价，而范氏归我庚辰所与易田之契，至是阅十一年。

二月，应礼部会试，荐而不中，房考云南高蔚光。高语余："场中误以陶世凤卷为余，中会元。翁尚书命留试学正官，非余意，久于京无力，谢归。"

五月，病既愈，侍先君病十昼夜。

七月，叔兄得良口厘差。

八月，却安徽沈抚延为其子课读之聘。先君复病疡。

十一月，潘尚书卒于官。尚书故兼顺天府尹，办直隶灾赈极劬瘁，顺天属民尤感之，谥文勤。识乌程蒋书箴锡绅与为友。

十七年（一八九一年） 辛卯 三十九岁

至东台校县试卷，修县志，时王欣甫权知县。治《周易音训句读》成。

九月，省叔兄于江西。

十八年（一八九二年） 壬辰 四十岁

正月，徐先生卒。桐城孙先生卒。讣至，为位而哭。海门乡人，闻而会者数百人，杨点至服斩衰服，哭尤哀。通人以先生黯免附城三税局，故亦为设祭，复合词上总督、巡抚，请奏付国史《循吏传》。室人复为纳妾管氏。叔兄得奉新差。应礼部会试，仍不中。爽秋为言："闱中总裁房考竟觅余卷不得，以武进刘可毅三场策，说朝鲜事独多，认为余，中会元。"计余乡试六度，会试四度，凡九十日；县州考、岁科试、优行、考到、录科等试，十余度，几三十日；综凡四月，不可谓不久，年又四十矣，父母必怜之，其不可已乎？乃尽摒试具。翁尚书留管国子监南学盛祭酒述南学诸生，愿为捐纳学正，留管学仪征阮引传、李智俦国子监官也，复来为说，并感而辞。

八月，叔兄署知贵溪县，往省。

十二月，营柳西草堂。为叔兄遣女归束氏，婿曰瑄，畏皇子也。

十九年（一八九三年）　癸巳　四十一岁

崇明知县延长其瀛洲书院。得士婺源江谦。

十月，为海门增学额，诣学院宗室侍郎玉岑溥良。闻可庄卒苏州知府任所，十二月往吊。同、光两朝京师所谓清流者，奉李高阳为魁，而张之洞、张佩纶、陈宝琛、黄体芳皆其杰。友好中盛昱、王仁堪、仁东、张华奎、梁鼎芬、黄绍箕、文廷式皆预焉。可庄温重简雅，不露圭角，实令器，出知镇江府，劝民荒山种树，整治地方；移知苏州，亦得士心，享年不永，可恸也。先是孙先生知余与诸人善，令取诸命造推算，语余曰：异哉伯熙、可庄、仲弢、道希诸君，仕皆不达不久而寿不永，子培、子潜必外为监司，后乃皆验。说子培、子潜与李仲约说相同。李尚及爽秋、苇卿亦验也。

二十年（一八九四年）甲午 四十二岁

闻曼君卒于旅顺张仲明光前军中，为经纪其丧事。曼君既卒，其妾生子。未卒之前，遗命小名买奴名骥之，为安其母子生计。闻濂亭师卒于保定莲池书院，设位而祭。是年慈禧太后六十万寿，举行恩科会试。叔兄于江西奉委庆典随员，函请于父，命余再应试。父年七十有七，体气特健，因兄请命曰："儿试诚苦，但几年未老，我老而不耄，可更试一回，儿兄弟亦别久，藉此在京可两三月聚，我心亦慰。"余不敢违，然意固怯，迟迟乃行。室人请于父，为定梁氏、吴氏二姬。

二月二十三日，至都。试具杂借之友人，榜放之前，不听录。中六十名贡士，房考：山东滕县高仲瑊编修熙喆，总裁：高阳李尚书鸿藻、嘉定徐总宪郙、钱塘汪侍郎鸣銮、茂名杨副宪颐。

三月十六日，复试第十名。二十一日，殿试四策。问河渠、经籍、选举、盐铁，具本朱子学说对。阅卷大臣八人：张相国之万、协揆麟书、李尚书鸿藻、翁尚书同龢、薛尚书允升、唐侍郎景崇、汪侍郎鸣銮、侍郎志锐。二十四日，乾清宫听宣，以一甲第一名引见。二十五日，传胪。顺天府尹于午门酌酒揖骑，以仪仗送归第。假南通会馆供张迎使。二十八日，朝考。黄先生过余慰问，余感母与赵、孙二先生之不及见，又感国事，不觉大哭。先生至，亦凄然。

五月，叔兄奉父命归。二十八日，诣礼部翰林院听宣到衙门。

六月，大教习到任，沿明故事，诣院上书，分教习侍讲。

归安冯修盦文蔚大课第一。二十六日，太后万寿朝贺。日本以是日突坏我北洋兵舰二。

七月一日，上谕声罪日本。朝议褫海军提督丁汝昌，李鸿章袒之，朝局大变。初五日，妾陈氏卒。

八月十八日，随班贺太后加徽号，朝鲜正使李承纯、副使闵泳喆犹进贺表，闻我军溃平壤，退安州。日兵扬言，分道入寇。

九月，翰林院五十七人合疏请恭亲王秉政；又三十五人合疏效李鸿章；余独疏效李；战不备，败和局。闻父背病疽，愈而未复，心滋不宁，而国事方亟，不可言去。十八日亥刻，闻父十七日丑刻之凶问。十九日晨行，过天津，即附海轮。二十七日，由上海抵家。入门伏地恸绝，寝苦丧次，一第之名，何补百年之恨，慰亲之望，何如侍亲之终，思之泣不可仰。

清光绪二十一年（一八九五年） 乙未 四十三岁

闻畏皇病卒子吴淞班复斋广盛军中。张孝达由湖广总督移督两江，奏请朝旨任余总办通海团练。鉴乡先辈办团练筹款之弊，不任募捐，以书二十四楼付典肆，抵质银千元，分助通海团练，为乡人倡。

四月二十一日，葬先君暨葛太夫人于城东王字河东。闻天津和议成，和约十款：一、韩自主；二、割全台、奉天九州县；三、换约后三个月撤军；四、赔二万万两，换约后半年还五千万，再半年还五千万，余六年清还，加息五分；五、苏、杭、沙市通商；六、内地皆通商；七、两月内派员会同划界；

八、驻兵威海，每年给兵费五十万，赔款清后撤；九、俘虏彼此送还；十、限六个月议通商详款，现停战期满，展限至四月十四日，以便期内换约。盖赔款割地之辱兼之。见台民愤抗布告天下之文。

闰五月，通海团练撤防。

六月，至江宁诣南皮，论下不可无学，学不可无会，若何实地进行。

七月，南皮留谈商务，归有筹辟海门滨海荒滩之议。举债营先君遗言欲举之家庙、义庄、社仓、石路、石桥；书箴筹策之助为多。

八月，闻东甫卒。东甫无世俗气，有治事才，失此良友，可痛。户部有减官俸加厘捐议，言于御史熙麟，疏论其不可，并请饬江北州县，悉复道光朝林文忠抚苏之溥善堂，免地方因人命被吏胥之扰累。

十月，节盦约与康长素、黄仲弢列名开强学会，南皮为会长。长素初名祖诒，更名有为，与节盦皆粤人，皆归识；节盦为陈兰浦先生弟子，康为朱九江先生弟子，康教授广州，门徒甚众，有梁卓如启超，其高足弟子也。中国之士大夫之昌言集会自此始。

十一月，辞书局总校。

十二月，南皮聘继黄先生长文正书院。辞崇明瀛洲书院。为通海花布商议办认捐事，至繁复而胶葛，口舌辨难，文牍疏解，几于十反。岁终，计负债已七千余元，而所以谋竟先志者尚未终；先志者，父事也；负债者，子事也；父有志而子不能竟，安用子为？家祭陈告，必以二年成之。

二十二年（一八九六年） 丙申　四十四岁

正月，认捐事垂成矣，司局持酷议，限商认缴之数，必解制钱，不论年岁丰歉；若短，必州厅具结认赔，以是终不成。乃知以急策敛财者，不善其后，未有不病民者，于曾、胡何责也。叔兄为南皮调湖北任宜昌川盐加厘局坐办。

二月，至江宁，任文正书院院长。先往安庆吊东甫之丧，谒孙师母，还校孙先生《年谱》、《杂记》，东甫前属电。江谦、江导岷、束曰琯、陆宗舆、郭鸿诒、文彻、潘世杰、沈书升、从子亮祖从学于书院。应兼安徽巡抚沈仲复秉成安庆经古书院院长之聘。复通州孔庙乐舞，设采芹会，并建海、如、泰合习庙乐之议。请学院龙资生侍郎湛霖延浏阳唐某等为乐舞教员。议城濠鱼堰。

二月，翁尚书罢毓庆宫值。

三月，与两江总督新宁刘岘庄坤一议兴通州纱厂。

先是南皮以中日马关约，有许日人内地设工厂语，谋自设厂，江南北苏州、通州各一。苏任陆凤石润庠，通任余，各设公司，集资提倡，此殆南皮于学会求实地进行之法。余自审寒士，初未敢应，既念书生为世轻久矣，病在空言，在负气，故世轻书生，书生亦轻世。今求国之强，当先教育，先养成能办适当教育之人才。而秉政者既暗蔽不足与谋，拥资者又乖隔不能与合。然固不能与政府隔，不能不与拥资者谋，纳约自牖，责在我辈，屈己下人之谓何，踟蹰累日，应焉。初号召发起人，应者，沈敬夫、刘一山、潘鹤琴、郭茂之、陈维镛、樊时薰六人合组，而余任通官商之邮，案既定，迁延不效，由汪知州撤樊、陈二人。李相使俄，慈禧太后召见，李折呈五十七人禁勿用，首文廷式。李出京，御史杨崇伊效廷式罢遣。

四月，闻丁恒斋外放沂州知府。闻慈禧为穆宗立端王之孙溥僎为子。

五月，归。

七月，家庙、义庄上梁。延太仓李虎臣以炳同至江宁，课从子亮祖、仁祖。

八月，辞安庆经古书院，让黄先生。先生故长文正书院，以南皮去辞而让余。

九月，为纱厂事归，规度厂基于州城北唐家闸陶朱坝。

十月，改议通纱厂官商合资，官以久搁沪上之机估值五十万两为本，由商集资五十万两合之。

十一月二十三日，行家庙落成礼，奉四代主入庙。梁姬、吴姬来归。

二十三年（一八九七年） 丁酉 四十五岁

长文正书院。

正月，至三姓街家庙，祭始迁祖，祭金沙、西亭、通城祖考墓、宋蓬山先生墓。谒孔庙。家庙行焚黄礼。祭东台外祖父母墓。从子亮祖娶于沈氏。办掘港、丰利二场灾赈。翰林院述掌院语，与京友连电促到院，均辞。

二月，同书箴、敬夫、立卿，一山至沪，与潘、郭会议，定三月内集资二十万造厂。与室人同至江宁。

三月，至武昌，与南皮说通厂事。

四月，吴、梁二姬至江宁，室人归。通海蚕桑，为厘捐总局所阻阂。

六月，宋紫卿先生卒。从子亮祖病卒。通纱厂以潘、郭屡报集股有成数、屡不效，七月乃与盛宣怀议所订用之官机四万八百锭，合领分办，冀按二万四百锭之值二十五万两；由商集二十五万两，数轻而易举也。新宁檄商务局以潘、郭集资屡不效，屡请退，撤之。于是通厂之责，乃专在余。是时余仅集六万余两，宁商务局桂道嵩庆许任募十万两，亦口惠无实。

八月，三叔父卒。自迎养常乐以来已十余年，曾以《农政全书》法，从先君索田二十余亩试种不效，举止遂失常度，至是卒。

九月，海州延兼书院，辞。梁、吴二姬归。叔兄至江宁。

十月，以通厂集资事至沪，旅费乏，鬻字。

十一月，定造厂包工价九万两。约书簏至厂为助。定《厂约》。遣从子仁祖从学于湖北方言学堂。叔兄在京山唐心口多宝湾堤工。试海门芦稷炼糖。成《归籍记》。

二十四年（一八九八年）戊戌 四十六岁

长文正书院。

正月，营所居常乐镇二十八圩社仓。十八日酉时，怡儿生。

二月七日，从孙延武生。编《本支系谱》。刘总督以所条陈海门垦荒事入奏，委道员钱德培来勘视。

三月，纱厂兴工。为新宁拟变通《开垦海门荒滩奏略》。

闰三月，入都销假，补散馆试。常乐乡民误会社仓意，毁仓董许聘三之家。副都统景祺奏行间架税，同时又行中允黄思永奏请之昭信票。二十六日，见翁尚书言间架税之弊甚于昭信票。二十八日，见申戒昭信票之谕旨。

四月，复见尚书言之，尚书立命驾往户部，曰："改过不吝，不可以需贼事。"因请电传九督抚。请翁尚书停江北米粮捐，为草留已收之昭信票款于各省办农工商务奏。上翁尚书《理财标本急策》。恭亲王奕䜣卒，度朝局将变。十八日，保和殿试散馆，十事对九，赋"需泽施蓬蒿"试帖。试时誊至第四韵，四川胡峻越余坐前过触几，激墨点污卷如豆，既刮重写，乃脱一字，临行知之，复刮三十字重写，疵类殊甚，列二等三十七名。始用初花眼镜。闻近常乐镇之龚某煽众毁常乐社仓。二十二日，见翁尚书所拟变法谕旨。为翁尚书拟《大学堂办法》。二十七日，见翁尚书开缺回籍之旨。见文武一品官及满、汉侍郎补授者，均具折谢太后之旨。二十八日，徐致靖昨保举之康有为、张元济召见。二十九日，乾清官引见，德宗神采凋索。诣翁尚书，已治装谢客，因请见，引朱子答廖子晦语，劝速行。识宗室伯茀编修寿富，与为友。竹坡侍郎，宝廷子也。

五月，旅费竭，卖字二百金即止。闻江南米贵，每石银八元。十三日，送翁尚书于马家铺。是时通纱厂股本，经恽祖祁助募，共只十八万两耳，尚缺七万，而建筑将成，就京募有二三万可望，乡人某毁阻不谐。

六月二日，赴翰林院听宣。辞孙尚书奏派大学堂教习。三日丑刻，诣翰林院清閟堂请假，卯刻出京，合甲午计前后在官一百二十日。五日，候船于天津，船以上海有甬人与法人争地之讧不开。诣卜肆，卜人云：七日行。果应。在京闻康有为与梁启超诸人图变政，曾一再劝勿轻举，亦不知其用何法变也。至是张甚，事固必不成，祸之所届，亦不可测。康本科进士也，先是未举，以监生至京，必遍谒当道，见辄久谈，或频诣兄，余尝规讽之，不听。此次通籍，寓上斜街，名所居为万木草堂。往晤，见其仆从伺应，若老大京官排场，且宾客杂沓，心讶其不必然，又微讽之，不能必其听也。回通议九场丈垦事。

七月，唐侍郎景崇以经济特科荐。新宁奏设商务局、商会，各省之有商务局、商会，始此。属总理商务局、商会，辞不获允。

八月二日，郑太夷被荐，召见赏道员，充总理衙门章京。六日，太后复临朝，逮捕康有为。有为逃，各国兵舰集天津，诘总理衙门，问上病状。袁世凯护理北洋大臣。德宗有疾，召京外医。逮捕梁启超，启超亦逃。杨深秀、杨锐、林旭、谭嗣同、刘光第、康广仁被戮，徐致靖永禁，张荫桓、李端芬戍新疆，逮文廷式，褫湘抚陈宝箴、吏部主事陈三立、编修江标、熊希龄职。为新宁拟《太后训政保护圣躬疏》，大意请曲赦康、梁，示官庭之本无疑贰，此南皮所不能言。刘于疏尾自加二语，曰："伏愿皇太后皇上慈孝相孚，以慰天下臣民尊亲共戴之忱。"乃知沈文肃昔论刘为好幕才，章奏语到恰好，盖信。

九月，商务开局。闻南皮奏上《劝学篇》，意持新旧之平，而何启讦其骑墙，徐桐咎其助新，人尽危矣。

十月，闻刚毅、许应骙承太后之意旨，周内翁尚书于康、梁狱，故重有革职永不叙用，交地方县官编管之谕旨。

通厂集款仍无增益，求助于南皮无效；告急于新宁，亦委谢不顾，乃辞厂，辞商务局。答委蛇慰留，饬通知州、海同知协募，知州则出示谕董，签役四出而已，无少效，亟止之。

闻太仓王先生卒。

二十五年（一八九九年） 己亥 四十七岁

仍长文正书院。政府任为学部咨议。

二月，省翁尚书于老塔前宅，公约游虞山、兴福寺、连珠洞、三峰、清凉寺。至无锡祭赵先生墓。

三月二十九日，厂纱机装成，试引擎；始有客私语：厂囱虽高，何时出烟？兹复私语：引擎虽动，何时出纱？辞商务局总理。

四月十四日，开车纺纱，召客观之。

五月，叔兄查赈吉安水灾。闻黄先生卒于瑞安。厂终以本绌不支，仅有之棉不足供纺，卖纱买棉，时苦不及。留沪两月，百计俱穷，函电告急于股东者七次，无一答，仍以卖字给旅费；苦语相慰者，眉孙、太夷二人而已。不得已有以厂出租三年之表示，慈溪严某、泾县朱某必欲短折租价，久复辩论。六月四日议订之"草约"，六日恶其无礼不谐；盖商股本止十八万有奇，官机作股二十五万，合四十三万。余谓："开办以来，五年度用不及万，以是请照五十万论租。"严、朱云："可特别重酬，而租不可越四十三万之外。"以为股本实止四十三万，且以余为可货也，无礼甚恶之。盛某、祝某复欲租，议两日亦不谐。十九日重订严、朱约，列说告江督，取进止，江督不可严说，然款不继，非白手所能进取，而又不可中止，惟有忍气待时，坚志赴事，更无他策。幸纱价日长，时十二支迄销六十五两，零销六十七两。

七月，至杭州招股无效。总督属苏、松、常、镇、芜湖、九江、四关道，各督销局，海州分司助募厂股，亦无效；唯正阳关督销沈爱苍瑜庆、海州分司徐星槎绍垣投资二万耳，他人不募而訾其非；纱厂至此，强支已四月。

八月，叔兄调任贵溪，治民教哄乱事。时贵溪全县法天主教堂尽毁，县民所在揭旗书"官逼民"三字，衣书"大清国光绪义民"七字；连近五县，留漕公用，闻兄再任，成约不动丁漕，待处分。

九月，纱厂以售值日起，展转买棉供纺，得不停辍。至江宁，新宁拱手称庆；对之曰："棉好，地也；机转，天也；人无与焉。"曰："是皆君之功。"曰："事赖众举，一人何功。"曰："苦则君所受。"对曰："苦乃自取，孰怨。"曰："但成，折本亦无妨。"对曰："成便无折本可言。"曰："愿闻所持之主意。"曰："无他，时时存必成之心，时时作可败之计。"曰："可败何计？"对曰："先后五年生计，赖书院月俸百金，未支厂一钱；全厂上下内外数十人，除洋工师外，一切俸给食用开支，未满万金耳。"新宁俯首拊掌，嗟叹久之。闻太后立端王子溥儁为上子，兼祧穆庙；明正内禅，改元普庆，人心惶惶。新宁奏国事乞退疏，有"以君臣之礼来，以进退之义止"语，近代仅见。葬从子亮祖于金太夫人墓昭位。

二十六年（一九〇〇年）庚子 四十八岁

正月，蓄须。延书箴到厂为助。闻有今上三十万寿开科之说。庚子例有正科，今以国庆加为万寿乎，为内禅乎？不可得而知，要为多故之兆。叔兄补宜春县，贵溪教案定。

二月，新宁入觐。十六日大雪盈尺。日人岩崎西村、僧长谷川至院论学，因借小住。

三月，得彦升、眉孙讯，闻政府罗织党人，甘陵之祸将及，属远避。余与康、梁是群非党，康、梁计划举动，无一毫相干者，内省不疚，何忧何惧，谢之。选文正书院课艺。

闻意园先生卒，为位祭而哭之。

四月，重修常乐二十八圩社仓成，定《社仓约》。为从子仁祖娶于顾氏。

五月，北京拳匪事起，其势炽于黄巾、白波。二十二日，闻匪据大沽口，江南震扰，江苏巡抚李秉衡北上。言于新宁招抚徐怀礼，免碍东南全局。爱苍至宁，与议保卫东南。陈伯严三立与议迎銮南下。蛰先至宁，议追说李秉衡以安危大计，勿为刚、赵所误。不及。至沪与眉孙、爱苍议，由江口鄂公推李相统兵入卫。与眉孙、爱苍、蛰先、伯严、施理卿炳燮议合刘、张二督保卫东南。余诣刘陈说后，其幕客有沮者。刘犹豫，复引余问"两宫将幸西北，西北与东南孰重"？余曰："虽西北不足以存东南，为其名不足以存也；虽东南不足以存西北，为其实不足以存也。"刘蹶然曰："吾决矣。"告某客曰："头是姓刘物。"即定议电鄂约张，张应。

六月，闻德使被匪戕于京。李秉衡、鹿传霖皆以义民目拳匪者，先后俱西。闻匪陷天津，聂士成阵亡。蝗见通海，与海同知约，罄各社仓麦，给乡民麦一升，易蝗一斗，所居常乐镇不为灾。

七月十二日始，太白经天十日。闻二十一日两宫西狩。闻浏阳唐才常在鄂被捕，属鄂友言于南皮曰："光武、魏武军中焚书安反侧事，可念也。"识武进刘厚生垣。

八月，再说新宁退敌迎銮。诏求直言。请新宁联合南皮效罢端、刚、李，疏具不上。

闰八月，李、刘、张、袁始联效端、刚、赵。诏解端差事，刚、赵交部议。鹿傅霖入军机。厂纱畅销，然棉以输出多而亦贵，计各国未有纱织而自营植棉者，非上策，乃拟营垦牧公司。

九月，从新宁借南京陆师学堂毕业生江知源导岷、章静轩亮元、洪隽卿杰，至吕四测量通、海沿海荒滩。

十月，外交使团坚促回銮。

十一月，子培约为东南士民上政府行新政书。闻李相议和约十二款已定。垦地荒滩图成。

十二月，作《通海荒滩垦牧初议》并《章程》。闻昭雪徐、立、许、袁，追革徐桐、刚毅、李秉衡。新宁电约眉孙、子培、蛰先同至江宁商要政。

二十七年（一九〇一年）辛丑 四十九岁

正月，为前海门训导赵菊泉先生就学署建赵亭。十二日至上海诣眉孙，眉孙以连日草要政议，昨午后三时，方据案，掷笔遽卒。代人拟争西安俄约电：一、全国通商，二、东三省开门通商，三、听占而不认画约，四、让吉、黑而奉天开门通商。与子培谈外交，子培曰："无往不收，无垂不缩，书家秘旨也；已进不退，已伸不缩，禅家密语也；神明二法，为外交政策之要。"子培钩深致远之才，但有时迂回耳。

二月，作《变法平议》目补，与新宁论曰："变法须财与人：财不胜用也，行预算、审税目而已；人不胜用也，设学堂，行课吏而已。毋袭人言，法当改，但无财无人。"

三月，省翁尚书于里第。辞文正书院，举丁恒斋自代。为赵先生建赵亭子海门训导署后，有遗像碑。同督藩委徐乃昌、陈树涵勘吕四垦牧公司地。定《垦牧公司集股章程》，七易稿。

五月，请新宁以洋务要差咨调叔兄回籍，助营纱厂，江西巡抚李勉林兴锐不允，以东乡刁民抗粮，调任东乡。余与叔兄讯曰："今日民之刁不刁，视昔日粮之抗不抗，若东乡向不完粮，谓之刁可也；若自有不能完之故，官曰刁民抗粮，民不曰灾区求缓乎？当察情实，明是非。"兄为民教事，代民负债六千金，上谕传旨嘉奖。

七月，垦牧公司得股十四万。南皮以叔兄办宜昌赈，保荐补缺后以直隶州用。南皮约偕沈子培往武昌，商复新政谕旨，并筹兴学事。江水大涨，通海灾。为新宁订初高等两级小学，中学课程。

八月，以江生导岷任垦牧公司事。

十月，荡棍滋事，劫草于公司第一堤。

十一月，定公司基，二十三日开工，第一堤中西区成。与汤寿潜论荡棍掠夺公司荡草；厅同知颟顸，知州敷衍，余答之曰："毒，与其阉也宁发，官，与其昏也宁滑；事，与其钝也宁辣。"敬夫以与同事不洽，坚辞。岁歉粮贵。

二十八年（一九〇二年） 壬寅 五十岁

正月，垦牧公司定以平粜招工，购粮于海州、樊汉、舟山、崇明、奉天。规划棉油厂于唐闸港北。

二月，叔兄过班道员，李巡抚特别保送吏部引见。新宁邀议兴学次第，为先定师范中小学，新宁韪之。藩司李有棻、粮道徐树钧、盐道胡延阻焉。乃谋于罗叔韫振玉及寿潜，通州自立师范，计所储纱厂任事以来未支之公费，六年本息几二万，敬夫及他友助集复可万余，归遂决立师范学校。仍劝新宁立高等师范。

三月，与沙健庵元炳议建油厂。

四月一日，垦牧总公司建筑开工。试种台州海滨柴子，柴耐咸，子可为油，故试之。

五月，江西李巡抚委叔兄为省学堂正监督，奏留原省，乃请假两月回苏考察学务。与叔韫议女师范学校。与健庵会议私立初等师范学校开办章程。订《垦牧公司招佃章程》，五易稿。规定就千佛寺址而广之，于西南水中填增趣四之一，建师范学校；采日本学校建筑法，自绘图度工为之。寺有明万历时碑，故因静海军城废址，先建文昌阁；寺与阁南北相负，阁东尚有书院，废久不可辨识。

七月九日，师范学校开工。江西李巡抚调粤督，柯逢时护理，电促叔兄回，兄再辞得请。

二十九日至八月一日，大风潮，垦牧新堤大损。五弟卒。

九月，新宁卒于官。作《中国师范学校平议》。劝州人先试合营劝业银行，以助实业，有议无成。

十月，南皮移督两江，邀与沙君元炳往议学校。

十二月二十七日，营西垞，开工，室人任督察之役。

二十九年（一九〇三年） 癸卯　五十一岁

正月，西垞大门上梁。权厝五弟于外家墓侧。师范学校先设讲习科。

二月，师范教员王静安与所延日本人木造高俊、吉泽嘉寿之丞至。江督魏光焘邀议学校。

三月，定《垦牧公司办事规程》。试师范生，达乎第一。

四月一日，行师范开校礼。定计东游，考察农工及市町村小学校。二十五日，附日本"博爱丸"东渡，二十八日抵长崎，周历东京、西京、青森、札幌诸地。自丙戌会试报罢，即谓中国须兴实业，其责任须士大夫先之，因先君意事农桑，竭八年辩论抵抗奋进之力，仅成一海门蚕茧业。甲午后，益决实业、教育并进迭用，规营纺厂，又五年而成。比欲东游，以资考镜，不胜谗谤之众。是年正月，南陵徐乃昌寄日本驻宁天野领事致博览会请书至，乃行。师范日教员木造以日俄将战之忧，自戕死，遗书述故。

六月，叔兄为曾祖父母、外曾祖父母，睿为外祖父母请封典。

七月，为苏松道拟定"中国商民公司旗式"。营吕四盐业公司。四修《族谱》。营吕四渔业公司。

八月十八日，移居西垞，以东垞归叔兄。营垦牧公司海复镇。与总督委员俞明震议加税免厘。议海门学费。十二日，日俄宣战。与沈子培书论世界宪法。与江督论中国渔业公司关系领海主权，宜合南、北洋大举图之不能，则江浙、直东；又不能，则以江浙为初步。

三十年（一九〇四年）甲辰 五十二岁

正月，延日女教员兼保姆森田政子开塾于家，课怡儿及邻童十人。怡儿年七岁。为人草《同度量衡、铜圆、盐、鱼制造奏》。草《变通盐法奏》。商部属主全国商会公司，谢之。

二月，以吕四盐业事呈盐院。

三月，试仿日本盐田。营冶业。规里运河入海之道，河为淮之支流，旧至吕四大刀坝而止，大涨则掘通之，涨过复筑，苟且甚。朝旨赏三品衔，为商部头等顾问官。与合肥蒯光典论立宪。见滇督丁振铎、黔抚林绍年请变法之电奏。

四月，为南皮、魏督拟《请立宪奏稿》，经七易，磨勘经四五人，语婉甚而气亦怯，不逮林也。定"南洋渔业公司办法"。

五月，与许鼎霖、丁宝铨议建宿迁玻璃公司，订集股章程。以请立宪故，南皮再三属先商北洋，汤寿潜亦以为说。余自金州归后，与袁世凯不通问者二十年，至是始一与书。袁答："尚须缓以俟时。"

五月十七日，省翁尚书病于常熟南泾塘第，归后闻翁尚书二十日卒。

六月，刻《日本宪法》成，以十二册由赵竹君凤昌寄赵小山庆宽径达内庭。此书入览后，孝钦太后于召见枢臣时谕曰："日本有宪法，于国家甚好。"枢臣相顾，不知所对，唯唯而已。瞿鸿禨旋命其七弟来沪，托风昌选购宪法各书，不知赵故预刻宪法之人也，举告为笑。枢臣奉职不识古义，莅政不知今情，以是谋人家国，宁有幸乎？营上海大达外江轮步公司。营新育婴堂于唐闸。请魏督奏设督办南洋渔政专员。

七月，规度崇明大生第二厂。创办江浙渔业公司。

八月，与汤寿潜吊翁尚书。立海门常乐镇初等学校。印《日本宪法义解》、《议会史》送铁侍郎良，与谈宪法。营天生港轮步。因许鼎霖之说，营镇江螺丝山铅笔公司。设翰墨林印刷局。辟四扬坝河。通五属合请设学务处。规学校公共植物园。

三十一年（一九〇五年） 乙巳 五十三岁

正月，与鄂督、江督书，请争江淮省事。先是尝议划豫、东、苏、皖四省毗连州县，建徐州行省，盖为中原腹地治安计也。苏抚端方懵然入奏，部懵然因其说而易名为江淮，以漕督为巡抚，非驴非马矣。故请争之，朝士亦以为言，乃去巡抚而置提督；既又以提督兼兵部侍郎衔，节制镇道以下，纷纷然莫得要领也。营铁工厂，与冶厂合，以《史记·货殖传》铁冶连文名之。以工人子弟众，设艺徒预教学校。

二月，应徐家汇法教会震旦学院之请为院董。朝鲜金泽荣自其国移家来通，任以翰墨林书局督校。

三月，以崇厂建筑须砖，合新旧法，规营砖窑。与许鼎霖至宿迁，规玻璃公司厂于六塘河上井龙头地，并视察白土山、青山泉、贾家汪煤矿，利国驿铁矿。过山阳晤丁宝铨，与鼎霖会议淮海扬通合营自治事。宝铨亲老须仕，至是仍北上，阻之不得。言于江淮巡抚，设淮属师范学校。登云台山。

四月，总督周馥莅通，视察垦牧公司、大生纱厂、师范学校。

七月，飓风大潮，垦牧七堤皆伤损。

八月，政府遣五大臣考察欧洲各国宪法，临行炸弹发于车站，伤毙送行者十余人，是时革命之说甚盛，事变亦屡见。余以为革命有圣贤、权奸、盗贼之异：圣贤旷世不可得，权奸今亦无其人，盗贼为之，则六朝五代可鉴，而今世尤有外交之关系，与昔不同；不若立宪，可以安上全下，国犹可国；然革命者仇视立宪甚，此殆种族之说为之也。江苏学会推为会长。增设城厢初等小学校。江苏人民争自筑铁路。怡儿就学于师范附属小学校。

十一月，宗室载泽、端方、戴鸿慈、尚其亨、李盛铎等复出洋考察宪法。先是，铁良、徐世昌辈于宪法亦粗有讨论，端方入朝召见时，又反复言之，载振又为之助，太后意颇觉悟，故有五大臣之命。既盛宣怀倡异议，袁世凯觇候风色不决，故延宕至三月之久，重有是事也。因公共植物园营博物苑。中国留学生因日本颁取缔规则归国，乃共创办中国公学。

三十二年（一九〇六年）丙午 五十四岁

内子徐夫人于其母家近处营初等小学校。始教怡儿学诗。

规划意大利秘拉诺赛会，以中国东南海渔界图往与会。渔界所至，海权所在也。图据《海国图志》、《瀛寰志略》为之。中国之预各国赛会也，自维也纳、费尔特尔、巴黎、伦敦、大阪、安南、散路易斯七会之后，至是乃第八次。略有可考者，巴黎之会，户部费十五万；大阪之会，各省费十万；散路易斯之会，户部费七十五万；此次合沿海七省，仅费二万五千金耳。以海产品物、中国渔具渔史、腾我东南海渔界图而去，彰我古昔领海之权，本为我有之目的。赛会之第一次，各省分任会费二万五千金外，悉责江浙渔业公司任之，公司未可云完全能自立时也。组织商船学校于吴淞，推萨镇冰任校长。议请官设工艺学校、农事试验场，为人民范。为扬州筹两淮自立两等小学、中学及寻常师范。江督允以天生港为起卸货物不通商之口岸，委员开办步工。筹设师范农艺之试验场。欲习师范者，兼习农、知农事也。集通、泰、如、海官绅筹建南通五属中学。议苏省自筑铁路，被推为协理之一，总理为崇明王清穆，时为商部右丞，协理余与许鼎霖、王同愈。议劝南通兴储蓄银行未行；乃拟于大生一厂设工资储蓄处。师范学校附设土木工科测绘特班。营吕四聚煎盐场。与端方、戴鸿慈二使说宪法，成立宪法会。与上海曾少卿辈规划中国图书公司。设铁路学校于吴县。借州旧试院设法政讲习会，延吴县杨延栋主之。设资生铁厂。郑孝胥同议设预备立宪公会，会成主急主缓，议论极纷驳。余谓："立宪大本在政府，人民则宜各任实业教育为自治基础；与其多言，不如人人实行，得尺则尺，得寸则寸。"公推孝胥为会长，寿潜与余副之。建唐闸鱼池港新育婴堂成。停崇厂砖窑。营吕四盐业聚煎。震旦学院学生风潮，因别办复旦学院。与许鼎霖议复淮浚运河，岑总督春煊愿为上闻。营常乐颐生酒厂。规察苏路北线，设事务所于铜圆局。局成于江淮巡抚恩寿，甫经年耳，用费五六十万，贸然而兴，忽然而止，时政之棐类是。

十二月，苏路北线开工。任宁属学务议长。内子与三嫂计兴女学，而自任捐资为倡，因为作启募捐。

三十三年（一九〇七年） 丁未 五十五岁

崇明纱厂落成开车。

四月一日，师范纪念开模范运动会。任宁属教育会会长。至宁即住会事务所。

六月，常乐第四初等小学校成，从子亮祖妇所私立也。

七月，大生第一厂第一次股东会，武进恽祖祁曾自辛丑迄丙午，助集厂股十万余，开车后获利，余分所得红利三成之半报之，六年凡三万八千二百余元。二厂始兴，恽为分任集股四人之一，至是欲专任二厂，而股东不可，常州股东持之尤烈。乃秘股东异议之书，而潜为调停，恽疑余不为力，则举厂细故结厂细人为謷言，嗾所稔股东开会。公司有股东会，例也，微恽讦亦当开。比会终，一切披露，人始悟焉。英人强借资本于江浙铁路公司，与汤寿潜合争于外部，拒之。

十一月，嫁女瑛于侯氏。与汤寿潜、蒯光典筹立宪国会事。新育婴堂费绌，鬻字以济。

十二月，苏举许鼎霖、浙举张元济代表赴京枢、外两署，争商办苏浙路，谢外债。

三十四年（一九〇八年） 戊申 五十六岁

正月，备测地方舆图。徐夫人病。

二月，以吕四聚煎盐价事，与淮运司赵滨彦讼，总督委知府许星璧来勘视所筑之场。请开通如海食盐岸成。

三月二十五日，徐夫人卒，遗言：以私资于常乐建女子小学。

五月，建先君"乐善好施"坊于常乐义庄之庭。海门同知王宾胪叙先后捐赈数，请总督闻于朝得可者也。与许鼎霖营宿迁耀徐玻璃公司。辞铁路协理，专任北线规画。营通属中学成。朝旨为立宪之备，令各省设咨议局，任筹备事。

十月二十一日，德宗崩，立醇亲王子溥仪为嗣，醇亲王为监国摄政王，年号宣统。二十二日，慈禧太后崩。

十二月九日，葬徐夫人于八窑口文峰塔院东新阡。

清宣统元年（一九〇九年） 己酉　五十七岁

正月，营吕四十七八总船闸，以通淮委河。淮委河者，辟垦牧公司第一堤、牧场堤间之地为之；淮水支流经里运河入海者，至此乃有道归纳。今成此闸，以利蓄泄。江督端方至通视测绘、警察、学会、农会、女师、新婴、改良私塾与监狱、国文专修、江岸保坍等十一事，与商款绌救济之法。先是，综凡纺织业外之公司合为实业公司，以核其出入，至是去一切骈冗职员，人欠者清厘，欠人者停利拔本。

二月，至江宁，度江苏咨议局地址。至清江浦视苏路北线路工，住慈云寺。至镇江、扬州劝集路股。梁姬归。

三月，改地方监狱。

四月，沪嘉路开车。二十六日，在江宁开咨议研究会，各县议员到者二百三十余人，余得票一百九十六，当选为会长。议三事：一田赋征银解银；一铜圆流弊；一筹集地方自治经费。

五月，从子仁祖以候补郎中入都，分邮传部。自三月以来，恒患不寐，服紫丹参方始瘥。巡抚瑞澂商任叔兄以苏州农工商局事，意极诚挚，却之不可，归商叔兄应之。

七月，议通自治事项。度支部员戴兆鉴、钱志镲来询考吕四盐场事。

八月三日，咨议局开会，到会者九十五人，决选余得五十一票为议长，副议长仇继恒、蒋炳章。教育总会常会在沪召集，推余及唐文治为会长，商瑞巡抚合各省请速组织责任内阁，又合奉、黑、吉、直、东、浙、闽、粤、桂、皖、赣、湘、鄂十三省咨议局，请速开国会。咨议局分类选举审查员。

九月一日，咨议局开会，督抚同莅，外宾与观者五人。中国图书公司成，被推为总理。与浙人论请开国会事，浙某言："以政府社会各方面之现象观之，国不亡，无天理。"余曰："我辈在，不为设一策而坐视其亡，无人理。"为江宁商业高中两等学校监督。

十月，与瑞澂计营江西瓷业公司。

十一月，七省咨议局代表会于上海立宪公会，上书请愿国会。

十二月，以导淮之请辗转无效，议设江淮水利公司，先事测量。合十六省代表，议合筹改变盐法，设场聚制，就场征税，为公共实业；合立法政学校，为公共教育。州厅会定垦牧乡通海界。奖公司良农四十余人。朝旨国会不得请，世续、鹿传霖沮之。周家禄卒。

二年（一九一〇年）庚戌 五十八岁

正月，集常乐社仓各圩社长，说社仓与小学校教养相关，仍应按亩捐麦。定农科学课、初等单级课本。度视女校工程。

二月，至江宁咨议局。草地方自治经费预算，厘正地方税界限，请由国会议。定宁、扬、徐、淮、海、常、镇、苏、松、通、海十一属议员公寓，寓夹咨议局左右为之。余以所得议长公费建通海公寓，助者：海门沈燮均数逾千；如皋不及千；泰兴仅二百；静海附通不计也。汤寿潜、赵凤昌为余言社会联美，为江北提督王士珍策垦海州苇荡营地。为狼山镇标规度移营，营故在南濠外，地洼屋隘，无军容可言，总督端方论通自治少之。余曰："此与监狱、衙署皆行政事，营可移，长官宜任筹给费用。"端方允任三之一，令总兵任一，地方任一。总兵安有钱，地方乃任其二。度西郊地移焉。江宁开南洋劝业会，端方始创其议，事未成而去。至是丰润张人骏继其任，议设饮食出品所。议设劝业研究会。

四月，让商校监督于黄思永。

五月，江北提督雷震春至通，言苇荡营地可垦，须官为之。告之曰："不论官、民、军，正须先治堤渠，规划水道，勿负此地。"计定江岸保坍。规于军、剑山植林，令师范生分队从事，名学校林。观劝业会直隶馆，颇感袁世凯才调在诸督上。

六月，议设全国农业联合会。

七月，汤寿潜以劾盛宣怀革职。

八月，美男女宾达赖及华尔特夫妇等四十余人至咨议局参观，开欢迎会。是为国民外交之始。议大生明年设织布厂。

九月，营博物苑池上谦亭。

十月，赵凤昌、熊希龄与约达赖、华尔特在沪，谈中美商会共营银行、航业、商品陈列所、设商品调查员，四事。通州地方议会选举，举为议长，辞。叔兄亦辞董事会。

十一月，雪海门宋季港孙五郎为妻谋杀之冤。至湖北见各省督抚合请国会内阁电奏，大较锡良、瑞澂、李经羲、袁树勋、程德全、丁振铎为切要，赵尔巽、孙宝琦、增蕴、陈夔龙、周树模次之。

十二月，为吕四彭鼎定善后事。鼎病临卒，捐产十余万于州场，遗书请为恤其孽妾孤女，故集其族戚，本其遗嘱而小变更之，定保管规约。著《说盐》。

三年（一九一一年） 辛亥 五十九岁

正月，遇杨士琦于上海，北洋属以外债可借否问张、汤、郑。杨晤郑。郑曰："必可借，不借不能兴中国。"汤曰："必不可借，借则亡国。"余曰："借自可，但当问用于何事？用以何法？用者何人？当则借，不当不借。"杨曰："然则南方借债可分三派。"杨述余前年语"亟立宪非救亡，或者立宪国之亡，人民受祸轻于专制国之亡耳。"问今视昔何如？余曰："此前年语，今视我社会动作，恐人民经不得亡，亡后担不得恢复。"

二月，沈燮均卒。

四月，沪、汉、粤、津各商会议组报聘美团及中美银行航业事，推余入都，陈请报聘。政府以海陆军政权及各部主要，均任亲贵，非祖制也；复不更事，举措乖张，全国为之解体。至沪，合汤寿潜、沈曾植、赵凤昌诸君公函监国切箴之；更引咸、同间故事，当重用汉大臣之有学问阅历者。赵庆宽为醇邸旧人，适自沪回京，属其痛切密陈，勿以国为孤注。是时举国骚然，朝野上下，不啻加离心力百倍，可惧也！

五月，道汉口议租办纱、布、丝、麻四厂，先成纱厂，刘柏森任其事。北上过彰德，访袁世凯于洹上村，议论视二十八年前大进。论治淮曰："不自治，人将以是为我罪。"又曰："此等事国家应做，不论有利无利，人民能安业，即国家之利。"十二日，至京。住东单楼二条胡同蒙古实业公司，即翁尚书故宅，中归袁昶，昶卒，肃王等以之为实业公司。十五日，摄政王语庆王欲召见，午后内庭交片翰林院，传知于十七日召见。因谒泽公洵涛两贝勒、徐相，并陈召见陈说民隐，是义分事，但此行以公推而来，必不可得官而去，召见后求勿涉及官禄，请先上达。十七日八时，引见于勤政殿，王命坐，云："汝十余年不到京，国事亦艰难矣。"对："丁忧出京，已十四年。先帝改革政治，始于戊戌，中更庚子，至于西狩回銮，皆先帝艰贞蒙难之日，今世界知中国立宪，重视人民，皆先帝之赐。"王语甚嘉奖，对："自见乙未马关订约，不胜愤耻，即注意实业、教育二事，后因国家新政须人奉行，故又注意地方自治之事。虽不做官，未尝不做事，此所以报先帝拔擢之知。此次因中国报聘美团事，又有上年美商与华商所订中美银行、航业二事，被沪、粤、津、汉四商会公推到京，陈请政府，蒙上召见，深感摄政王延纳之宏，求治之殷。今国势危急，极愿摄政王周咨博访，以求治安之进行。"王云："汝在外办事多，阅历亦不少，有话尽可说。"对："謇所欲陈者，外交有三大危险期，内政有三大重要事。三期者：一、今年中俄伊犁条约；二、宣统五年英日同盟约期满；三、美巴拿马运河告成，恐有变故。三事者：一、外省灾患迭见，民生困苦，朝廷须知民隐，咨议局为沟通上下辅导行政之机关；二、商业困难，朝庭须设法振作，金融机关须活；三、中美人民联合。"王云："都是紧要，汝说极是，可与泽公商量办去。"又说："四川铁路收归国有，须宽恤民隐。"余说尚多，计时逾三刻。谒庆王于其邸，极陈东三省之重要危迫，亟宜强力自营，不当听人久久鼾睡；赵督所请二千万，实至少而至不可已之数，王但应课其用之得当核实与否，不可掣其肘。复为言国民疾苦之甚，党人隐忿之深，王处高危满溢之地，丁主少国疑之会，诚宜公诚虚受，惕厉忧勤，不宜菲薄自待，失人望，负祖业。语多而挚，王为掩面大哭。于此见此公非甚昏愚，特在廷阿谀者众，致成其阘茸之过，贪黩之名，可闵哉！学部唐尚书奏任为中央教育会会长，张元济、傅增湘为副，再辞不获，乃许任半月。泽公约盛宣怀与余议收四川铁道为国有方法。盛以调查川人用于铁道工款中为川绅所亏者三百余万，政府不应受此亏数，应以实用者给还川人。余曰："输出者川之人民，亏挪者川之绅士，当然一而查追绅士，一面允给川人。"盛主在给数中扣出。泽公复问余，余曰："如所言未尝非理，但甲商与乙商言，当如是。政府与人民有涵覆之义，且收民路归国有，政策也；政策以达为主，不当与人民屑屑计利。且闻川人争路款，顶戴先帝谕旨，势汹汹而意未悖，尤须审慎。"泽公无言。

六月四日，去奉天，刘垣、江导岷、孟森、许振、王敢等同行。观宫中藏物并瓷器、文渊阁书。七日，总督赵尔巽集议东事，部署实须二千万。八日，观农事试验场，美工程师巴克所试大农法。九日，由长春南满铁道，经东清铁道去哈尔滨。长春满目皆日势力，哈尔滨满目皆俄势力。铁道管理，俄不及日远甚；华人所住长春、哈尔滨之区，则整洁并不及俄、日。十三日，由昂昂齐至齐齐哈尔，住黑龙江巡抚周树模公署。十四日，见昂昂齐俄人初等小学校。附满洲里车回哈，自烟筒屯、小河子至安达，沿途所见皆荒地。十六日，自哈回长春。次日至奉天，以铁道被水，绕山营口。辽河内口水势不减黄浦，因访询水道源流，有沟通松辽之观念。十九日至京；张、傅皆至。二十二日，中央教育会开会，议国库补助初等小学校案。

闰六月，开会，议江谦所提国库补助行省各府推广师范学校案，八日止。余与会适满半月。十日，出京。至天津观各马路工、罪犯游民工厂、图书馆毕。袁为总督时，气象自不凡，张南皮外，无抗颜行者。十四日，行至烟台，登岸观盲哑学校、张裕酒厂。十八日，至沪。往苏诣程巡抚说东事。

七月，州自治开会。垦牧公司第一堤设初等小学校。

八月，霍邱、泗州人来议测淮事。规度天生港果园，始购地。大生一厂股东会议决织厂及储蓄押汇银行事。二厂股东会议决通知大清、交通两银行筹还本事。去鄂规大维纱名册，彻夜闭城大索。十九日十时城启，余即过江，六时甬友邀饮于海洞春，八时登舟，见武昌草湖门工程营火作，横亘数十丈不已，火光中时见三角白光激射，而隔江不闻何声；舟行二十余里，犹见光熊熊上烛天也。二十日，至安庆，应巡抚朱家宝约议导淮也。次晨见时，知武昌即以十九日夜失守，总督避"楚豫"兵轮，安庆筹防无款，新军率不可信，势处大难，无暇更说导淮事矣；是夜即行。二十二日，"江宽"舟遇诸宗元，益知十八、十九两日之情状，知祸即发于按籍大索。自黄花岗后，革命风潮日激日厉，长江伏莽滋多，终有暴烈之日，大索但促之而已。二十三日，至江宁，即诣将军铁良，说亟援鄂，一面奏请速颁决行宪法之论。铁属先商总督张人骏。二十四日，诣张。张大诋立宪，不援鄂；谓瑞能首祸，自能了，不须人援。余谓武昌地据上游，若敌顺流而下。安庆又有应之者；江宁危矣！张曰："我自有兵能守，无恐。"余度再说无益。乌乎！大难旦夕作矣！人自为之，无与于天。然人何以愦愦如此，不得谓非天也。二十五日，至苏，巡抚程德全甚韪余请速布宪法开国会之议，属为草奏。仓卒晚膳，回旅馆，约雷生奋、杨生廷栋二人同作。时余自书，时属二生书，逾十二时稿脱。二十六日，至沪。二十七日，旋宁。三十日，由咨议局径电内阁，请宣布立宪开国会。江宁自鄂来者，盛称革命军人之文明，谣言大起。张督又猜防新军，令移驻城外，而人各给枪弹五枚，新军乃人人自危。余知之，亟走请藩司樊增祥白张，言其不可，于是人又各增给十枚。

九月一日，以厂事去沪，未预咨议局开会行礼。二日回通，闻长沙、宜昌失。五日，商会会议，设地方协防团。九日，闻湘、晋、陕独立。十四日，国民军据上海。苏州、杭州宣告独立。苏人迫程德全为都督；杭人迫汤寿潜为都督，以安狱市。十六日，闻藩司樊增祥挈家至沪，总督张人骏号于人："我作总督，糊涂而来，本无主见，今更一筹莫展，听诸君为之，但求将我送至下关耳。"张勋督全部入城固守，挟铁良、张人骏同住北极阁督战。十八日，国民军令兵舰运兵至通，通与之约，毋扰地方。十九日，去沪，知一月之中，独立之省，已十有四，人心皇皇，乱象日剧。一国无可计，而非安宁一省。不能保一县安宁，是非可闭门而缩屋矣。二十三日，苏人组织临时议会，保守秩序。与汤寿潜、熊希龄、赵凤昌合电张家口商会转内外蒙古赞成共和，复电照允。二十五日回通，通小有震恐，旋定。二十七日，知袁世凯任内阁。二十八日，廷寄任张謇为农工商大臣、东南宣慰使；时势至此，何宣何慰？即电坚辞。三十日至沪，即去苏应临时议会。

十月一日，省议会开会，仍被选为议长。十二日，闻江宁下。十五日，见北京取消召见及专任内阁之报。十七日，见隆裕太后垂帘，摄政王归藩之报。二十日，闻党人外有党，党人中有党，纷歧复杂。二十四日，去辫发寄家。二十五日，程都督与汤寿潜、陈其美同至江宁，调和诸军，组临时政府。数日，江宁以客军之扰，居民大恐。程德全于上海集众议，欲江宁回复秩序，须置官任民事；欲置官任民事，须客军出发；欲客军出发，须筹备财政；财政之可急筹而得用者唯盐；共推余任江苏两淮盐政；余要上海、镇江、清江三都督共认而后任。建标本二策：标则军政府卖盐，而给还商本及息；本则实行设场聚制就场征税。众决先行标策，次并合淮南各场。

十一月，属各商会先筹二十万元，资客军出发。各军有截盐以自便者，欲辞盐政事。与程德全、章炳麟、赵凤昌议创统一党。孙文自海外回，晤之。各省代表公推孙任临时总统。十三日，南京组织临时政府，初成立，亟需军政各费，欲责商会更助五十万，余劝勿扰商，自任为筹。众推任实业部，秩序正紊，有何实业也？二十一日，至上海访唐绍仪，旋见汪精卫。

十二月二日，见隆裕太后不日逊位之报。十三日，筹款五十万成。十七日，见袁内阁有议逊位后优待条件之权。二十日孙、黄计以汉冶萍与日人合资，书争不得，则告以抵借犹可，合资不可。答约已签，乃再三辞实业事。二十八日，见清宣统帝奉太后逊位宣诏之报。

民国元年（一九一二年） 壬子 六十岁

正月，规度狼山麓森林苗圃。第三次修山路。

北京临时议会推袁世凯为临时总统，十日就职。自程德全辞都督任，地方公推武进庄蕴宽继其后，至是亦辞。二十二日，至苏。续开省议会，住留园。

二月十六日，闻苏州兵变。二十六日，南京临时政府解散。

三月，统一党与民社、国民协进会、国民公党、国民公会、共进会，合并为共和党，二十三日开成立会。

四月，英人葛雷夫、李治来观江岸。十九日，至苏，知昨夕诸无知少年谋变，破露未成。

五月，以苏省公布沙地充公保坍案，筹为南通借款保坍。属人分往奉、直、东、晋、秦、豫、蜀调查盐政盐业近况。规建狼山东观音像铁亭。二十二日，归常乐扶海垞。二十五日，生日，先是移宴客费三千元，倡建第一养老院，戚友益捐助之，规地于城南白衣庵东。更为新育婴堂建楼十七幢，以广育婴之额。

六月，沿江枭匪郑建荣、夏昆五等谋聚众为乱，戕丝鱼港董事左懋修。叔兄被地方推任民政长，遣兵扑之。部分初定，请解职，交继任田宝荣。十七日，通中央队再战胜枭，前后二十日，乱大定。二十七日，规建医院、残废院、盲哑学校。

二十九日，定用工部营造尺清丈全县地亩。

七月，苏省各军月饷不继，盐局百方筹措，陈其美索尤亟，竭蹶应付，十日而定。二十一日，至江宁。二十二日，渡江乘津浦车北上。二十四日，至津。见共和党诸人，观河海工程，访欧工程师平爵内。二十八日，入京。

八月，诣袁慰廷，说改革盐法。与交通部人说清通及苏路事。十八日，与陆徵祥说国际学会之不可已。二十八日，由津（京）汉路回。

九月二日，在黎都督处闻人建迁都之议。三日，旋通。故湘、鄂、赣、皖四省为淮盐运销引岸，至是各省截盐资军饷，法尽破裂，所以支拄苏省各军维持秩序者，仅持江苏两淮之收入而已。政府授余及汪兆铭勋二位，辞。七日，电请撤销盐政。规就东岳庙改建图书馆。电陈筹增淮北盐池、艖业银行，就南通设盐场警察长尉教练所。规建医院。十八日，辞盐政。二十日，三辞盐政。

十月十四日，国务院许辞盐政职。十六日，离职。规建贫民工厂，其费以盐政照前总督兼盐政应得之公费六万六千余元为之。凡三厂：一仪征十二圩，一东台，一南通。

十一月，许鼎霖来申导淮前议，为程德全、柏文蔚草"请导淮开垦呈"。政府任余督办导淮，会办二人：苏，许鼎霖；皖，柏文蔚。

十二月二十八日，闻南北行将分裂。

二年（一九一三年）癸丑 六十一岁

正月，怡儿往学于青岛治装。六日，挈儿去宁。九日，怡儿行，杨仲达、许泽初同往。时局日扰，人情日诡激，士气日鄙薄，议长不可为。十二日去宁至沪，许鼎霖电留，却之。十三日鼎霖至沪，复为言不可为之故，仍却之。人言鼎霖方冀取代，是不必取而可代者，焉用冀为？与汤蛰先诣沈子培、郑苏戡谈，汤、沈大忤。辞黎都督、夏寿康请预宪法起草员会。袁劝就两院议员，皆辞。省议员亦辞。规筑军山气象台。规建唐闸纺织学校及公园。以先室徐夫人遗属，规新育婴堂第一幼稚园。

二月，以二厂红奖除资助刘、徐外，规常乐女子初等小学校，亦先室遗言也。垦牧海复镇成。规以一堤东区地，令退伍兵耕作。

三月，成大生纱厂储蓄处。尊素堂起藏书小楼三间。二十日，闻宋教仁在沪宁车站被刺，惜之。旋北方有电向民党解释，即与赵凤昌、汪精卫、黄克强调解，迄无效。

四月，家庙后岸坍，驳以石。闻扬州徐怀礼为日本骨董客炸死，扬人方为营生祠未竟。

五月，博物苑藤东水榭成。

六月十二日，闻江宁复独立。十五日，闻陈其美、钮永建等合攻上海制造局，郑汝成守甚力，攻者连七昼夜屡挫，至二十五日而罢。十日之中，沪南居民，伤夷损失至重，松江学生死尤冤。陈、钮复据吴淞中国公学为司令部，学中物为杂军损毁殆尽。

七月，徐部将与镇军战于镇。江宁独立取消，报馆何海鸣第三次独立。张勋督师与徐部合攻江宁，大战于天保城。袁迭电属组阁，力辞，荐熊希龄。袁任熊希龄组阁。连电属任农商，辞，强益迫切。张勋军人人辫发，由是辫发者率冒张军名，大肆虐于江宁。以众意电请勿任督苏，违民愿，并赈抚宁民。设幼稚园传习所于新育堂开学。袁电复以农林工商见属。叔兄辞清乡局长。养老院落成开会。分家所有书三之二送图书馆。视贫民工厂工程。

九月七日，约汤寿潜、刘垣、孟森、雷奋来商进止。政府令"飞鹰"军舰来迓。十一日，先往沪。十六日抵浦口。十七日，至天津。十八日，至京。熊、梁诸人同至公府，订大政方针。二十一日，定寓顺治门内街西际公府。二十二日，先到工商部，后到农林部，定间日至一部。

十月七日，公府令解散国民党。八日，国务院会议各部职权。十日，与梁任公至公府，论维持国会之法。由公府电各省速集候补议员。十一日，提议"工商保息法"。游北海，规制与南海略异，琼岛石多南产，殆金人取之艮岳者为多，于此见辽、金、元、明、清五朝之帝力。庚子联军、壬子禁军，两度之劫尘，可胜慨叹！外交部开国际法会，因论加税免厘事。订《农林工商官制》并《矿法》。二十八日，与美公使说导淮借款事。被推汉冶萍公司总经理。

十一月，日人沧知商组中日兴业公司。公府改导淮总局为全国水利局。公府议汉冶萍事，余谓汉冶萍关系中国矿业，必应保持是一事；盛宣怀有无弊混，必应彻查，是又一事，未可牵并。被任为全国水利局总裁，院订"局官制"。院议决自营葫芦岛。院议"文官甄别法"。

十二月，迁至水利局，局前绣工科之所在也，街南即工商部。院议定"公司条例"。三十日，为阳历一月二十五日，有例假，偕马良、张相文、管国柱、许振至香山静宜园，住韵琴轩。

三年（一九一四年）甲寅 六十二岁

正月一日，与马、张、管、许遍游静宜园诸胜。三日回城，莅文官甄别会。五日，规定度量衡制造所。院会议。诣美使馆，签导淮借款字。刘垣辞次长，以周家彦代。府令停止地方议会。府令公布"国币法"。诣荷使馆，谈河海工程事。十八日，熊希龄以湘、皖都督反对之电，辞财政总长，并辞内阁总理。呈有"既不能平、勃交欢，即当为蔺、廉相避"云。十八日，熊希龄免官，孙宝琦代。杨士琦来，问阁员与总理同进退之说。余曰："始来以府院并有连电之约，就职之日，即当众宣言，余本无仕宦之志，此来不为总理，不为总统，为自己志愿。志愿为何？即欲本平昔所读之书，与向来究讨之事，试效于政事。志愿能达则达，不能达即止，不因人也。"二十六日，外交汪大燮、司法梁启超连带辞职。

二月一日，以延长建昌油矿、汉冶萍盛宣怀借日款全案，宣示请观之人。院议通过"矿业条例"。六日，开约法会议选举会。二十二日，约法会议开幕。美国纪念巴拿马运河通航，在旧金山举行博览会，我国由部令各省征集物品，派员参加，并组织游美报聘实业团出发。

三月六日，呈请南行复勘淮河，部事请司法章宗祥代。九日行，十日至江宁，十一日回通。三嫂邵夫人前四日卒。十四日，视大生新厂工。二十四日，大有晋盐垦公司成立。

四月三日，与荷工程师贝龙猛同勘淮河，自通出发。七日至清江浦，计定与工程师分途进勘。十日由西坝行，十二日至板浦，十四日至十队洋桥，视大德、大阜、公济垣盐圩。十七日，由燕尾港灌河至陈家港，夜闻土匪枪声。十九日，过响水口、武漳河坝至西坝。二十一日，勘惠济闸，至杨庄。二十三日，至众兴、刘老涧，勘亨济闸，过宿迁至耀徐，勘六塘河头。二十六日，自杨庄过马头至高良涧、老子山。二十九日，至龟山，山有淮渎庙，观巫支祁井，至盱眙，经大柳屯长十六里之柳林，至浮山、五河。

五月一日，至临淮、蚌埠，易小轮至怀远，登荆山、涂山视淮河流如掌上，禹以两山为淮之门，虽万古不能易也。二日由津浦路回。规部立三棉作试验场之一于狼山前马厂圩。部荷工程师方唯因至通。余于通无住处，分博物院西北地营濠南别业。闻英人助我禁烟。属江谦往任南京高等师范校长，校址为前两江师范。二十八日回京。

闰五月一日，至济南，观纺厂及展览会。二日，至京。四日，诣公府。十五日，法人卜夏、萨科孟说中法劝业银行。二十日，至津观展览会。请变通《矿区税则》，由部公布《商人通例施行细则》、《公司条例施行细则》，并《商业注册公司注册规则》。勘视度量衡制造所。束曰琯、李祯为编《诗录》八卷。

六月，通咨各直省农林局场设观测所。与卜夏订劝业银行约及办法。十日，闻欧洲奥、塞战事起，德助奥。部矿师德人梭尔格请假赴青岛充兵役。十二日，府令公布《国内公债条例》。中法劝业银行约以欧战停止，美导准借款约同，案存部局。府宣布中国中立。二十一日，勘大照山后尹畜牧场。二十四日，美工程师以与淮关系，至开封测黄河。二十七日，忽有三四十人自上海突犯南通，薄城，叔兄部分中央队长王敢、警察长杨懋荣击走之，擒二十余人。

七月，部公布《狩猎法》。公府令裁江北护军使，设淮扬镇守使。公布《商会法》。与内务部计南通江岸保坍。

八月四日，孔庙大祀演礼，公府特定祭服。九日丑正二刻，诣孔庙，卯正随班分献行礼；冠用殷冔制，上衣下裳，大带，靴方头，用明制，后改用履。十一日，请假回南，勘视淮灾。十七日，以假期熊希龄、梁启超、诸宗元约同观梅兰芳剧。二十日，法人卜夏至部，签定劝业银行约。二十一日，行至江宁，暂借省议会设河海工科专校。

九月九日，伯兄卒。十八日，上辞职书，别与张一麐讯，令薛弢去京。

十月四日，公府未允辞职。十七日，徐家汇教会荐美人雅大摩司任小溪河石门种畜牧场技师。

十一月九日，仍北上。十二日，至京。十六日，阳历四年三一月一日也。规定水利局权限。

十二月，克利斯浦银行代表布洛边、白启录来谈纺织事。十日，与张相文、秦端玠，许振、薛弢等四人往香山，宿梯云山馆。

四年（一九一五年） 乙卯 六十三岁

正月一日，游山探玉乳泉，得香山东无量殿侧关帝庙废址九楹，垣墙无恙，地兼旷奥，胜览林泉，志之。二日，回京。十一日，为南通教育、慈善、公益，请许自觅地十五万亩于泰属，免缴地价。十四日，报可。十八日，请假。

二月，查勘鲁、皖林牧试验场。辞部职。二十三日，行至山东崮山，次日易小车，看五峰山林地，仅一百余亩耳，有松柏数千株，有清凌泉，泉有松柏子味。至泰山。二十五日，登泰山，至曲阜谒孔林圣庙，诣孔教总会。二十七日，至小溪河，勘石门山牧场。二十八日，至江宁。农会植纪念树。

二月，为部延雅大摩司赴澳买羊种，许怡儿随雅大摩司夫妇游澳，十七日始乘"瀛洲"去香港。

三月三日，得雅大摩司马尼喇十五日电，怡儿有疾先回。十六日，见许解部职之令。视乙种农校工。

四月，在通。

五月，濠南别业成，入居之。

六月，北行，怡儿侍。管姬得心疾，擅投大悲庵为尼。先是，知公府延东西外人为政事顾问，近复有筹安会倡议者，为严复、孙毓筠、刘师培、杨度、胡瑛、李燮和，莫测其宗旨，言者谓其将佐命于帝制也。刘师培欲因诸宗元请入会，宗元拒之而阴以告，自有此会而帝制之谣日盛。美国设万国水利会，请中国派员与会，余自请行，府以年老不允。

七月，具呈请假，并请下各省疏通沟洫培植林木令。

八月，府允假。闻湘人贺振雄请诛筹安会六人。粤人罗文干辞高等检察厅长职。入府反复苦劝，历二小时。十日，特别快车行，至江宁即附商轮归。周视气象台、各厂、育婴堂、公园、江岸工程。至垦牧、大有晋视垦务。筑博物苑壶外亭。再辞部局职，不允。

九月，盐政署英人丁恩、日人高周来通说就场征税，龃余所议，而格不能行，官商皆尼之云。

十月，令管国柱入京回，帝制事益亟。十七日，袁有决定改用君主之申令。

十一月，为怡儿治婚事，用古冠婚礼，订仪节。余之为怡儿择妇也，盖审之又审，必礼法旧家，必仕而不贪劣，商农而不伧侩者；必女曾治旧学有新知识者，迟迟数年。友人为言石埭陈民，陈，旧家也，其祖父仕而有正直声，女曾读经书，曾卒业徐家汇教会女学，试屡前列，乃聘焉，而不知其幼丧母，既聘而知之。十二日，延太仓王康寿为冠礼大宾，吴县沈寿为婚礼傧相，演礼。十三日，命怡儿冠而亲迎。十四日，行馈飨礼。十五日，率怡儿夫妇回常乐，行庙见礼。十七日，见嵩山四友之申令，具电咨政事堂，三辞部局职，得复允解部职，不允辞局职。二十二日，电政事堂四辞局职并参政，得复允。二十六日，闻改元洪宪，叛迹益露矣。

十二月，重葺狼山观音院，增残废院设置。二十日，以常乐镇将治道路，故迁葬外曾祖及仲兄、五弟并陈氏妾墓。

五年（一九一六年） 丙辰　六十四岁

正月，惩从子念祖，其二子一令入纺织学校，一令入乙种农学校。十四日，闻袁又取消帝制，计帝制首尾八十三日。闻黔又独立。

二月，规天生果园工程。残废院开幕，收四十九人。规筑林溪精舍。闻桂又独立。

三月，垦牧加浚北河，以畅淮支流经里运河入海之路。闻粤又独立，浙亦独立。内阁徐世昌劝北上，谢之。十五日，得信复有人欲扰通，讯中具名者，某甲某乙，皆通产，好勇疾贫人耳。十六日，匪人率众至通，镇守使管云程获治之。

四月，闻袁病剧。

五月，刘垣、张嘉璈来说维持中国银行事，被举为股东联合会会长。六日，闻袁病卒。二十九日，闻蔡松坡病剧。

六月，吕四盐业公司主任鲍诚庠卒。精勤不苟，君子也。三日，见恢复旧约法府令。

七月，林溪精舍成。

八月，海匪以舟犯垦牧，中央队来，合垦牧警察队击四散。

九月，规大有晋、三合口、遥望港水道。二十八日，移女工传习所于城南。

十月，蔡松坡卒于日本。

十一月，盲哑学校、气象台开幕。十八日辰时，女孙生，名之曰非武。

十二月，在通。

六年（一九一七年）丁巳　六十五岁

正月，辟黄泥、马鞍山河。南通五山故为公有，近山村农，率樵薪于山，因伤及木，山如童然。前令师范第二次卒业生各植数千株为学校林，苗采诸远方，村人樵采如故，苗日以蹙；无已，呈官请领军、剑、黄、马四山分归师范、农校，然不范以河，不能保林之生存也，遂先买环山之地，规度河道，至是兴工。十一日，先君百岁生忌。十五日，农校开露天棉作展览会。二十六日，视军山河工。

二月，遣怡儿游学美洲。

闰二月，复规城郊马路。

三月，视大豫、大有晋河工、闸工。视垦牧海神庙前涵洞工。新育婴堂十周募捐。

四月，闻天津有临时政府之说。国会解散。图书馆落成开幕。

五月二十八日，以博物苑谦亭借沈寿养病。

六月，汤寿潜卒。十一日，怡儿游学美洲启行。十八日，怡儿附"亚细亚皇后"船由沪出发。

七月，政府对德、奥宣告立于战争地位。公园落成，作歌。

八月，怡儿至美华盛顿、纽约。顾锡爵卒。沈同芳卒。二十一日，沈寿以七月回传习所复病，至是仍移苑。

十月，视大豫、大有晋、垦牧闸涵工。

十一月，规视东奥山庄、西山村庐之建筑。

十二月，规建濠阳小筑。

七年（一九一八年）戊午 六十六岁

正月六日，割濠阳小筑之半借沈寿住。视西山村庐工。

二月，余被华成公司股东推任为总理，路远不能去，至是属朱庆澜为协理，管云程佐之。规吕四聚煎地。

三月，从子仁祖以夜半救火，触寒得疾。

四月六日，仁祖卒。联合各实业组织实业银行。改筑观音院三层楼，奉藏百五十余名家画绣之像。

五月，怡儿游美归，本欲其留学三年，遽归非吾意也。

七月，为从孙景武聘沈右衡次女。

九月二十五日，政府布告我国参与欧战。

十月，电陆徵祥，属于欧洲会议提出改定税法，及撤消领事裁判权。

十一月，在沪开主张国际税法平等会成立会，被推会长，并代表往欧，辞未往。金太夫人百岁生忌。撰《绣谱》成。

十二月，欧洲和平会议，经各国议决，英、法、美、意、日各派五人列席，中国派三人，政府派陆徵祥、胡维德、施肇基、顾维钧、王正廷轮流列席。孟昭常卒于大连湾，书生致力实业而有远识者，又失此人！

八年（一九一九年） 己未 六十七岁

正月，北京组织国际联盟同志会成立，公推梁启超为理事长，余及熊希龄诸君为理事。闻顾维钧于欧洲和平会当选为国际联盟股审查员，王正廷当选为交通股审查员。政府统计我国因欧战损失，共为一千零九十二万八千九百九十七元。营东奥山庄及张公坡后张榭。叔兄修葺西寺成，为种松二于前殿。

二月，以导淮计划书集徐、海、淮、扬人会议。视吕四盐业公司北堤。

三月，规筑三厂南青龙港闸。政府有将公布削实业教育费加议员岁费之说。又巴黎会议有中国青岛将签约之说，均电谏止。

四月初九日午时，第二女孙生，名之曰柔武。

五月，气象台练习七人毕业。规划蚕桑讲习所于狼山闸桥北。规剑山植林区、军山石坞。

六月，被任运河督办。规筑小漾港闸。规建更俗剧场。规定海门常乐第三纺织厂。营镶山梅垞。

闰七月，设工商补习学校、交通警察养成所。

八月，内务部通令各县，自本年秋丁祭祀孔仍用跪拜礼。盖自民国以来，祀孔即改行鞠躬礼，至本年春祀，尚沿用如故。东奥山庄落成。公议清理全县田亩纳税鱼鳞册事。垦牧继设初等小学校。设伶工学校落成。

九月，观音院延浙僧太虚讲《法华经》。

十月，大有晋、大豫遥望港九孔大闸落成。

十一月，淮海实业银行通总行开幕。剧场梅欧阁成。

九年（一九二〇年）庚申 六十八岁

正月，定岁时团拜之例。成新南公司。

二月，规建图书馆西楼成。以运河工程局事往扬，怡儿侍行。十三日开局。沈恩孚、黄炎培至扬组织苏社，意以社为策进各县量力自治。十七日行，十八日至华成鲍家墩，周视公司地。规华成农事试验场。视伟业公司机垦成绩，绩不恶而费较大。二十八日，至东台视母里师范学校，地，叔兄所购也。规辟沿海各场南北串场大河，承转西水入海。

四月，美人杜威来演讲。

五月，卜李保圩生圹地。十一日卯时，第三男孙生，名之曰融武。伶社生试艺开音乐会。十八日，至垦牧规建蒿枝港闸。闻津、保之间，皖、直两系军队接触，去电劝止不效。二十九日，两军于涿州开始战斗，凡十一日，皖系负。

六月，集地方公议筑沿江七十里长堤。闻某军有窥通之说，戒备。订《县志》。

七月，为警察局视肥料场，野狗阑地。

八月，至沪视衣周塘池。以直、鲁、豫、晋之灾去沪，与纺织厂、银行、钱庄、铁业，合筹一百万元为助赈协会，先择北省二三县实行工赈。二十四日，绣织局与女工传习所同时落成，沈寿移住局后。

九月一日，绣工本科第一次完全五年毕业生九人。二十一日，县自治会举行第一届开会式。二十九日，为叔兄称寿于千龄观，观在南公园，余为叔兄筑，亦供地方之凡行庆礼者。

十月，国务院闻县自治会成立，来电调取会章，为编订自治法规之依据。绣织局设计海外贸易，与女士谢珩议发网事。

十一月，三厂前会云闸成。二十八日，沪人来说织机、玻璃、糖厂三事。

十二月，通燧火柴公司成。被任为吴淞商埠局督办，苏人督促就任。作《串场大河施工计划书》，泰县凌生植支云："河与运河平行，可名新运河。"

十年（一九二一年）辛酉 六十九岁

正月，省道始成，自常乐试行汽车至通。俱乐部新筑成。四日，至吴淞视商埠局，开幕宣言，申诫局中人员，不得于埠内置地。八日，至常熟谒翁文恭墓，为修墓庐。九日，至苏游邓尉，清巡抚宋荦所建之香雪海亭已圮，捐资劝苏人重修。十日，至无锡谒赵先生墓。十一日，至扬州。十二日，视高邮切滩工。十四日，旋通。

二月十六日，公葬荷兰工程师特来克、昆山张庸于剑山南麓。检旧存文字订为九录：曰政闻、曰实业、曰教育、曰自治、曰慈善、曰文、曰诗、曰杂、曰外，属束曰瑄与丹徒陈生邦怀任之。

三月，东奥山庄家庙落成致祭，祭物惟备。十七日，海门淮海分行开业。因至垦牧规建高等小学校，扩充第二堤国民小学校。

五月三日，沈寿卒，以其愿葬于通之遗言，她方亦为规公葬于黄泥山东南麓。以盐务署禁止灶民煎盐，限三年禁绝，与淮南数百万灶丁生命有关，电请政府缓行，准照北盐旧例，改煎为晒，并电江苏督军、省长设法维持。

六月十一日，第四女孙生，名之曰粲武。

七月一日，因腰有时酸，试德医手术疗治法于林溪精舍，卧息十日。通电劝南北息争。十七日后，间日或二日辄大雨、中日菲远东运动会推任名誉会长。二十七日，营马鞍山我马楼。

八月，政府聘为太平洋会议高等顾问，适以水灾待治正亟，不能赴美，电辞。十二日始，连大风雨五日，江淮并大涨，运河堤工日夜告警。二十一日，去扬。二十三日，与会办韩国钧、道尹胡翔林同勘堤河。先自七月十九日开车逻坝，二十一日开新坝，二十三日开南关坝三口，共广一百九十六丈，泄水流量每秒钟已四千余立方尺，下七县已成泽国，极目无际。高宝城人复请开昭关坝，下七县守坝之人五六千，卧坝上以死争。余至，告以当开否，须周视八县，权害之轻重大小缓急，不能即许不开。既入高邮，则沿堤要求开坝者殆万人，至承天寺，则人围寺数匝，有王鸿藻者，嗾人诘责，分起迭进，势非得请不已。余与韩亦告以必周视八县，权害之轻重缓急，不能即许开。而邮人威胁无礼已甚，卒以坚决却之，自六时至十二时止。二十三日，视宝应灾状，旋至邵伯。二十四日，至兴化。二十五日，至东台。前二日派往盐城、阜宁勘灾人回，报告盐灾重，阜不成灾。二十六日，至海安。平均计下河各县，平地水深五六七尺，势已滔天，昭关坝必不可开，以告省长；而东台之王家港为泄水要道，淤塞已久，非即开不可。二十七日，即令余文蔚组织测量队，刻日出发。

九月十日，治沈寿公葬。得高邮河工报，水退五尺余。

十月，张一麐、张绍曾、沈恩孚、黄炎培、史家修以国是会议约去沪。

十一月，至沪。国是会议徒议而已！十四日，往东台视浚治王家港工。二十六日，以书属美工程师来因求助于义赈会。

三十日，蒿枝港合中闸落成。

十二月，至大有晋规同兴区水道。

十一年（一九二二年） 壬戌 七十岁

正月二日，自常乐镇至通，知叔兄于一日电京省请禁南通交易所。兹事发生于辛酉七月，由实业中少年，歆于上海某伧所倡之交易所，用谲诈暴富而起。有问余者，余以约略记忆之德、日前事告之，诚宜慎重。若辈旋以振兴市场说耸叔兄而推总其事，叔兄偶不察，为之动听。九月始业，朝窭夕丰者不乏人，乃群趋若狂，至能摄乡愚埋窖锈涩之金。余以为惧，言于叔兄，兄亦觉其非，又恨为所卖弄，故有此举。然弊虽截断，而资财出入，震动于廛市亦不少，无如何也。三日，筹继去年灾后之赈。十四日，大雷震，小雨。

二月，治黄泥山圆觉精蓝。叔兄赎金沙高曾祖墓侧先祖鬻于瞿氏之地，计时恰一百二十年，拟即其地建墓祠，并张氏私立小学校，教其乡之子弟。

三月，江、常、太、宝、崇、海、通、如、靖九县开治江会于上海。奉、直战起，电劝息争不效。闻江、浙构兵之风说，电两省督军劝阕。决惩交易所偾事首祸之人。

四月一日，召集各盐垦股东开会。先是，五六年间继大有晋、大豫而成立之盐垦公司，为大赉、大丰、大纲、华成、新南、新通；粗有设施而未成立之公司为遂济、通遂；尤稚者为通兴。盖歆于垦牧公司日进不已之垦利而为之。此十余公司外投袂而起者，涨脉偾兴，各涎一地，假以号召，尚七八处，有先时不知其名，余以为危，止之不能。其属于通系者，率挹注于大生，大生以棉为纺织必需之原料，有裨于本计，又尝有所挹注而资之。且冀垦地所入可偿岁息，他无所恐也。讵垦利缓而负债重，工程未施，恃天孟晋。适己未、庚申、辛酉，虫雨风水，连灾三年，垦无所获，债息紧逼，乃有踬决肘见之象，此皆余夙昔自治锐进之说之为咎，至是增一至大之阅历。股东会议设盐垦纺织总管理处。建第三养老院成。

五月，被推为交通银行总理。二十日，久旱，因县知事请，祈雨。二十三日，合中等学校开运动会于白塘庙新场。二十五日，生日，中外宾杂沓而至，梅浣华亦来。公府遣少将罗泽�買来。

闰五月十六日，教育慈善事资竭，又鬻字。

六月，叔兄修北土山福田寺落成，土山亦县风景之一也。怡儿奉政府特命任调查美、英、法、德、荷、比、意、瑞、日九国实业，作"使行之训"。从嫂倪卒，年九十五。

七月八日至十日，连三昼夜飓风为害。十四日，第五女孙生，名之曰聪武。二十日，飓风大雨又作，二日而止。

八月，叔兄曾孙生，叔兄命名慎修。三姓街张氏近修族谱，其辈行字，前曰"昭兹来许，绳其祖武"，后曰"慎乃俭德，惟怀永图"，余其字辈也。

九月，政府特命进勋一位，辞。电政府维持招商局。属陈邦怀续校《九录》。

十月，众议地方认集赎胶济路款。沈曾植卒于沪。

十一月，命怡儿入京。日宾来，告以中日须公诚亲善。

十二日，规张家港生圹地。营濠南别业西楼。

十二月，日海军"对马"舰长池田他人来。二厂管工员小讧，令实业警卫团张清鉴往辑解之。

十二年（一九二三年） 癸亥 七十一岁

正月，作《商榷世界实业书》及《盐垦水利规划告股东书》。路工处开会。

二月，看张佩纶《磵于集》，自是峭直刻深一流，然敢决有为，当时信隽才也。作《纺织公司股东会宣言书》。与退翁、瞿知事同至丝鱼港看江堤十八里。自订七十前《年谱》，根据癸酉以后《日记》，唯《日记》有缺失者。闻海军闽人宣言自卫。甘肃杨汉公等来，问甘肃宜棉之荒地。

三月，女师范纪念会。美国人六、自沪来参观，宴之。往掘港视垦，培原区低湿，宜种稻。连日盐垦公司股东会。汽车往垦牧三小时即达，二十年前须三日，交通便否，关系如是。视垦牧高小校。视闸工及各堤，汽车且行且止，历一时半。临城匪劫车，将引国际交涉。

四月，师范开廿周纪念会。为融孙延保姆蒋女士。自编《年谱》竣。看剑山后整地。为人作小楷书。答孟莼孙、凌植支信，说陇海路线。黄生励生追悼会。以大生一、二、三厂股东会事去沪。三生于一二，二生于一，一之始甚棘，继渐纡而效见，亦二十余届。自顷十年大水灾，十一年纺织大厄螟蟊生于内，豺虎撼于外，将如始创时；余委蛇披揭，俾众不疑，坦坦示人，人少少解，盖又一险难也。连日董事股东各会，酬酢极烦冗。

五月，第三幼稚园游艺会。通明、淮海、大达、盐垦各开董事股东会。连日雨，河大涨。作《临城票》、《建福火》、《新华车》三诗，皆近事也。生日谢客，客犹有至者，置酒城南，午后观剧。闻各乡水灾之警告。周视城南南山各处。东京帝国大学教授吉野作造、九洲帝国大学教授田中贞次来参观，云将以南通自治介绍其国人。

六月，与退翁、作三、怡儿等计实业事，并地方水利规划。闻无知乡人毁垦牧闸。怡儿去沪，为各公司开会事。至天生果园视鱼苗。谭鑫培子小培挈其子来演艺，索诗。至海门溥善堂开会，海人之复溥善堂，自清光绪十一年始议，十三年始请于总督，梗于吏胥，屡进屡止，旋以属余，复前嵩巡抚批驳了案，盖黄贵筑护抚之力。成矣，与胥吏战，又数年，惟杨梅汀是赖，至光绪二十年而定，二十三年而大定，专制时代，成地方自卫事之难如是。会后回尊素堂。视察家庙及二宅梅雨泛滥状。予以运督关系，被任为扬子江水道委员会副会长。

七月七夕，宴客公园"苏来舫"，舫缮治新成。与客泛湖有诗，并为客改诗。全县水利谈话会后，开大会。怡儿出使随员朱、席、许等来辞行，与退翁合宴之。连日训示怡儿考察门类，并令儿至英日，访候汤姆斯、内藤虎次郎、西村时彦诸君，皆老友。保圩工程师特来克母尚在，亦命儿至荷慰问之。二十九日，怡儿往沪远行，挈孙儿女送之港埠，九时展轮，汽车与"大庆"平行并进，至大堤桥转弯而分，不复见矣。数万里之行，历四大洋，如何不念？但为后生计，亦岂宜缩屋而终也。

八月，至沪，闻黎黄陂至。黎欲来晤，乃先诣之，为言江、浙和平之重，勿有听人举动之事。晤香港英籍何晓生东说和平事。七日午后二时，送怡儿行，送行人甚盛。五时启碇。视谢霖甫病于筱崎医院。晤英总领事巴尔登。

九月，怡儿至法，得途中所发各信及诗。往如皋寿沙健庵六十，有诗。

十月，县人圮城为路，有诗。鬻字助慈善。作杨点墓碑。由沪无线电传怡儿在巴黎演说关税，极有价值。得蒙哈缠回王公抗议设筹边使文件。怡儿遍游欧大陆各国，复至英。沪校演讲竞进会至通开会，余主席。江浙和平有溃决势，电各方劝阻。日"对马"舰司令野村吉三郎来。看《国语》，四十年前所读者。

十一月，连日消寒集有诗。各法团贺镇守使张仁奎六十，写纪寿碑字。

十二月，以港务会议事至沪。史量才约观梅剧。港务会议通过草案，与部局七代表同勘浦东杨思桥滨口。结束淞埠事，改设参事会。视袁保圩生圹地工。新疆督军杨增新、绥远马都统各遣人来，谈设纱厂事。怡儿由英往美。余自少作客以来，必归常乐度岁，至是以实业多未了事，怡儿又远出，孙儿女天寒来往不便，故先归致终岁之祀，而回通度岁于濠南别业。一月以来，无日不为实业言筹款，至是犹哎哎世事可厌，然非儒理。

十三年（一九二四年） 甲子 七十二岁

正月元日立春，余生以来三度矣。先像前行礼后，接见宾客，旋至厂。以中、交两行会议事去沪。

二月，计议实业地方各进行事。视袁保圩工。九九消寒会至此终。石港百岁陆翁来，宴之。

三月三日，修禊、梅垞各有诗。改怡儿诗四十五首，寄东京使署转。至我马楼磊石，大风。女师校友会、伶社评议会、师范运动会，皆到。十七日，沪电怡昨夜抵吴淞口外。怡儿到沪，应廿五团体欢迎会，演说三小时之久。怡回通，与退翁各挈儿孙接之天生港，朋好到者二百余人。

四月，连日各公司开会。全县高小联合运动会。去如皋预省道通车礼。政府任怡儿驻智利国全权公使。路工处考试汽车夫。

五月，与退翁、瞿知事游钟秀山，有诗。生日，公府派水利总裁常耀奎来。

六月，观《维摩诘诸经讲义》，太虚所讲也。以旧藏画十二辰展览于中公园。属沈生秉璜将测成之三千五百余种导淮图表目录印布。

七月，至西林写碑。复初入住濠阳。

八月，江浙和平无望，战争开始。商会设救济江南灾民会，余典衣捐二千。

九月，鬻字十五日。江浙军激战。卢、何避日。

十月，北方局势激变。至金沙看七乡保卫团操及沧园菊苑。

十一月，劝齐退。束劭直母九十，往贺。浚公园鱼沼，筑藕堰。

十二月，西山视我马楼、虞楼工。卢与奉军南下。沪、杭复有军事。岁除庙祭。得阅徐师父子诗文稿。元尹真清才，充其所至而永其年，一归熙甫也。为之三叹！

十四年（一九二五年）乙丑　七十三岁

正月，作《徐微君并元尹孝廉遗著叙》。闻江阴、常州间仍剧战。齐无锡一战后出洋。自直皖分裂北洋系，皖再挫于直，至是皖复合奉而胜直；频年一彼一此，南北之民，皆受其祸，顾今战犹未已也。齐部旅长陈孝思来见。作《义犬环铭》。

二月，读《诗经》。十九日，孙中山卒于京，作挽联。

三月，开会追悼中山。奉军旅长毕庶澄来见，八年前荐于冯华甫，令入军官教育团，将往无锡，令其保护大成巷赵师家。至虞楼、天生等处看桃花，有诗。

四月，奉天陶钜逌来；张雨亭参谋也。至垦牧看五、六、七堤外滩地。

闰四月，在村庐写碑。各公司开会。为各校学生演说。

五月，腕屈郁拇筋痛，不能作书。农旱望雨。气象台报飓起闽、奥海中将至，果然。掘港西方寺僧范成与海门周紫垣来，作金轮度世法，申问三世夙因，说及先府君，先太夫人身后事。见示府君并转人道，为济南千佛山僧名普静；太夫人生净土边地，无有退堕云。生日颇有客至。大非吾意，然世法不得不周旋。内争消息又紧，劝不效。

六月，各校暑期讲习会开会，演说。以电气治右腕。海门西三区保圩会开会。吴寄尘偕李升伯来，李任一厂经理。

七月，公园"星河舫"成，乘之纳凉，有诗。十七日，先室徐夫人七十冥生，有诗。闻垦牧一、四堤受风潮损坏。

又用电治腕。莫楚生六十生日，宴之。至农大演说分科治农。南公园看警察队操法。滕县高师熙喆避兵祸来。

九月，孙与奉军战，屡胜至宁。重阳集饮公园，听吕四乐工旧乐。生平不喜作词，看《弇州山人稿》，勿兴动，始为小令学焉。

十月，宝山人来，以复吴淞商埠相强，峻却之。十八日卯时，八窑口室人吴夫人生圹破土，寅初即起。

十一月，孙馨远、徐又铮过访。孙、徐同游东奥山庄，为备蔬餐。吴子玉再起，合奉张战冯。伶社评艺会。

十二月，武进李毅士来画像。唐驼来种兰。吴约怡儿任参赞及外交副处长，令辞。

十五年（一九二六年） 丙寅　七十四岁

正月，拜庙后雨大雾重。临《书谱》。视女校工。约客我马楼观烧，有诗。恰儿生日，友好合馔于千龄观、俱乐部二处。时局又变，翻覆甚矣。

二月，清明令人分祭特来克、张景云、沈寿三公墓。驻长江日舰队司令永野修身至，邀宴其舰上。以九千九百元币，释教育局沙田案之讼争，即以购得沙田产权助男、女两师范。

三月，女师范廿周年纪念会。视垦牧水泥工。

四月，恰在京汉，迭电促回。各公司开会。英驻长江舰队司令嘉美麟及少将高梅伦等来见。内人去沪医齿。为火柴联合会事言于省府，以纾其厄。通、海官绅会勘县界，至老洪港，返经竹行镇，今昔五十年矣！

五月，端午饷客泛舟，有诗。保坍会十七椿沉排，往观。十日，政府特任恰儿为扬子江水道委员会会长。连日燥热，往梅垱。临《怀素》。读《左传》。热至一百度，日课一诗。至姚港东，视十八椿工。

张謇

第二编
家传

自述

述 训[1]

　　先曾祖瞿园公耕于金沙东乡，故有资业，卒时，先祖西亭公方九岁。先伯祖不治生计，时时挟资出游，不为先曾祖母姚夫人所爱。姚夫人有所蓄，意待先祖长大有室而后予之。既先祖方在塾，姚夫人猝病，召回口噤不能语，遂卒，时嘉庆九年二月二十八日也。先伯祖外出终不返。先祖姑适邱氏，居相近，先祖倚焉。先祖姑疑弟尽有母蓄，令从子邱某诱先祖为最易晓之博，曰十张麻雀。先祖每赌辄负，货产以偿，不两岁而产尽。先祖行三，乡人嘲曰张三麻雀输不足，今年卖田，明年卖屋。后宅鬻于瞿。道光二十九年春，瞿得姚夫人窖银于灶下，银实以坛，上盖散钱，凡两坛。瞿顿富。时先祖已迁西亭，瞿邻以告，先祖曰：是各有命，银未必有张氏识也；我守穷而已。卒不一言。

　　乡里老者相传，瞿氏购我祖田宅极贱。田故有先高祖曾祖

---

① 清光绪六年二月四日《日记》："奉父命作《述训》。"其后历经增补，至清光绪二十年定稿。

墓，瞿氏环兆域侵削日甚。光绪七年十一月，督索观瞿契，则嘉庆十一年九月，瞿宏余所卖，价七十三卦（八百为一卦）；又道光九年十一月，宏余与子学忠补价字一纸，非先祖名也，纸色鲜新，钤金沙城隍印。督于二契，各署押以识之。

先祖性介，虽贫不受人馈遗。初由金沙迁西亭时，子女繁盛，岁获常不给。一日邻媪李见先祖妣溲米少之，举斗米相益。先祖知之，节啬两月还焉，戒先君勿忘媪。媪子死，先君岁饷斗米终其身。

先祖行三，謇年十四至十八读书西亭时，从故老访先祖言行，多不能举，举亦无首尾，唯言张三老爹是真好人，不欠租，不宿债，受人欺侮不计较，则无异词。

先君初至长乐镇，侍先曾外祖父母。岁频歉，适瞿氏长姑，一日饷米二斗，先君受之，曰：妹恤兄嫂，义也；然有翁姑，不当以私财济人。逾年倍还。先君幼慧，喜读书，极为塾师静海丁先生（遗其名，诸生）所爱，而先祖恒督之治田。间逃至学，先祖必怒责曰：家贫口多，不耕胡食？父暴中田，而子坐清凉之屋可乎？丁先生为请，乃定半日读书，半日耕田。读竟《诗经》，能属七言对即止。

道光二十八、二十九、三十年，连岁大祲。先君贷资，附舟至上海，转商于宁波。出吴淞见舱尾有妇人，口操海门音，问之故有夫，为人掠卖转鬻去宁，悔且泣。鬻人亦在舟，质之值二十余金；既至宁，则予鬻人值，寄妇某所。事已，挈之返，归于其夫。时其夫闻人言，妇出吴淞，与先君同舟，疑信旁皇，谋构讼，至是释焉，而控前掠卖人。其戚族集资归妇值，先君谢曰：若此非吾志。卒不受。

咸丰三年大旱蝗，斗米千钱。四年春，斗米值钱二三百，无可得米，剥蚕豆和麦屑而食。门临大路，殍人相望。有乞食者，先君与先妣金夫人自减以给之，裁得半饱，曰救一人是一人，救一刻是一刻。自后凡临食有丐者，必与一碗，训誉、睿等曰：汝曹知饥人闻饭气之香乎？我半饱时尚食人，子孙但有饭吃不可吝。

先祖尝负李氏债，未几卒。李某恃族强，恶声勒偿。先君忿然曰："子应还父债，然不能受轻蔑。"邀约戚友，明定偿期，质贷而归之。归之日数而责于市，李族与市人环窒而听。后十余年先君馆宋蓬山先生于家，李欲令子附学，浼人探可否，先君曰："前隙既返之矣，渠子从师读书，是另一事，奚校。"

通俗凡鬻宅于人，迁让时必留其灶神之主，及妇女溺器，索迁移费。道光二十七年，先二叔以细故误伤佣工致命。先祖、先君倾家营救，借田主周氏钱，后不能偿，以宅归之。迁之日，周氏馈钱，使无留物。先君却之曰："我自迁徙，何与渠事，且安知将来宅不复归我。"先祖卒后，先三叔尝奉先祖妣向周补宅价，后宅复归我，先君如所补数还之，今退据犹存。

西亭旧宅，先祖以道光二十六年营造。二十八年贷周氏钱，二十九年、三十年无息，咸丰元年，以宅归周。同治九年，先君贷戚任氏钱赎还；十年使誉、睿任任债，俾伯兄、五弟析爨居焉。光绪十五年，伯兄、五弟复鬻于宋氏，宋得之尽改旧观，前后不五十年。先君尝语誉、睿，凡事成败，凡物去来，皆若有命；事安能保其终不败，志士图成而已。

先祖墓在西亭河西三总桥，近二十年内，形家推为吉壤。地为先三叔所卜，价则先君任之。临葬，墓邻以风水阻挠捍圉，理释亦叔之力为多。每上冢时，先君指穸穴处示督謇曰："他日三叔位此。"

謇兄弟蒙塾师海门邱先生，先君初至长乐时所识，居近而交亲，謇兄弟脩金视他儿逾倍。邱先生倚之，虑謇兄弟他适。先君曰："我子十岁后，若能读书，当自延师；若不能，不他适。"馆课故轻。謇十一岁止读《诗经》，试对四字尚不晓乎仄。先君见謇以"日悬天上"对"月沈水底"剧喜。明年甲子，乃延宋蓬山先生授謇兄弟读，而礼厚邱先生无间。

謇兄弟十二三时，夏日师不在塾，舍书而嬉。先君命各荷锄，导之田间削草（通州谓芸草曰削，海门曰脱）。日暴背膊如炙，面赤而痛。晚归，先君曰："读书削草孰苦？"乃请终读。曰："然则以父之苦，供儿之乐也。而惰而嬉，何以为子？"

弟警不喜读书，先君督责良苦。一日语謇曰："他日必为汝累，汝知天下父母之常情乎？爱少子亦爱了子（通海人谓不长进为了）。"

先君种田，麦豆之行，必使纵横相直，田四周薙草必洁，种树木亦然。佣不如法，必移正之，不厌其数。乡人语曰：张家种树，一回不住。先君闻之亦笑。

先君始所居瓦屋五间、草屋三间耳，栖佣峙物庖湢咸在，早晚粪除，必整必洁。曰："屋止此，若散漫垢秽，人将安容？"后有兴作，凡木石砖瓦，一一度其修短厚薄之尺寸而预计之，无有差忒。临时必使謇兄弟杂作小工，而于砌墙每层将合时，尤令注意于需砖之度，相其修短厚薄，检以界工。曰：
"工屡觅砖，或断砖不合，则耗时而费料"，亦以是练儿童之视
力。至他人家，亦视其营造之合否而教之。以是睿兄弟于土木
建作计划，稍稍有知识。

江南各州县失陷时，辟难海门之人极夥，有以缓急告者，
先君必周恤之。江宁葛某死，子女相继，一子方幼，其妻痛不
欲生。先君谋聘其死女，配前卒仲兄以安之。其子长，学缝
人，艺成乃资之归。

自先祖于业田外兼货瓷，故为荷瓷行鬻之人，尝十余辈。
终先祖先君之世，其无家可归而死为之殡者五十余人，先君
曰："祀终我之身。汝曹他日每节焚冥锒一包足矣。"

方睿兄弟出痘时，邻范姓子亦出痘。范故极贫，先君延痘
医兼令诊范子。越旬余，访知范子痘痂结而缺调养，先君以一
棉褥付佣质钱四百资范。此事睿兄弟绝不知，闻之当日质棉
褥之佣周裕生云（光绪二十六年八月，周来语及之。周时年
八十一岁）。

先君乘小车，逢桥必下，过辄行数十步然后坐。语睿兄
弟曰："非独慎万一之倾跌，亦自习劳而舒车夫之力，使不
疲苦。"

废铜旧铁，竹梢木段，但稍成用者，长短方圆厚薄必以类
储。其大者簿记其尺寸，遇有造作，按簿取资，无枉费，亦无
寻觅之劳。

性爱书籍。自睿兄弟十岁后，即稍购备。恒自检其阙叶脱
字，修缀写补，虽不完全之书，亦修整之。六十后春秋以是为
课。平日见盈尺之线，成寸之纸，辄储之以待用。修缉之日，

几唯一研一墨一笔一锥一篋一糊器，旁一烘炉，非三餐及溲便，不离坐起立。客至口语酬答，而修缉不废。

晚岁喜看阴阳形家之书，亦喜究徐氏农政全书，暇与先三叔谈以为乐。叔请田二十亩，依法试行，字规句摹，费重而收不逮，家人咸笑。先君语謇："汝叔不审土性，而泥守成法，不能取效，坐是为人诟病；然古人不为著书欺人之事，时未至，虽躬行者且自惶惑，何论旁观。审观天下大势，非农商不能自立，汝曹志之。"

初止有海门之田二十余亩，岁获不足于用，而治之甚劳。謇兄弟请畀佃而征其租。先君戒曰："子弟非躬亲田间耕刈之事，不能知稼穑之艰难。汝曹日后无论穷通，必须有自治之田。世人言田为富之终而累之始，未尝无理，而非吾田家之言也。"

先君六十后，以家事付謇，而日为乡里排难释纷，日不足则继以夜。坐上常满，遇食即食。先君为之疏析本末，别白是非，必两家告者意释而后已，不得已则出资以解之，由是诉者益众。家人厌苦供应。先君曰："毋然。穷人有屈抑，欲诉于能为解释之人，既自惭形秽而畏人嗔，复慑于众口而不能尽意，偶不申而归，妻子亦丧气，汝祖一生处此境。今及我之未衰，以口舌保乡里和平，亦安心之事也。唯子孙不晓事者，万不可学。"

归籍记[①]

清光绪二十三年（一八九七年）

　　痛乎习非成是之俗之锢人甚于阱攫也！天之生人也，而必有一生之地。系其人于地，而土地之官志之，曰籍。由是而跻于庠序，升于朝，必籍以别之，使操铨衡者有考焉。其人而修其行业，致美其名誉，天下之人慕焉，重其籍曰，是某之人。凡某之人荣焉，亦曰是某之人。反是则籍且辱。人之辱其籍者，其言亦如是。籍之系于人尽此矣。国家之功令曰，士子与试，必身家清白，必无刑丧过犯。择诸生屡试优等有学行者，别于附学生增广生，而特给廪糈以养之，为廪膳生。俾各稽其乡里耳目近习之士子，果清白，果无刑丧过犯与否，无则保焉，曰认保。犹虑有不肖者，以功令为市也，又于学使试时，由学官循州县试录士子之次第，与廪生历资之次第，比而属之，以监认保，曰派保。功令之法尽于此。通之言籍，权不操于土地之官，而操于学官；学官不尽操，而寄廪生操之。操之之术，相必表其籍者之贫富强弱而予拒之。予拒之效，又视

① 张謇《自订年谱》：光绪二十三年十一月成《归籍记》。

第二编　家传

乎所予所拒。故有时或茹富而弱，吐贫而强。茹者强，亦茹强富；无可茹，即贫弱不吐。以是一廪生缺售值，贵或钱三五千缗，贱亦数百千缗。学官因利分肥，上下昌言，略不为怪。其予拒有说焉，以与试之家，祖父是否诸生为准。苟祖父非诸生而富而弱，耳语相涎，瞰若大肉；下此而及贫与强。钩纤括微，无漏豪芒。

余张氏之在通州也，以三姓街为最著，族丁众逾万；散之他州县者，亦往往而有。相传元季由常熟迁通。余家自太高祖以上，世数不可考，相传居石港。高祖由石港迁金沙。祖幼孤家落，迁西亭。先君三十后，从外家吴氏，侨居海门，仍世业农。积勤起家，尚气乐施，人以为富，实仅不窭。而余兄弟幼时读书村塾，稍异常儿，人以为才。当时廪生及凡张姓，咸以为张氏子旦夕必就试，其家上世无诸生，而有赀，易噬，竞思攫之。先君惟塾师言是信。师举人宋璞斋琛、廪生宋紫卿琳。先是琛之父蓬山先生效祁，馆余家三年，教余兄弟，自读《诗》、《书》、《易》、《礼》，而至《春秋左氏传》；自始执笔学为诗文，而至成篇。温昫敏摰，多方而不倦。先君尊之若父执，朝夕必问，饮食服御，必时其喜好，病调其医药，而殁经纪其丧，岁时必祭。推尊先生之意，以礼先生子姓之贫者，无不及。先生既殁，余从紫卿师于西亭塾，而问业于璞斋师，故先君之信二师无间。人事风俗，展转缪误，遂有冒籍如皋之事。然方其始未尝必由此路也。

同治六年丁卯，謇年十五岁，在西亭塾。四月宋紫卿师与璞斋师讯，言静海乡廪生易兰士欲致余试静海。讯云："昨午后易蔚霞约往伊处，其族人廪生兰士在焉。蔚霞撮合长泰

（寨小字）入籍，弟以学问尚歉未能应试对。惟院试在即，不日当补考，此事如何处置，兄可便道新地，一候廪生张宝琛，微叙其事，看渠意如何。弟想此事若行，势非公保不可；公保人多，钱亦难少，实费踌躇。兄到彼止言系先父学生，家道平常，笔下亦平常，幼童观场，并无奢望，若数目太多，恐难径行。如不甚著重，可令车来，弟即往妥议。"璞斋师不允。

七年戊辰，睿年十六岁，在西亭塾。正月璞斋师识如皋人张驷。驷素以识学使书吏，招摇为事，居通城久。师因谋使认驷为族，试如皋，事成，酬三百卦（通俗钱八百为卦）；不成，唯供应驷子若孙县州院试资费。书告先君。二月命余单身，挟银圆数十至城，就师宅识驷。即夕从驷并子镕二人，附班船往如皋，举银圆付驷。临行师戒曰：凡事听二老爹作主（驷行二）。驷故有孙育英，读书抚幼塾。抚幼塾者，如人公设，以教育婴堂长成之婴，及他孤贫子弟，塾师通州附生吴溶。驷利不纳脩膳金，故命孙从学。余至塾，则闭置一室，不令见一人。县试前一日，镕谓余今以汝兄育英，名汝育才矣。既与镕、育英俱就试，镕令与育英易写所作。试毕，明日独与驷还，仍至西亭塾。闻县榜发，取二百余名，县令贵州周际霖。四月应州试，备试资如应县试时，匿璞斋师戚徐氏宅，宅仅屋两间，亦不令见一人。榜发取二百余名，知州合肥梁小曙直刺悦馨。是时通族人未之知也。九月犹至西亭塾邀应试，紫卿师与先君讯云："昨有三姓街贵族人来，其言颇合礼，现届九月，院试已速，兄如稍闲，即来一叙。适需四五十圆，请为调度，有即携来。"先君至西亭，商之璞斋师仍不允，紫卿师两可之。未几院试，入场坐西余字三号。榜发取二十五名，学使鄞县童侍郎华。余之自州试归至塾也，每夜读制艺，辄过三更，日未出即起，课文月九日，日课诗文三首，如是迄院试，凡六阅月。既入县学，先君至州城，知余县州试，三代系张镕所填，盖张驷之兄驹，为州城玄妙观庙祝，一子铨前卒，镕填亲供，以余当铨子，报年十四岁。先君语璞斋师曰：秀才，士之始进也，若何隐年？三代诬，尤不可不改。师嗤嗤鼻出笑声，曰：汝不知举人、进士有官年耶？如若言，发达后请改不迟；今请改三代，则秀才立对斥革。种田人家甫得一秀才，易视如此耶？先君顾余，目眥荧荧。余悚惕不知为计。三叔闻余入县学，颇咎父过听宋师言，相视瞠目而已。张镕索学官认派保廪生赀及他费银一百五十圆，十二月至家坐索八十圆，复索二百二十圆之约券为谢。此外凡曾剌知有应县州试事，及试时曾为接送者，均挟不泄功索谢。其两宋师之当重谢无论矣。

八年己巳，謇年十七岁，在西亭塾。张镕执券约索银。是时先君力已竭，家中辘轳勃溪之声相闻。镕讯逼迫已甚。讯云："今来信非为他务，特为去年所收两票，一纸九月内取，一纸十二月内取；九月消息无闻，十月间余告令兄九月洋钱与十二月洋钱，要十一月一统送来，不能拖欠分毫，迄今又无音信，故专人到尔，令尔明白。尔若愿与，尔即于冬至前备洋二百二十足，来城取票；尔若不愿，尽可与来人说明，无容变计拖沓。若故为推诿，余即于节后自己来领，必至与他人贻笑。"先君不得已，贷银一百五十圆，自赍还镕，商缓后期。未一月，镕讯逼如前。百计措贷与之。讯云："前月令尊在舍，所与之数，谅尔尽知。余有手票存于别处，期是十一月二十日付，现已过期，余无辞可以对人。今又烦驾速禀令尊，请于初十前，所欠之数，一统送来，万不可短少过期。立俟回复。"

九年庚午，睿年十八岁，仍在西亭塾。张镕索前券银圆既竟，值乡试报罢，见余落卷批不恶，又通句容杨某，为索千金。杨故尝兄事先君，先君时时资其乏。至是杨以镕言恫喝，镕亦面责，余谢无以应。十月镕讯诘责。讯云："外日面谈一事，尔已透明。余不过便托杨士峨代达，无容推诿别人。不论是否，务俟实在回信。"余仍不应。闰十月镕讯益狂悖。讯云："信到逆子育才知之：尔初流落在外，忽有同城宋璞翁先生，说尔要误大事，予接尔到家。前年入学，尔运虽佳，实是予德。不意春初伯祖过世，尔未曾穿服，其罪一也。况久在外乡，不率家训，竟忘入学时之艰难。前年学费十余项，要开发钱一百余万（通俗以十千为万），洎今尚与人未清，不能糊涂了事。来信无别，限尔十日到家，同予理料前事。尔若故意昧心，不欲归正理事，予即写逆子怨单数十张，遍贴通城、如城、西亭、金沙、袁灶港、长乐镇各处。尔若再行无耻，予先请如皋学官来请尔。尔若再行无耻，予亦不能顾尔，予就使尔出学了。看果能如此否？速速自悟。"以示璞斋师，理师前说。师谓"此等事，由来如此，我亦无法，当与镕父计之"。十一月得张骃讯。讯云："闻方子村来通，据云树屏（张镕字）与伊，一同赴县有事。及询所由来，则云与贤孙犯难。未知何事。予故特此走草，如信诳言，可即来通，到璞斋先生处方知的实。否则听之而已。毋悔。"讯故出镕手，冀恫喝以转圜。璞斋师宁不能执前说责其反复，而始终无一言；辄以议婚令合买宅，及明年会试乏资，属紫卿师致意先君。紫卿师云："海话（镕小名海寿）自璞斋回，如弟所言，安排已定。至璞斋所托，尚俟兄来一商。"

议婚之说，盖承先师蓬山先生遗意。先生尝谓先君：泰婚缓定，我甚爱此子。先君志之；而璞斋师以余农家，又兄弟四人，故不决。至是师妻弟孙锦裳，属紫卿师议焉，而令合买玄妙观前宅，为招赘计。宅值钱八百卦。紫卿师授前讯寄先君，余因叩讯言何事，师微露崖略。余言是于义不可。舍父母不养而就妇，不孝；竭兄弟之力逸一人，不弟。且璞斋师有二子，而赘婿同居，非李非奈，亦不安。先师蓬山先生之过爱，固期以成人也，不孝不弟，不足承先师意，敢辞。师斥曰：我讯与若父，可否若父主之，若非所宜言。乃奉信归，并以答师语请于先君。先君诣紫卿谢曰：婚不敢议，买宅之半价，我当任之。是冬竭蹶撑挡以践约。念张镕事未已，重属紫卿师询焉。十二月二十一日，璞斋师答讯，语吞吐。讯云："前到家询傆牧驹致书之意，欲就中了事，并非伊欲作难。海相公系讼师钱瑞清唆使，呈子亦钱写。两日内与如皋人动身行事，洗心道士（嗣弟驯，为龙王庙道士）谓小为周旋。伊可作主，总替润翁（先君字润之）省事。务望父子一人来城，方可无事。予于廿三日晚船北上。总之即到如城，亦无大事，不如省事之为妙耳。斟酌要紧。"

十年辛未，謇年十九岁，在海门学署读书。正月初三日大风雪，先君贷钱五十千，命謇至城，送璞斋师行。以师初五六日北上也。余家距州城八十里，雪深没膝，行二日乃至。师本属措五十金，见所赍不足，色不怿。叩以镕事。曰：若父子殊不晓轻重，镕即有事，待我回再了耳。是岁余去西亭，从海门训导无锡赵菊泉先生彭渊学。四月二十九日，如皋学门斗夏堃，持学官初十日签传。签据初八日镕禀，镕自认原名铨。禀云："为乖伦败俗事。祖兆熊早游泮水；父驹年六十八岁，初贸易，现筋力已衰，行走不爽；子育才年十七岁，于十四岁蒙童大宗师岁试拔取入学，始则循规蹈矩，不出户庭，继乃视功名为易得，时在外放逸为非，不率家教，至诗书废弃，不待言矣。生因育才足不入户，常寻其所至之处，竭力训诲，而育才置若罔闻。于今年暮春，仍见育才暴弃如常，即执戒尺处治，使之率教攻书。不特不率家教，抑且侮慢实甚。伏乞老师台立提究办，感恩不竭。"学官签则云："限十日赴学面询，如果不受家教，以凭惩儆；倘违，牒县会详学宪核办。"先君令人以签送赵先生署；余以呈先生。先生故知其事，走商之师山院长太仓王菘畦先生汝骐。王先生为如皋训导杨泰煐中表，而余肄业师山书院蒙奖许者也。授讯令诣杨。讯云："门生张育才，即阁下之贵门生，号树人，少年聪隽，性质温美，洵佳士也。本籍通州，寄居海门，家世务农。乍得读书子弟，州人名之为冷籍，虽身家清白，亦难考试。其父于考试一道，本属门外。其师通州宋璞斋，有戚张僖牧，见育才年少聪隽，而格于俗，难考，以侄名铨者无后，与璞斋熟商，作为铨子，填籍考试。虽博一衿，酬谢开销，已去家资之半。嗣后僖牧之子张镕，岁有诛求，其父家寒力薄，实不能堪。今张镕又顶其亡兄之名，以镕为铨，捏成大题，呈递忤逆，可骇可笑。骐念芝兰玉树，为樵牧所践，意甚愀然，用特付函，令诣台端，务望鼎力手援，急为详请更正。张郎非池中物，观其相貌可知。公门桃李，后望无穷。至禀帖如何缮写，即烦指教。"

五月初四月，至西亭见紫卿师。师命即去。乃乘梢蓬小船，只身携咸蛋四牧、饭焦一篮，走二百里，往谒杨，呈王先生讯。杨怒，谓汝用若干钱得来？不待更衣，命题面试，题为《子游问孝两章》。余请笔砚，就侧屋试。未竟，见有黑胖人蹒跚入，与杨嗫嚅语，语声忽高忽下，不甚可辨，但闻"此人能文，此人能文"。旋黑胖人大声而出曰："老师太不情，人家子弟天热尚放学，奈何令袍带作文字？"亟趋余，曰："张世兄且休，我严月船也。"杨旋令诣书办周大家管押。王先生闻之，大恚，疾作书责杨。赵先生婉劝：若怒杨，徒重张生罪。王先生悟，即为易讯。讯云："前书匆促，未尽所言。发书后，细想阁下亦有为难之处。但此事骐实为怜才起见，并无别情。骐之素怀，谅蒙深信。伊父因措资艰苦，并虑伊子荒废学业，属骐函请阁下，朝夕训诲，倘有余暇，命题督课。一切不了之事，自有父师料理，决不敢放在脑后。育才年幼，并祈推情，时时劝慰之。"

自五月初八日初押至七月杪，余日读《资治通鉴》、吴梅村诗，与友人陈国璋、黄毓琳、顾酉书、严桂芬酬唱往还。先妣思子而病，赵先生与海门徐石渔先生云锦、刘君馥畴逢吉、秦君烟锄驾鳌合谋旦夕脱身之计。八月资延海门朱某，与三叔往如皋，用先君名具诉本末。学官不纳。嗣用银圆百余，脩敬于学官及其书斗。学官乃改窜其词令重写，纳而释焉。禀云："窃生世居通州之西亭，业务农桑，家传清白。子长泰因资质稍慧，寄膳通城宋宅读书，得识住通考如之张镕。同治七年，生子年甫十四，张镕挈与伊子育英，往考如皋。生于考试，本属门外；长泰年幼，不谙律例，托其领结，代填亲供。讵张镕暗将真正亲供抹去，改填张镕已敝之堂弟张铨三代名字，并将生子改名育才。当蒙童学宪拔入如庠。后悉亲供错误，屡欲缮请更正；乃镕居奇勒诈，非谢钱百余万不办，有信可凭。今年四月，张镕索诈不遂，竟冒列原名张铨，捏以育才不率家教等谎禀。奉师台饬传生子来学面问，仰见洞鉴下情。伏念生子长泰，髫龄无识，志切观光，一时朦昧，误入张镕罗网，以致三代误填，咎又何辞？悔之无及。第生惧镕波害，予取予求，不谓不厚。至于长泰，究属生所亲生，抚育栽培，历今十有七年，道路口碑，历历可问；只以亲供错误，受累靡穷。篝灯夜话问，生子每为之饮泣。今张镕公然送逆，世岂有骨肉之亲，彼外人可得而冒认也。况镕自镕，铨自铨。铨之父驹，上春已故；镕之父驷，令日犹存。现镕考结，复填驹而舍驷；统核先后考结，大相径庭。起死为生，化二为一，不愈谬乎？缘奉饬传，合将实在苦情，缕晰声明。惟求师台矜怜愚昧，核实成全。计粘抄张镕并张育英亲供互异单一纸：

同治七年岁试张镕（年二十九岁）　曾祖廷封　祖兆熊　父驷

九年科试张镕（年三十岁）　曾祖廷封　祖兆熊　父驷（县草册有涂改字迹）

十年岁县试张镕（年三十一岁，原禀镕注四十岁）　曾祖廷封　祖兆熊　父驷（核与七年不同）

同治七年岁试张育英（年十二岁）　曾祖兆熊　祖驷　父镕

九年科试张育英（年十五岁）　曾祖兆熊　祖驷　父铨

十年岁县试张育英（年十六岁）　曾祖兆熊　祖驷　父

镕（此祖父名字又三次不同）

既释而归，而如皋董事马锦繁来讯，言驷在如城，可以小就；若仍坚执，学使按临在迩，恐萋菲终成贝锦，悔且无及。望星夜来如，自有良策。语不具录。马故为如皋乡民所共慑，其策不可知。余之视如皋附学生，如盈石之疣，其欲决去之必矣。会汉军黄筱霭太守海安，以甫卸厘差在海，前署海门同知宣城屠晋卿太守楷来代。屠太守为赵先生己酉举贡同年。黄太守与赵先生平时过从尤密，知余方苦籍事，为审定学使禀，又合赵先生言于屠太守，请以本末告提调署通州知州桐城孙海岑太守云锦。

十月二十九日，学使江夏彭昧之侍郎久余，按临放告，乃自递禀检举。禀云："窃生世居通州之西亭，家世业农。生父彭年，亦时行商于外，命生读书于通城宋宅，因得识住通考如之张镕。谓生虽世居通州，而祖父无应试者，是为冷籍，应考必有阻挠，莫若作为一家，随同考如皋为便。时同治七年，生年甫十五岁，一心但求能考，至考中之情弊，实属茫然，遂任听张镕填写三代亲供，所填生父张铨，即张镕已故之堂弟也。是年即蒙前学宪童，拔入如庠。比填大结，即欲更正，张镕告以有碍功名，生因而未敢造次，反感其关垂，优为酬谢。初不知张镕之意，留为将来索诈地也。伏思木本水源，岂容假借；今甫博一衿，而反谓他人父，自问何以为人。再四思维，惟有检举求正，以端大本。至一衿之得失，不暇计矣。幸逢大宗师按临岁试，不敢再事因循，据实直陈，仰求更正。如荷矜全，无任衔结。"学使批仰通州查复。孙太守传询，候客厅一时许，屡有人觇余；及见询，甚详悉，恻然曰：是不难。使人邀璞斋师，令释此事。师言张生自识驷、镕父子成此事，否则张生父，通州例贡，今生试如皋，讵不父子异籍。太守诘以张宋屡代交亲，州试时寓若所，若知如是，当时曷不阻止。师语塞而退。太守即夜签提张镕，镕逸。时赵先生与刘君逢吉寓玄妙观，中夜为余事不能释而起，徘徊院落。佛灯微明，见一妇人过，姑问其姓，妇人答是故庙祝张老妻陈氏，与今以籍事构讼之张秀才一家。先生心动，忆亲供驷名质刘君。翌晨刘君来告先生，以白孙太守矣。太守闻即谕门吏传张陈氏至。张陈氏具言镕不肖，害张秀才，张秀才父子于故夫生死均有资助，且言愿听张秀才归宗，遂具结。此十年十一月十六日也。州具录其供，加以堂谕。谕云："既据该氏供明，愿听嗣孙张育才仍回本宗，侍奉亲生父母等语，即着照供具结。呈候明日传同夫弟张驷，并张育才到案，加结详候学宪示遵。"并取张陈氏结。结云："窃同宗张育才，前继氏故子张铨为嗣，现氏愿听其回归本宗，侍奉亲生父母。氏故子张铨，现在族中另有可继之人。求恩念氏贫苦，断令张育才给氏钱文，为生养死葬之资。如夫弟张驷日后借口向扰，唯氏是问。"十七日，复捉张驷，驷亦逸。十八日复传张陈氏，领余缴案之钱。实则钱自太守捐给，未令余知也。复揭堂谕。谕云："着将张育才缴到洋钱二十四元，以作制钱三十千，当堂给张陈氏领回，生息养活。听张秀才更换本宗亲供。即着照供具结，送候核详。"并取张陈氏领结。结云："窃氏同宗张育才，现有亲生父母，已经具结，听其归宗侍奉。今张育才念氏贫苦，缴给氏钱三十千。氏甘具领，嗣后不再向扰。"至是事稍有绪矣。

先是太守于年终考察属吏，署杨泰煐上考，至是乃并据他所闻贪鄙事，庭斥之。效牒具矣，而太守忽解任。代者本任梁直刺，至则追寝其牒，太仓揞绅咎责泰煐之书迭至。泰煐由是迁怒，益衔余，百计中伤，流言大起。时太守录供详销前禀，其查取宗图族结，改请归籍之牍，十一月二十二日已上，并为属厘捐总办零陵王子敷观察治覃维护焉。且令仆人以银圆六，给梁阍人，俾余谒梁。十二月二十六日，学使批销前案，另饬归宗。饬云："据前州牧详如皋学文生张育才归宗一案，查宗图内，并未注明女三代，及存殁日期，结内仅有族结，亦无邻右各结，未便转咨，合行札知。札到该州，即饬将宗图注明存年及殁年月日，并查取该生族邻及同学各切结。实系通州人，并无身家不清，别项不合例事故，由州及学切请查明，详请核咨。"同时饬如皋知县如饬州。查复文尾，令县查委无冒籍捏饰，即取具原认派各保，及同学各切结，由县及学详复。县学官于是复有操纵之柄。

十一年壬申，謇年二十岁，在海门学署读书。正月遵通州学官谕，禀复。禀云："切生的系原籍通州，始祖建，迁居三姓街，复迁金沙、西亭等场。传至生父贡生彭年，已经十有五世。生今遵札，补具里邻亲族，并通州学廪附生等各同保切结，暨绘呈四代坟图、女三代存殁图，亲供切结备呈。伏乞俯赐转详。"二月，通州学官如禀详州。是时如皋县学详文，固未到州也。原认派保廪生同学之结，亦未到学。派保视认保为从违，认保则张骊之从外孙。求好语于怨家，资助力于敌党，事固不易，而形势所格，更无他途。会三月二十九日，学官复令门斗传往禀复。四月初，与叔往如皋谒学官。至甫二日，县小吏诇报县有传签，事秘而速，语竟，遑遽即去。差旋至，签据抚幼塾董事禀，以抚幼塾童应试，例不用原籍，张生昔既有籍，何为至塾；昔已在塾，例可不归。而以余名合于塾定字行为证。盖学官董事辈关通知县为之，必制余无他遁之途，而后可桚而縶之也。差索歇保，随时听传。时日向曛矣，大风密雨。上灯后，计不如叔留而余回通，乃藏钉鞋衣底，踹敝鞋笼灯独出，语店主人，我往黄毓琳家即返。黄距店不远，日问曾过余也。既出门，向诣黄之衢，衢无行人，乃规出北门投友人处宿。旋念出北门必经县署，不便，折出东门，过桥骤风灭灯。时甫浚城河，缘河泥淖深二三尺，连属不绝，虽雨势稍细，而云黝如墨，立桥下久之。易钉鞋，而藏鞋弃灯，持盖柄为杖，蹲地定瞬，辨路高下险易，行十余步辄一蹲。足陷泥淖及踝，钉鞋屡堕，揩杖起之而行。是时忿火中烧，更不知有何畏怖，亦辄作挟利刃斫仇人头之想；又念父母在，此身事大，不值与鼠头并碎。且自解且行，东门至北门裁三里许，三四时始达。比至友人处叩门，街柝四声，雨止天霁。友见余状狼狈，大骇。告以故，急借衣履易焉。外雨内汗，襦裤尽湿，足疱累累，遂坐而待旦。日甫出，乘小车亟走，百三十里一日而至通，谒王观察、梁直刺白故。梁为饬县销签。越数日叔归，固以为如皋事必不谐矣。而案无由定，五月下旬，仍与叔至马塘，规取认派保廪生及同学诸结。认派保犹豫，乃属函请行止于学官。叔赍函星夜驰诣取答，答不能有他语，令迅成。于是认派保画押，同学亦押。

　　六月初一日，至如皋禀呈前结。初二日，如皋学官加结详通州，牒复如皋县备案，州县据详学使。六月学使先后批答，候咨礼部。朝夕喁喁，盼部复至矣。九月，州忽奉学使札，礼部有驳令详查之事。札云："准礼部札开：仪制司案呈江苏文生张育才，改籍归宗之处，来文内并未声明该生兄弟几人，并于何年出继，及何年入学，其出继时有无呈报案据，又未据绘具该生继父宗图送部，本部碍难核办。相应札查江苏学政详细查明，并饬该生绘具两族宗图，加具如皋县印甘各结送部，再行核办。"十月州饬如皋县，如部指饬查取。十一月禀县详州，州详学使。十二月学使咨部。

十二年癸酉，謇年二十一岁，仍在海门学署读书。五月州奉学使札，礼部核准，饬学遵照注册。文到之日，距科试不一月矣。先是十年冬岁试，彭侍郎以余文语孙太守："生文有初春气，可贵，须共保全之。顾将移籍，为置第十一，可令生知此意。"是年如皋学廪缺，售贸纷纷，友人黄毓琳名次在余后，愿助二百金买缺，谢焉。至是归通州，科试列第七。明年试列第五，补增广生。又二年丙子，年二十四，学使长乐林锡三侍讲学士天龄，试第一，补禀膳生。

凡归籍之事，本末崖略如是。是于颠苦情状，裁十之六七耳。中间人事起灭变幻，岂胜殚述？今距事定二十有四年，当时仇怨之端，亦既歊为冷风，荡为空波矣，何足一一撄我胸臆？排比而记之，以示后人，庶知门户忧患之遭，师友风义之笃，并不可弭忘。而乡里有类我者，毋更被愚。抑愿胶庠之士，当明天理之是非，毋囿寻常鬼鬼璪璪不值一呓之谬俗也。

儿子怡祖字说[①]

民国二年（一九一三年）

　　前儿之生十有三年，余膺乡举于顺天。故事，行卷书子姓，余未有子，先府君命书子而怡祖名，以为得孙之祥。越十年甲午成进士，而府君弃养；又四年戊戌而儿生，乃实府君所命之名，痛府君之不及见是孙也，于儿离襁褓后，时时举府君之言行节概语之，庶几思所以怡夫祖。民国改朔新历之二月，犹旧历之正月也。儿于是年十六矣，将往学于青岛。人事之交际将始，循今之宜，不可以无字，乃字之曰孝若。夫孝之义至微而至广，曲礼所谓不登高，不临深，不苟訾，不苟笑，不服暗，不登危，为凡为卿大夫士庶人之孝言之也，而致其用者在顺。记曰：孝者蓄也。顺于道不逆于伦，是之为蓄。若之义训顺。顺必有序，顺于学之序则学进，顺于事之序则事治，顺于人之序则人洽，顺于礼之序则身安。学进事治人洽身安，顺之效也。能顺者能爱身，必能知登高临深之为亲忧；能顺者能谨

――――――――

　　① 据《日记》，文成于民国二年一月三十日（即阴历壬子年十二月二十四日）。

身，必能知苟誉近谀苟笑近谄之为亲玷；能顺者能修身，必能
知冥冥堕行行险侥幸之为亲羞。无不顺，则备矣。记所谓福者
备也，而非世所谓福也。人亦孰不愿福其子者，勖之以孝而
若，所以福余子也。儿知受此福乎哉？青岛之学，德意志所设
东方之大学校也。闻其校严肃，而其地阻海而负山，游其校之
学子凡数百人。有高焉，有深焉，有独处之时焉，有众处之时
焉，有其校所许之事与所不许之事焉，有为合于孝而若之事
焉，有否焉。儿将受此福。儿其思余字儿之意矣。儿其勉乎
哉！名儿者祖，而字儿者父也。

亡妻徐夫人墓表①

清光绪三十四年（一九〇八年）

　　光绪三十四年戊申三月二十五日，张謇妻徐夫人卒。其
生以咸丰六年丙寅七月十七日，年五十有三。既卒，以十二
月初九日归葬通州文峰塔院东原。夫人年十八来归。未弥
月，謇即为书记出门；由是岁率腊归而正出，盖十二年。过
是或以科举，或为旁州县书院长，或事实业，岁十八九役于
外，又二十三年。凡此三十五年中，父母起居疾痛之养，家
人之调护，烹饪浣濯针黹之琐职，督治田园宅庐纺织，与夫
宾客祭祀之供备，一委诸夫人，事举而上下安之。謇归，则
陈某事某事之纲要，其节目，询则对，详询则详对，不询则
否，未尝一日使謇有家之恤也。今已矣，謇之怆恸失助固不
忍无言，即夫人之贤亦胡可隐没，使无闻于后也。徐氏海门
农家，距謇侨所五里弱。夫人讳端，謇字之曰蒨宜。祖父两
世以力穑致富。父君选公，愿素长者。夫人幼即勤敏，为祖
母所钟爱，随诸兄学半年，即令习家事，既又试以督佃课租

---

① 据《日记》，文成于六月十五日。

而当。祖母时时剧喜语人：使端而男，吾家宁忧不大。謇母金太夫人闻而廉之信。会謇年十六补县学生员，论婚者百族，悉不当太夫人意，卒聘夫人。时夫人两兄惑人言，业商三年，失损巨万，倾其家，君选公复为鬻田偿负。祖母令留田资女孙嫁，夫人不可，曰："丰啬有命，岂忍不急父兄之急。"嫁衣皆请以布。太夫人稍稍闻其言。庙见后青裙绿袄，见太夫人。太夫人旋语謇曰："新娘子有志气，真儿妃也。"久之，仅受田十二亩。平时操作兼数人，好强任烦苦事，事过，耻喋喋自襮。己卯先太夫人之卒，叔兄他出，及甲午先府君卒，謇兄弟皆在京师，夫人躬侍疾，候色迎意，连昼彻夜，至废餐寝。丧次哭辄沈嘶哀绝，谓舅姑知我过父母。年二十三生女淑，三月而殇，又数年不妊，为纳妾常州陈氏，久亦不妊，复为纳清河管氏而陈氏卒。夫人怆恨，谓为人妇而不能为夫延嗣，阙失之大无过是，乃祷神卜筮，博访良家，尝单车晨出，风雪，夜逾半而返。戚里或为言致妾良家，要挟必甚，毋自苦。夫人曰："妾亦人也，无贱理。良家易以义范；若求嗣于其人而必厌之，浇薄之心，安望良嗣；我不为也。"连娶皆以礼。既归，辄以已资助家定箧给之不足，复为裁鉴资性，因事施教，忠坦悱恻，咸倚如母。謇所见闻有妾之家，其大妇未有若夫人者也。謇年四十六，妾吴氏生子怡祖，夫人爱之如命。非病，儿未尝不从寝；儿或病，未尝安寝。提抱之中，为儿说先世贞苦仁俭事，或说他事是非，使儿裁决，寝处言动嬉戏之微，壹轨以礼。见孤贫失学无业少年，必扶掖之，曰："为吾儿种德。"戒儿以礼待仆媪，曰："小儿不可长骄也"。儿既就学通州，非假期不令归，至于疾革，犹申言之；而平时无十日不令人视儿于校；背人独坐则思儿而泣：其能以礼约情类此。夫人临事爽决。先府君尝遘小疾，邻舍近府君卧室西南，夜忽火起，邻故障芦壁，夫人咄惊踊救，麾佣仆壁扑火，佣瞀乱，夫人鳌折丁处，壁开，猛推，俱仆，救亦适集，火熸。岁丁酉，謇兄弟承先府君遗命成侨所长乐社仓，先实麦为众导。次年戊戌，謇以散馆入京，家无男子，里儌儿以未有所染，构辞煽众数百人毁仓及监工人家，将并祸謇。众噪于门，夫人出，慷慨说社仓本末，述两世处乡里前事，且述且复问然否，众寤被绐，喟顾散去。方是时，謇以教育原本实业，所营未效，屡濒颠踬，犬人慰劝助策，曾无馁语。既效兴学，首立师范。夫人谓妇女生世不当废处无用，当谋所以广君志者。先是夫人以奁田岁入之租，并婚时觐币，侦察物价，令人废著转贷，积三十年，有钱三万余千，亦以岁息资戚族邻里缓急与夫家人不时之需。丙午，捐资建第三小学于其母家之里。丁未，大会缙绅闺阁，捐资唱造通州女子师范校，会者翕应，得数几万。又规建女子小学于侨所，规幼稚园于通州尝所莅治之婴堂。会效废著者中表，尝遇以恩之子，貌忠而诡，伺夫人意而张之，缘为私利，违约矫诺，擅营他业。既蹶，乃悉委诸夫人。謇得状，将告有司穷治，夫人阻焉。谓此辈虽无良，然不知人之咎在我，不可使他人因我名受愚而损，当亟尽罢一切，收余烬偿负，不足则捐所积益之，不累君也。然愤悔亦时露于词气，旧疾辄发，间语后事，划殖为三：则一偿负；一竟所规园校；一付儿子。曰："吾向者固欲以半资教育，今乃不能。"謇家故俭，夫人来归时，举家止一姬，三十后以劳遘疾，劝置婢，泫然曰："君不尝诵某忧患亲当安乐则妻子仆妾享之之言乎？吾不使君负昔人之痛也。况未可安乐，而劳苦犹愈于忧患。"既有诸妾，则令各役一媪。诘其故，曰："吾昔尝逮事舅姑，力苟未至不可胜而佚焉，心不安也，何可以例人人。"金太夫人之卒也，诫謇性刚勿仕。戊戌将入京，夫人述太夫人言，且曰："君勿论何营，但勿仕；请率家人力作赡家；人自有生耳，何至赖仕。"呜乎！长宙大宇，贤妇人炜于史乘，或憔悴委巷而老死不彰者何可缕数，是固有幸不幸存焉。要之妇人能树立自见恒难。夫人未尝学问，而膺仁蹈义，纯出天授，应事赡决，勇过丈夫。自悔失学，而散其殖以埤凡女子之聚学。督诸子则割不可忍之爱，至濒死而不间。生平朋辈，海内英谞，尚难其人，乃天既合之而又夺之速，岂惟室家之瘁中年之哀伤而已哉！呜呼！贫贱夫妻，相为知已。揭书大者，表其墓趾。上质三辰，下讯无止。其他可能，不著于是。

中宪府君哀启

清光绪二十年（一八九四年）

　　先严禀赋素强，年七八岁时，先大父以兼祧外氏，岁褾析处，裁从富人赁数亩之田，力耕自给。初命先严读书村塾，塾师叹为勤敏。既命半日读书，半日耕作，既弟妹多益贫废读矣。外氏析处寓海门，距家七十里，一月之中，先大父必命走省，留三数日为竟田作而归。先外曾大父母爱先严甚，归必多与衣食物。先严荷归，一一告大父母，分饷弟妹。不孝等稍有知识时，先严责令督稼力作，曰："无惮劳，劳乃无病。"以是先严一生无一日竟安坐，或为世间暇虞乐之事。六十后凡时晴暖，犹饬佣治场圃。寒及阴雨，取家所有四部书缉散理坏，芟补覆脱。甚寒则遍观儒先法语小说宅法葬经日者之书，或至夜分，不孝等劝阻，始稍节养。然三十余年未尝见先严剧病也。前数年乃间岁再病，皆不久即愈，而精神耗衰，不孝等私语相忧。十八年不孝謇报罢，归请于先严，试事愿四十为断，此后授徒侍养。先严笑而语，继之以泣。去年不孝督署贵溪，受代归省，夙负千余金不能偿，侍先严，语及之。先严曰："吾家固贫，吾一生习苦，亦至今日，不愿汝曹贪污速富。"今年正月初滞食小病，逾旬良愈，命不孝謇姑再试礼部，直不孝詧亦奉随办庆典差入都。不孝謇既蒙恩登第，虑先严劳顿，不孝詧五月假归料理，七月回京，先严无恙也，而倭氛日恶。八月先严右肩患疖渐大，甚痛，延医刺去脓溃，痛稍解，而寄讯京师不令尽言。不孝詧、謇别见里人讯，述医言张太翁所患气血衰，新肌不易生，不能即时平复。弥用忧惕，顾义不可乞假，亦尚冀旬月无他，祝嘏后可归也。九月十六日得初四日家讯，词气吞吐，而有公竣千万早归之语，心大动。其时不孝詧又奉差天津，不孝謇无与商归计。越二日得急电，乃星夜至津，偕不孝詧驰归，归则先严果于前十七日寅刻弃养矣。呜呼痛哉！先严贫不能竟读专，而养生送死无憾于先大父母也；不孝詧、謇重为先严之苦而读书，而亲之生不能尽一日之养，殁又不能视含殓也。官为亲乎？不孝詧不能毕凤负；不孝謇方受禄于朝，不能及亲也。不为亲乎？深宫忧奋孑立于上，不能有毫芒之补，进为无耻不义之臣，而退徒为不能侍养、不能视含殓之子也。呜呼痛哉！不孝誉当率不孝詧、謇治丧卜葬，勉终大事。哀梗悲塞，呼抢以闻。

告父文

清光绪二十年（一八九四年）

呜呼！父其遂弃儿也乎？不孝誉岁五十而不能奉养，不能教子成立，以慰吾父也。不孝督、睿不能奉养，不能禀父之教，效命于君国，以慰吾父也。不孝謦不能奉养，不能成立于父之教，以慰吾父也。父其遂弃儿也乎？五载之冬，七载之秋，母弃儿而儿无母也。儿今更无父也乎！乡里之于吾父也，其顽者闻父一开谕之言而悟也，其忿者闻父一解释之言而平也，而不孝等顾不能承父之教以教子，謦不能奉父之命以效于君，不能谨率父教以成父慈也。不孝等犹人也乎？不孝謦七月之再奉差于京也，父未病也，且行，谓儿归吾不知及见否也，谓不孝睿不知有用于国否，委身于君而君有寇忧，吾不望有儿也。不孝誉衔父之语而悲，告之不孝睿而益悲。而岂谓父惜不孝謦之远行而不复见，父绝不孝睿之反顾，而一第之故，致吾父弃儿有一瞑万世之心也。父其遂弃儿也乎？前乎此不孝等侍父之疾而父瘳，则不孝督、睿不及侍父之病而父遂永背，罪无可逭也。前乎此不孝督、睿之易出，一出门而悬悬于父之或有疾，而不能坚谢绝人世无足轻重之名心，致父之生不能养，而父卒并不能视含殓也，罪无可逭也。父委子于国而不孝謇徒为口舌之争，不能死敌，不能锄奸，负父之命而窃君禄，罪尤无可逭也。父之终身劬苦于田间也，何尝待子之禄以为养而求禄也；父之连数载或十数载不入城市，目不识长官，口不道当世龌龊要人之名，何尝责子之仕以为荣而求仕也。即禄又何尝能养，而何者为荣也。呜呼痛哉！椎牛而祭，不知鸡豚之逮存也。馔筵之荐以为荣而不足荣吾父也。封诰荷于君，君恩不可为不荣，而父又不及见封诰之辞也。呜呼痛哉！父治之畴，畴无恙也。父营之室，室无恙也。父理而整齐之册籍无恙，父课种之竹树无恙，几席庭户，履杖帷幕，一切无恙也，而独不得见吾父。呜呼痛哉！

祭先室徐夫人文

清光绪三十四年（一九〇八年）

惟光绪三十四年戊申，九月望丁酉，越五日壬寅，亡室徐夫人之丧，距是已一百七十五日。杖期夫张謇复于侨所受邻里戚友之吊，前夕具牲醴庶羞以致祭于夫人之灵而告之曰：呜呼！君往时以事或就医，离家十余日，则虞家无人，某事丛脞，某事堕，辄返，今乃长往，自春徂秋而遂冥冥耶？往念余之终岁役于时事，不获归而休于家，相与课田里，行若三十四十以前之岁，犹得一二月归，则但相劳苦，一切纤悉不以乱余意者，今遂概置之耶？期儿子之勉于学，以为庶几其学之成而亲见之，能继余之志业，而又为择能治家之妇以永余家者，一付之何人耶？往尝相语两宅更事人少，吾病日瘁，若死则某可忧，某可忧，且重为余兄弟之虑者，今殆皆验而曾不复顾耶？婴儿幼稚之园，女子承学之校，余诚不忍负君平生之愿，死后告儿于梦之言，而赍此志愿遂长埋于朽壤耶？日月既易，凉燠已迁。津梁之役，曾无息肩。归抚君柩，若旅旅塵。

第二编 家传

想君历处，旦焉夕焉。谁同岁寒，谁能相怜。怀忧耿耿，中宵涕涟。念君精爽，何人何天？凡此室家，园庐渠田。君所督治，君所完坚。拮据卒瘏，乃留蹄筌。君宁舍弃，来歆几筵。尚飨！

《张季子外录》自序

民国十二年（一九二三年）

嗟乎！朔风起而秋扇屏，祭筵终而刍狗轹。科举应制之文字，尚有足存焉者乎？顾策问沿汉以来，诗赋沿唐宋以来，制艺沿明以来，试士之法至清大备。而其不能得士也，弊即缘于备。惟其求备，故士之应其求者，往往自剪髫至于皓齯，习闻之而躬承之，矻矻孳孳，口诵而手披，朝研而夕摩，以奔走于有司之试；试不得不悔，且思所以应备之求。而诡其遇于试者，则百其途，而固有遇者。于是所谓备者伪，而求亦伪。迨夫世变剧烈，习用大乖，士应无术，而屏而轹之之运至矣。虽然，此未可以咎士。謇生十二岁，始学诗，旋学应制之文与赋，顾性喜诗而杂读诗。十六试得附学生，先后师里中二宋先生。时则为小题文，六韵诗，小篇律赋。既为附学生，须应乡试之求，则学为大题文，八韵诗。十八乡试被摈，自惭所为文陋劣，乃师无锡赵先生。先生故制艺老师，则令尽弃前所学，令读明人制艺，治王氏四书大全。初以为寂寞冷淡，棘棘不能入。临期为文，则先生尽涂乙之，而督之益亟。逾半年乙渐少，渐令读明季清初人制艺，治朱子或问语类，年余乃稍稍获褒语。如是者三年，二十一乡试仍摈。次年为书记于江宁时，应钟山、惜阴两书院试，师临川李先生、全椒薛先生，始知读汉唐人文赋与诗，治易诗书周礼注疏段注说文，学为骈散文。二十三岁客浦口军中，乃师武昌张先生，始读史记两汉书三国志通鉴文选，治三传注疏；乡试仍摈。二十四试补廪膳生，乡试连摈。二十七试得优贡，而乡试乃五摈。三十以内忧未预试。是八年中试屡摈，应试之求屡进而亦渐悟。虽应制诗文，亦当自道其心之所明，自见面目不戾于凡为文之义理。三十三试顺天，中式举人，自信益坚。顾试礼部又四摈。年四十矣，私以为试于有司，供其喜怒而寒燠之者，已二十有六年，可已矣。又二年，父更命为最终之试，既成进士而父见背，不及视含殓，茹为大痛。国事亦大堕落，遂一意斩断仕进；然犹应戊戌散馆试，以完父志。悲夫！综吾少壮之日月，婉转消磨于有司之试而应其求，盖三十有五年。至吾绝仕进伍齐民，发愤殚力以求有用于世而冀一当，曾不及消磨于前此日月之半。而吾已老矣，曾谓是三十五年日月消磨之业，不足少爱惜乎？屏秋扇者时也，而纨绮琢漆此秋扇之人，不必憎秋扇；轹刍狗者事也，而文绣斋戒此刍狗之人，无所疾于刍狗。凡謇所为制艺诗赋策经解史论箴铭赞颂他杂作，累数百首，删弃散失残毁拉杂以来，所可检而视者，十不过三四，今剟写者又其一二耳。作为《外录》，此物此志也。若夫汉唐宋明人以策诗赋列于集，明清人制艺著专集，是则先例云尔，非吾存《外录》之微意也。

张謇

第三编

实业建设

自

述

承办通州纱厂节略

清光绪二十五年（一八九九年十一月十七日）

　　自光绪二十一年，中日约定，有日人得用机器，在中国内地各州县城乡市镇，制造土货之条。九月间，前署南洋大臣张，分属苏州、镇江、通州在籍京官，各就所在地方，招商设立机厂，制造土货，为抵制外人之计。通州产棉最王而良，謇因议设纱厂。招商两月余，有粤人潘华茂、闽人郭勋、浙人樊芬，因通人刘桂馨，连同海门人沈燮均、陈维镛等，合议认办。十二月率同到省，开折请于署大臣张，核定办法；随至通州，邀集通州知州汪树堂，海门同知王宾，监订合同，会详立案。分通沪为两股。潘领沪股，沈领通股，合集六十万，潘认集三分之二，沈、刘认集三分之一。议由潘、郭总管银钱，购纱机二万锭设厂，是为商办。是年十二月，通股购厂基地于州西十五里唐家闸。二十二年，樊芬、陈维镛请退。七月，商务局道桂嵩庆，以署大臣张十九年在鄂督任内，所购四万锭纱机庋沪久将废，作价五十万（照新机价每锭十二两，共四十八万八千四百，此举成数包足），招商承领。潘、郭亦屡言股不易集,謇始议用官机以束合之,潘、郭以为可。九月,复由謇添招蒋锡绅、高清二人,与沈燮均合为通股;潘认包刘,以刘桂馨与潘华茂、郭勋合为沪股,各认集二十五万,合五十万,与官机价称。十一月,与桂嵩庆定官商合办之约。桂许集五六万为助,委同知崔鼎至沪,监潘、郭签合同押,潘改议不认包刘,推刘合于通股,独与郭各认集八万,是为官商合办。是月通购料造行栈。二十三年二月,謇复查通沪股实集之数,沈、蒋交潘收管者五万九千。潘、郭止二万,五月,潘郭复有股散悔约之言;六月,通股与潘郭议不合,势且立散,而事难中止。因为分机以轻商力之计,议与太常寺卿盛宣怀合领官机各二十五万,各招集商股二十五万,分设通沪两厂。七月,潘、郭一再禀商务局请退,桂允之,而慰劝通股甚挚。遂与桂、盛定合领官机之约,桂许助集五六万如初,盛许助筹新股活本。新股十五万,盛任七万五千,活本盛任准股本二十五万,语载合同,并有佐证,是为绅领商办。是年十二月,通厂建造厂基。二十四年,造厂运机,造工匠房,修闸、砌岸椹坝,筑路造桥,一切工程,先后并举,岁终粗毕。桂、盛助筹之言顿虚。二十五年三月,厂工全毕,试开引擎,四月开车出纱。此通厂始中终办法之大略也。

官机自二十、二十一年运湖北,折江宁,回上海,苦栈于浦滩者三载,上雨旁风,板腐箱裂,机件断烂者十之三四。官既无款购补,商本又绌,先后由商续渐添配凑补,故六阅月之久机车不能全开,垫款已七万有奇。现计定购之飞锭粗纱筒,十一月间均可由外洋运到,配齐之后,加招女工,当可开足全机。是此项官机二十五万者，除去添补断烂机价七万余，及商垫之息，止值十七万上下（盛领之机，至今阁置情形更不可问）。前已详呈名色价值清单，请派大员验讫矣。此官机之大略也。

通州本地风气未开，见闻固陋，入股者仅畸零小数。上海各厂因连年花贵，拆阅华厂股份给息六厘者止一家，洋厂或息止三厘，坐是凡迭次劝成之股，一经采听他厂情形，即相率缩首而去。甚者以鄂厂之商本无着，苏厂之股息难收为例，一闻劝入厂股，掩耳不欲闻。而不知通厂欲广招徕，入手即破中西各厂未出纱不付息之例，自光绪二十二年以来，无岁不给息八厘。奈一人之口无从门到户说；而阳摧阴沮者，复不一其人。故二十五万之股，至今未足。前后转运资本十余万，全凭张罗筹调而来，款息既多，筹划亦苦。此集股筹款之大略也。

通厂自光绪二十一年九月建议度地至二十五年四月首尾五载，阅月四十有四，除费于工程机器者，皆应归入成本外，用去不返者止五万余。其中除去二十一至二十四三年各股官息一万七千余，存款调款息六千余，运机擦机六千余，用于伙食津贴（未出纱以前在事人止有津贴无薪水）、川资讯力、洋匠酬劳、伙食者二万余，尚有历年股款存庄回息，可以抵除四分之一。此用费之大略也。

纱色光洁调匀，冠于苏沪锡浙鄂十五厂，凡业纱厂者，皆能言之。纱价前贵于沪，旋为周转，利在速售，有时而减，有时而平。而初办即逢歉岁，综计尚有盈余，尤非始料之所及。从此兢兢业业，强勉自立，昭信义而广招徕，集股筹款，渐能顺应；一隅之利源，或可自保。此现办之大略也。

以上各节，皆有公牍私函可据。撮要备采，若謇之含垢忍尤，遭闵受侮，千磨百折，以成此区区工商之事者，其危苦独心喻之，固不能尽其百一也。谨略。

大生纱厂第一次股东会之报告

清光绪三十三年（一九〇七年八月三十一日）

　　通州之设纱厂，为张謇投身实业之始。光绪二十一年乙未，中日事定，前督部张属苏镇通绅士招商集股设机厂，造土货，謇亦承乏。謇愚不自量，念普鲁士之报法，毕士马克归功于教育；欲兴教育，赤手空拳，不先兴实业，则上阻旁挠，下复塞之，更无凭借。既承前督部之属，九十月往来通州、海门、上海招商劝导。会粤人潘鹤琴、闽人郭茂之连同通州刘一山、海门陈楚涛、宁波樊时勋议设纱厂于通州。先是数年，盛杏孙观察创立华盛厂，因购用通棉数多，欲于通州设厂，彼时通州乡人尚未行用机纱。念通民向以纺织为生，若设纱厂，将尽夺织妇之利，其时布商收布，凡见参用洋纱者必剔出不收，以是建议以为不可。既而机纱之来通销售者渐多，工渐便之，商收亦渐多，复念风气之来既不可遏，与其以本地生货输出境外而仍用其制成之熟货，通之利日外溢，不宜。乃因刘、陈二君之介绍，见潘、郭与谈。潘、郭计定纱锭二万，集股本六十万，由謇更举沈敬夫合刘、陈三君为通董，任通州集股

第三编　实业建设

二十万；潘、郭、樊三君为沪董，任上海集股四十万。通股不足，沪为任补。语载合同。謇自任通官商之邮而已。是年十二月初，禀请督部奏咨立案。

厂基历相数处，以唐家闸地介内河外江之间，交通较便，故定基于此。丙申春购地，地价由通董筹付。旋规划垫基、浚港、筑岸，建造行栈及监工驻宿之房，已用二万余。而潘、郭股不应，机亦不定。屡致询问，则言通股有若干，沪股即有若干，沪股四十万立时可有；又言通股须交沪管理。通董许可，有款即次第存潘。久之，潘、郭仍不应。七月，謇亲至沪集董会议，樊、陈辞董。九月，郭率工头至通规定厂基。郭称集股不易，由謇增举蒋君书箴、高君立卿仍合六董之数。会督部刘忠诚公以鄂督前定瑞记地亚士之纱机四万八百锭归江南废阁不用，栈上海杨树浦席棚中三年，日益锈坏，令桂道嵩庆贬价出卖。郭稔于桂，受桂之托告于通董，议用官机，或以官机估价合股。计此官机，于光绪十九年鄂督在武昌认息借瑞记地亚士洋行款所定，机至上海运鄂，鄂督调江，则又运江；江不能设，则又运沪。随机洋匠一人，月俸四百金，前后凡五年。凡运鄂、运江、运沪之费，栈于上海地租、栈租、保险之费，洋匠月俸之费，洋行月息之费，统计近八十三万两。潘、郭既有此议，则属潘、郭考察机可用否。潘、郭言可用，则又请桂道委员并另请洋匠会同公估，照苏纶新机价止值四十八万两，委员要五十万两之成数。议粗定，潘、郭忽以官有股必干涉掣肘，即有约不足信，翻悔不用，主自购；且有集股须缓至来年之说。方议粗定时，謇同在上海，及不用之说发见，则謇已至江宁。书函往返辨释，自任官有干涉謇独当之，必不苦商。潘、郭持益坚，且谓如用官机则沪股不愿；而官执前议为让，桂道并许协助集股六七万，虽不尽可信，然竟罢，则通股已用之款终不可救。十月，得潘、郭决绝讯之日，反复筹虑，彻夜不能寐，绕屋而走。念官机值五十万作股，商股亦须五十万，今通董已集之股五六万及桂所约十万，用官机则合官商已六十万，执六十万以号召四十万，数已过半，若不用官机仍如潘、郭六十万之议，潘、郭又且前且却，与通董不能相信，而合力仅执通董五六万之股以号召，是以一望十，形势益绌。然通董力薄，如何能任集五十万之股，势须謇任。謇窭人也，向于富人无所交涉，一旦违愿求人，人不亲不信而我徒自贬，即有应者而不如数，则事终不成，我何苦为人役？不如已。顾又念：已则教育终无所凭，且安所望世有第二之愿为人役者，且入通股人大半亦因信我，我畏难而弃之，已购之地、已建之屋将货于谁？岂非入股人因我而丧资，世复谁与我？百念纷纭，往复上下，遂觉张謇与纱厂结合为一，成败共之。然犹不能决，次晨，约郑君苏堪过我，告以潘、郭前后差池之故及竟夕所虑之事理。郑君跃然曰：定用官机耳。于是电约通董沈君、高君、蒋君至江宁告以故。议定后，与桂道商订官商合约，历两旬之久，至十一月初签字，仍潘、郭、沈、蒋、刘、高六人，通沪各任集股二十五万，是为官商合办而责任乃专在謇矣。

订约之日，凭众与桂道重申前许助集六七万之说，桂唯唯，云四五万可致；复为言前说六七万，今说四五万，五万中数也，请如约。桂复唯唯。自此四面奔走，陈说通州设纱厂之利，所劝集者不及二万，赖恽莘耘观察助集二万余，合计银十三万余两。是冬六董会议，潘、郭仍以集股不易为辞，于是通董任三十四万，潘、郭任十六万。丁酉，规建厂屋，潘、郭仍持缓议。而工程待用孔亟，通董不得已，联潘、郭名请拨官款。潘、郭遂谓既用官机复请官款，沪股顿散，即有亦不交。于是沈、蒋、高声明潘、郭前后闪烁支离不能共事，请退。潘、郭亦请退。桂道以为通董退则全局瓦解，坚留之；许潘、郭退董，交还通董集存之款。计潘、郭发议至此二十余阅月，始终未交一文，未办一事也。方潘、郭由四十万缩至二十五万，而十六万，诡状大著，不待推测。然丙申秋冬之间，上海纱市败坏，华盛、大纯、裕晋或欲停办，或欲出卖，几于路人皆知。凡以纱厂集股告人，闻者非微笑不答则掩耳却走。诚亦有此状况。故虽恨潘、郭之狡，未尝不原其怯。而我本未有可以为世信用之实，又未尝不内讼。故沈、蒋、高之与潘、郭决绝，盖迟之久而又久，至于三年。且以为商认之五十万，潘、郭虽缩至十六万，固犹有此十六万之希望也。至必不可合，则希望绝，五十万完全之责并于一身，而已集之股滞于十八万，艰阻不进。此为一险。

于是一再求助于江鄂二督及桂道及凡相识之人，有冀其可助而言之者，有明知其未必有益而姑言之以侥幸者，所更非一，未暇殚述。旅沪不忍用公司钱，主于友人，卖字自给，驵侩黠吏阴嗤而阳弄之者比比皆是；然而闻谤不敢辩，受侮不敢怒，闭目塞耳。趱程盲进。会盛太常以受江鄂两帅之托，函告江督，将华盛、大纯、华新等厂租与西商，即以租价与通协合。江督令桂道约去省面商，即以为此真挽救之一大关键也。至省，商明值五十万之官机由盛与謇合领分办，通领二十五万，止须商股二十五万，冀集股较易而负责较轻。议定而盛虑官商合股有效必见夺，复至宁沟通而坚约之，由盛与謇与官订绅领商办之约。复与盛订合办之约，各领机二十五万，各认集股二十五万，通厂二十五万外，新股活本盛亦任之。并许代筹活本，以二十五万为限。约用印文，由江督咨总理衙门，私以为要约坚明之至矣。是冬购备砖瓦木石及诸用具，搭盖储机棚厂。次年戊戌正月动工建厂，购电灯、灭火机，上下执事工役日五六百人，用款日繁日紧，而各路许入之股不至。其时，桂官徐州道，执前许助集五万之说，屡催不应如潘郭，讶焉。知桂者语謇，桂受鄂督命亟脱阁置六年之官机，非滕以协助资本之口语事或不谐，无以报鄂督，今机有受主，桂事毕，子乃望其言之有效耶？犹不信，白刘忠诚公。公因桂适至省语之，桂质言确此谩语，忠诚让之而已，而五万之望消灭。然犹恃盛也：面许二十五万之活本即不应；约载同筹之新股活本即减半亦得十二万五千，更减之，亦得六万二千五百。久之寂然如桂，屡催屡请执约，告急之书几于字字有泪。亦请江督言之。盛百方腾闪，迄不应；而二十五万之望消灭。其时所集之股则已次第支给于造广、运机，所存无几，此为一险。时则戊戌三月也。

闰四月初，入都散馆，五月二十七日到衙门，二十九日请假，六月初二日出都，三十年科举之幻梦于此了结。入都之后，厂事悉赖沈君敬夫维持挣扎。至冬，厂已垂成，机装过半，花亦开收，而资本止有四五万，既须收花，又须给造厂装机一切未完之工价，备开车未完之物料，心口相商，笔舌俱瘁。所共忧患者止敬夫一人。往往甲日筹得一二万，乙日已罄，丙日别筹，而丁日又须还甲。所遇之人，前若潘、郭，后若桂、盛：以为官不可信，而号为商者如彼；以为商不可信，而号为官者如此。始而尤人，既而自怨，终知自怨无益，惟有奋进；而进无寸援，退者万碎。不得已，以为是项官机乃为了鄂督经手之事，走鄂哀之鄂督，商盛暂助挹注。不效。复哀之江督刘忠诚公，公苦之，会褚给谏有请亟兴商业凡官皆得入资公司之奏，同时为电沪、镇、芜、九四道淮运使海分司劝入股。他人不论，芜道袁爽秋，故人也，以为謇不当任此事，亦不应。独海分司徐星槎应集二万。江督刘忠诚公复为电各督销，独正阳沈爱苍观察应焉。然每日收花银元率以万计数，万金之款，数日而罄，仍不给于用，又哀之忠诚公。公以为厂利通海，通海地方存典公款可以存厂，为电通海地方官筹划六万千，是为二十五年春间事。次第拨到者，仅海门二万千，通州一万千，厘捐总局拨存银一万两而已。统计厂栈、电灯、灭火机已用去十七万余两，而官机钢丝、绒棍、皮带、绳索、筒管之类朽腐损坏，十居七八。修补增购之费，官任而商垫。不垫则机不全，机不全则出纱少亏耗多，垫则收花之本益绌。是商本即集足二十五万，节节腾挪，能供收花者止四五万，而预计二万四百锭之机每日出纱三十七八箱，需花一百二十石，需银三千元；加以煤油、物料、人工薪水、伙食，零支、息金以千元计，每日需四千，一月即需十二万元，以三个月计，非三十六万不敷周转，何况商股尚未集足，则所绌更巨。先是江督电至通，通州知州汪直牧即日电复集款一万候拨，而以电示各城董令议筹拨之法，合计通州公款八万余千，存典生息，供乡会试宾兴公车用者一万有奇，余供他善举之用。汪复禀于江督，列陈他善举不可拨，独宾兴公车可拨。刘忠诚先后以电禀见示。惟汪与謇讯则云并无一万的款，前电姑应大府命令，能否得一万不可知，当为尽力。而当时通州绅董不知纱厂与地方相关之利益，且有所承望，唯唯否否，推官主持。反对者且昌言公款归厂将无着。有诸生而博徒者某少年大书公揭揭州城门，约日开明伦堂大会排阻，其族某副贡则全具通学三百余诸生名由绅董禀阻于州。州先索观其稿。不合，令易；易而进，仍不合，则为易而与之。既进之明日，州悬牌大斥副贡某等抗违宪令，阻挠地方大利，不合，旋举其事白江督；另禀言謇营纱厂不洽舆论。于是绅董有悔言，某副贡及预名某某及謇戚族之诸生骇然，纷纷来函以匿名告。刘忠诚亦以汪密禀示，属自慎。某少年旋因他案被下狱永禁。既汪令沈君敬夫特具领状拨公款一万，还期一年。踌躇竟日，受之而竭蹶如故，厂终不成之谣复四起。此又一险。

　　至此直有履险缒幽分寸失足之势。己亥春，奔走宁沪，图别借公款，不成；图援湖北、苏州例以行厂机器抵借，不成；告急于各股东，不答；告恽观察，复言厦门某富人可入股二十万，卒亦不成。时已三月，上年汇款到期若不还，则益失信用，后路且绝，无已，以所收八万金之花渐次运沪售卖应付，一面仍预备四月十四日开车。厂中各友相顾眙愕，独沈君敬夫赞助无退志。既开车，日冀出纱之多，而用花亦多，益难周转。哀于江督，则呼吁之词俱穷；谋于他人，则非笑之声随至。无已，请江督另派殷富员商接办，函牍再上，不可。而其势岌岌，朝不保暮，无可如何。谋以厂出租于人，有介于严小舫、朱幼鸿者，至沪就之，以言商本五十万岁息八厘租期三年为索。严、朱以实股不及四十五万，须按实数，謇以辛苦五年开办费不及万，有应得创成之价值。严、朱愿别酬五千。謇以是用货取，且厂租于人而股东不能得官息外之利，不可。越数日，严朱益短其数，诘之则言利钝无把鼻，词色甚息，实不堪受。顾念坐困围城，矢尽援绝，曾无一人顾惜，不若全师而退，俟租人得利借得自明，三年后犹可为股东收回也。乃稍贬所索以迁就之，而严、朱所以要挟之者益进。于是上海之慰惜者独何梅孙、郑苏堪二君，每夕相与徘徊于大马路泥城桥电光之下，仰天俯地，一筹莫展。既念田横不屈于汉高，彼严朱非汉高，而謇尚不至为田横，何苦困此？适沈君敬夫书来劝回，翌日即返。定计尽花纺纱，卖纱收花，更续自转，至不能有花纺纱，则停车而闭厂以还股东。此己亥八九月事也。此又一险也。

坐是一决，转觉心神宽泰。十月后，沪上纱滞如山，而通销独畅，各路筹调亦渐响应，以为得庆更生矣。不意次年庚子四月后拳匪事警，商市不通，五六月纱忽壅滞，又一大窘。千方百计，避苏沪纱并占之路，西而南昌、九江，北而徐州、宿迁。请于江督，谋通销法，两月事成而销路已开。是年即有余利填还开办费。综计自议办至开车，前后五载，阅月四十有四，集股不足二十五万，用于工程机器者归入成本；用于开办费者，为各股官息一万七千余，存汇款息六千余；运机擦机工六千余；用于洋匠装机监工之酬劳及供给五千余；用于上下执事夫役津贴、伙食、川资、讯力一切之费一万四千余；以存庄回息抵除四分之一，实止九千三百余两。謇与董事皆未用分文也。

开办费以辛丑春填清，遂有余利分红。方开车之始，謇自定章：余利作十三成，十成归股东，三成归办事人，复以三成十分之二成归经理人，八成则董事及各执事派分。念此五年之中忧患艰危，謇由自取，而劳苦则董事各执事诸人共受之。诸人何为者？且无以自明区区之不为私利，故定章如此。恽观察致书嫌董事以下分红太优，虑违初心，未之改也。是年辞江宁文正书院归，专理厂事，用厂公费。

厂之官利，无年不付，余利自庚子始。综计庚子、辛丑、壬寅、癸卯，甲辰、乙巳、丙午七年，除每年应付开支正息外，所获余利，每股共一百二十五两有奇。旧于余利中先提公积、保险、折旧三项以厚厂之信用力。恽观察主改并折旧于公积，以厚股东之余利，七年共有公积三十三万六千两。其謇所得之二成红奖，初由謇议分一半酬股东恽观察昔年协助股本之义；继沈君、蒋君、高君、徐君四董议（初分六董，后因节省并为四董），由謇分五厘，各董合分五厘，以酬股东恽观察。是时盛太常所领之官机尚阁置在沪，而零碎借用者不少，顾皆在华盛浦东栈中，不似昔日之在席棚内受上雨旁风土蚀水浸之患矣。甲辰，拟增锭，江督知之，乃属完全保存此已折之机，复集商股三十三万增厂以容之。至是，鄂督所购之机已全，桂道脱卸之计真毕。桂自愿入股二万，可伤也。尤可伤者：己亥夏，车已开两月矣，候补道朱某犹言于刘忠诚公："张謇乱要钱，大帅勿为所蒙。厂在哪里，哪有此事？"至是，亦入股一万。癸卯，改余利为十四成，以一成为师范学校每岁之补助，所多一成，盖分之股东，分之办事人。辛丑以后，办事人半有股，不全分股东之余羡也。去年八月以前，余利若干。九月以后，关东布壅，纱亦随滞，目前稍稍活动。计上海、苏州各厂积纱若干，通厂积纱若干，上海沪苏厂利若干，通厂余利若干，可以推考。謇愚不自量，受各股东重托十有二年，幸未有辱损于股东之处；历届虽有说略、帐略奉报，然始终不知厂在何处作何状者，股东中殆十居八九。謇年已五十五矣，精力日退，意兴日减，度能为各股东效牛马之劳者不过三五年，抑恐此三五年中人事或有更变，不能久肩斯任。从前厂初办时，国家尚无商部，无公司商法，今则日渐开通，各股东可执商法以经营一切，故特开股东大会将十二年中个人对于股东亲受之历史撮举大要为各股东言之。謇非以是自为表暴也。中国实业，通州纱厂强勉可占一位。不特望各股东于此厂将来发达无穷，并望各股东扩充他业亦发达无穷。将来及他业之经理人才具必十倍于謇，所不待言，设或有如謇所遭遇百分之一者，各股东以謇所言推之，以正当之感情对经理人，则各股东此厂将来及他业日兴日盛必可操券，是则謇所为各股东贡坠露轻尘之益者也。各股东谅之。

大生纺织公司二十年纪念开会词

民国六年（一九一七年）

今日为本公司二十年纪念，股东偕临与会，并藉施实地之观察，无任欢迎。夫商场创业，倏忽彼此，岁月不同，近或三年五年，迟或十年八年，往往有与时变迁之感。本公司开办至今，营业尚有进而无退，实力尚有增而无减，能成现状如此，此不独与股诸公之幸，抑亦鄙人与在事同人之幸也。本公司草创艰困历史，曾于第一次股东会时，著说宣布。厥后渐臻顺利，同人惕于艰困之所效，亦差有略史可言。厂之要素，在考工、营业而征效为余利，今请就考工之赢利，比较前后伸缩盈绌之数，为诸公言之。

本厂购用官机，己亥开始只二万锭，甲辰增二万锭，乙卯又增二万六百锭。壬寅以前二万锭，纱数每日由四十五箱，增至五十八箱。甲辰以后四万锭，纱数每日由一百八箱，缩至一百四箱，缘机力逐渐衰蚀，人力穷无所施，故出数步减。自甲寅起，配换出纱紧要部分之机件，变更棉条，经过次数改良人工，并促进其作业力，是年每日纱数增至百一十箱。乙卯以

后，六万六百锭，纱数同时递增，至本届增至百九十二箱。足
见主动在机；而辅动仍在人。此考之效也。若营业之赢利，则
自己亥开车至去年年终，股东得正息一百六十五万七千余两，
得余利二百七十三万三千余两，两共四百三十九万余两。以年
分计，自以本届六十六万余两为最，然第七八届时，亦有赢至
四十万零与四十八万零者，其时只四万锭，股本只一百十三万
两耳。今则加锭至六万六百，益以布机四百架，增股至二百万
两，锭视前加半，股视前加倍，而所余仅加半于前之数，且第
十八届亦有并无余利者，是今之赢，亦未可恃。今后之能否如
此，或过或不及，更在不可知之数矣。总之，营业一道，胜败
无常，视其人之精力如何，乃可觇其业之效力所至，固不可狃
于胜，亦不必怵于败。世情万变，来日方长，所愿我股东诸君
仍予维持，我同人诸君无忘敬慎，务使本公司信誉不落前二十
年之后，且益进焉。此则鄙人无穷之冀幸，今日之会，不仅为
股东庆贺，为同人奖慰已也。

大生纱厂股东会宣言书

民国十四年（一九二五年）

　　此次南通大生纺织公司，将常会期提前，特集股东，即以常会兼作临时特别会，汇布开创以来二十八年经过之得失，陈说謇不幸生当中国上下不接时代，投身实业所受之困辱，及年力已衰不堪重困久辱，须请股东举贤为代。所谓经过得失，所谓感受困辱，皆謇所身造身当之事。股东投资，志在获利，或不足尽烦股东之思虑，惟求贤为代，则与股东前途之利益有关。所谓贤者，须外审世变，内洽地方，不市侩而知市侩之情伪，不工党而知工党之趋向，庶可为股东保不涸之源，置公司于至安之地。必须重劳股东神智，纲罗咨访，各罄所知，共征所信而后可。此非开会时仓卒所能定，故不能照寻常会场提议事件，选举方法之例，特于会前提出，以便诸君详慎注意，从容讨论。孟子有言："以天下与人易，为天下得人难。"一公司与天下广狭轻重绝不同，而可借喻。况謇亦股东之一，视公司与地方自治，与全国实业，都有直接间接之关系，故认为亦广亦重也。夫今世何世乎？韩昌黎所谓小人好议论人，不乐成人

第三编　实业建设

美之世也。此非谓世无君子也，为君子少而伪君子多。议论人者，恒以不肖之心测人，一人也，一事也，事前测之，云言若此，意不若此也；事后验之，言果若此也，意果不若此也。不自私，固私也；不自利，固利也。甲之测一人然，以为人人然。乙之人，丙之人，视甲测一人然，亦以为人人然，无不然。故好议论人，不乐成人之美者，与伪君子而俱多也。謇曷为而为是感想乎？謇既求为代矣，而又举贤之格以为埻的，一若如此乃贤，不如此非贤，非贤则不可代，是自选贤者仍贤我，而我终尸之，非私而私也，非利而利也。謇诚无似，宁不自责重至此，此所不得不胪经过之得失，与身受困辱而不堪以久之故，撮要言之。磊磊落落，直往直来，使天下知张謇自有为张謇者在也。张謇农家而寒士也，自少不喜见富贵人，即有声望之要人，亦不轻见；见必不为屈下，盖自恃无往而不得其为贫贱一语，而以读书励行取科名守父母之命为职志。年三四十以后，即愤中国之不振；四十后中东事已，益愤而叹国人之无常识也。由教育之不革新，政府谋新矣而不当，欲自为之而无力，反复推究，当自兴实业始，然兴实业则必与富人为缘，而适违索守。又反复推究，乃决定捐弃所恃，舍身喂虎，认定吾为中国大计而贬，不为个人私利而贬，庶愿可达而守不丧。自计既决，遂无反顾。一厂计自丙申至己亥，为负谤含垢，强力图成，无息赔息之一节；自庚子至辛丑为渐转复厄支柱危险之一节；自壬寅至丙午，为日进有功之一节；自丁未至乙卯，为平流而进之一节；丙辰一年独亏折，而尚有官利之一节；自丁巳至庚申，为大顺而退机四动之一节；自辛酉至壬戌，为败见急救，第三度被困

·144·

忍辱之一节；然辛酉一年，余利尚不薄。二厂计自丁未至戊申，为整地建厂，无息赔息之一节；己酉至乙卯，为岁获赢余之一节；丙辰一年同一厂，丁巳至辛酉，为有利且优之一节。言乎股东本息。一厂自未开机前五年，年即付息八厘，开机后息多者，自四五分至八九分，总凡二十七年，赢利兼正余二者，凡九百九十六万四千六百余两。二厂未开机前亦付息，开机后十六年，赢利兼正余二者，凡三百五十一万七千一百余两，合共一千三百四十八万一千七百余两。言乎基产，一厂纱机，自二万四百锭，增至九万三百八十锭，又线机二千锭，布机七百二十张。折价合计近十万锭。二厂机自一万二千锭，增至三万五千锭，又布机二百张，折价合计近十万锭，二厂机自一万二千锭增至三万五千锭，又布机二百张，折价合计近三万七千锭，共凡十三万七千锭。今按锭计价，每锭作平均六十两，值可八百余万两，即每锭从廉作价五十两，亦值近七百万两。然一厂资本，今仍二百五十万两，二厂资本，今乃一百十九万四千三百九十两耳，合共三百六十九万四千三百九十两。以锭相衡，裁十之五强，是成本之数，已短三百三十余万两，更何论运本之所缺（运本即照成本七百万两十之三亦应备二百十万两）！二十三届提议加股，应者仅七万五千两，其诸操豚蹄而祝满篝耶？抑绁骥足而责千里耶？咎不在股东，办事人过为股哀计，以调汇资营运，则股利厚，而当获利四五分或八九分之时，未将溢分之利，分年留作机本，是一大错；咎诚在睿。若谓大生以调汇资营运，本自从容，徒为盐垦转调所累，诚然诚然。但应垦业转调为棉产原料自助根本计也。垦地三遭荒歉而搁滞，而地自足以偿债，依《公司法》应盐垦转调是往来，不是兼营盐垦。大生可以债权处分其地，则本息可归，初无大损，抑可即以转供垦地所搁之一百二十余万两，转而收为厂之基本产，非往而不返者也。谓壬年何以不发辛年之息？不知力分于垦，垦地以连荒搁滞，纱市又以国内讧争搁滞，当此左支右绌，权衡缓急轻重之时，假使借债发息与借债营运，二者相较，孰为长短？股东或不相谅，不加审察，闻谣而惊，大加诟让，而曾获四五分或八九分之息则忘之，其诸以务进触暑病马援耶？以苦战援绝罪李陵耶？何以责望重于邱山，慰喻轻于缯缟也。其为謇之忠不足以信人，诚不足以孚物可知。若市人因我周转不灵，乘危射利，种种作剧，自是世态之常，亦见惯矣，不足稍介吾意。且吾自与二三办事共忧患之人当之，未至烦吾股东。谓一二厂为地方公益，亦有垫款，亦致厂支绌之一，亦诚然。厂以在通崇海产棉最盛，织户最多之区，生货便入，熟货便出，获利非他处可能比，其负地方义务似亦非他处所得同。况垫之云，未必绝无还之望。谓謇亦负厂债乎？须知张謇若不为地方自治，不为教育慈善公益，即专制朝廷之高位重禄，且不足动我，丽顾腐心下气为人牛马耶？又须知二十余年自己所得之公费红奖，大都用于教育慈善公益，有表可按。未以累股东，而慷他人之慨也。今为地方所用者，謇且认以往之数，为謇所负之债，并不即作为厂所捐之款。债有还日，捐无还理，意义明明，册亦可按。苟謇所营教育、慈善、公益之基本产，完全观成，不独积债可还，即今后所须三厂代任者亦可辍罢，股东亦大可安心。謇今年七十有一矣，为人牛马三十年，亦可以已。譬之日饫珍错，亦将厌其浓甘；日聆丝竹，亦将病其喧聒，而况日尝苦臭棘鼻之味，闻叫呼害聪之声也。故沥陈情状，在于股东之举贤为代，股东无疑謇遂惄然也。謇既藉众力以成吾愿，亦必有始终一当为众报。预让有言：众人遇我，以众人报之；国士遇我，以国士报之。此即近世人所云：凡事皆有相当代价之说。謇今亦别有议案请求，诚使股东所举之贤，心謇之心，俾南通之教育、慈善、公益不至中辍。謇所负之厂债，可以謇股息及相当退隐费分年偿还，謇即一旦不讳，謇子必继我负此债。謇子学殖虽薄，此等大义，尚能明晓，可望追踪我蛰先老友之子。此尤可请股东安心者也。故謇即受代，退卧南山，后贤或有大事垂询，謇必尽知以对，即有破坏南通为后贤障害者，謇亦必尽力为助。更有一言告后贤无畏，謇营纺织业，有本有末，自问眼光不在世界人下；苟能师日本钟渊、富士两大纺织厂频蹶频起之成法，加固根本，默察中国罕能抗手。謇今虽老惫，犹愿存吾说为后日试验，偻偻不尽，幸股东鉴之！

《纺工说明书》后序

　　自余之营通州纱厂也，诋者十之五六，惜者其二三，赞者一，助者乃不及一。千磨百折，仅而成矣。属高立卿辈考求纺工利病于上海各厂。外人之厂，秘密尤甚，中人之厂即不尽秘密，而亦不能逐事物而陈得失。独常州盛君荔孙遇有咨访，必具首尾见告。语余曰："工作之事，理即事而存，以君与所遣之人虚己勤求，即不得导，亦将有自开之径，何所用靳？"其语与人则曰："张季直营纱厂，但乏资本耳。其所用以任事及调查之人皆朴实有条理，所营必大有成。余于其问，不吝罄所知以答，度其将来必大有得，无为徒谩此人也。"余固感之。及君死，余亦既以朋友之礼报。而后来之以纺业见问者，率令高君及吴君竭忠以告如盛君，亦令吴君以所考求而得之成法示焉。又惜问者之不甚详。或亦未知所以为详也。通州棉产之优冠全国，纺织之利，岁额亦七八百万而赢。然为纺厂，则一锭所出十支之纱犹当最良之工四，通州一厂当十六万余人，崇明一厂当十万四千人。若循故辙用人工，则合两境以求，必不能得二十六万最良之工；即得之，而聚二十六万人于一肆，居处饮食及一切相连之费，其不能敌纺机所出，不待巧历而后知。本且不保，尚何利可获？且布制日趋于精美，不自设厂，亦必用他人纺厂之所出，我之利且日溢于外而无所救。而自有通崇两厂以来，棉产之值，增于十年前者三之一，增于二十、三十年前者几十之四与五。微自有厂，则其价固听命于他人而无其准，是则必有工而后农可利，彰彰明矣。以余计之，中国凡产棉之区，尚可设四万纱锭之厂十，应增日出粗细布千匹之织厂十，应大扩沿海植棉地，应益求农业改良，是皆我社会有世界知觉者之责也。有尚愿营纺厂者乎？窃以是说明导之。天下之事，后起者胜。尤愿有即是书而更发明之者也。

大生分厂第一次股东会报告

清光绪三十三年（一九〇七年）

今日为崇明大生分厂第一次股东会，辱股东诸君跋涉舟车远临惠教，下走承乏经理，不胜感幸！自维下走经理通州正厂十二年乃得于前月二十三日依据商部公司律开第一次正式股东会，而分厂甫于今年三月初五日开车，不及五阅月即能继通厂而开会，下走于此有无限感情。分厂所在为崇明外沙与通海毗连，僻左一隅，风气暗塞，殆尤甚于通州，真所谓海角也。使无通州之正厂，安有此间之分厂。正厂初办，下走无状，不能得世界之信用，艰难困苦，历四十四月而开车，竭蹶支离，又一年而强勉自立。分厂荷股东诸君之赞助，自甲辰十月始至今春三月开车，中间仅历二十九月。论地位之形胜，棉产、女工之便利，分厂不及正厂；论规模之宏整，建筑之完备，分厂远在正厂之上。夫地位之形胜，棉产、女工之便利，此得于天然者；以人力乘天，则事半而功必倍。规模之宏整，建筑之完备，则人为也，全恃人者，功与事恒相等。求功而事劳；然而正厂之成如彼其艰，分厂之成如是其捷，岂非事理之真际难窥，而人情俯仰之衡之可畏哉。何以明两厂之地位？正厂内河、外江，开门即是，交通灵活，分厂距内河、外江在三四十里外。棉产则近唐闸数十里种皆墨核；崇地新沙种杂洋花，核大而丝短。女工则通州西北乡妇女皆天足，上工能远行，做工能久立；崇地反是。至于地价，则正厂每亩七十余元；分厂每亩五十元。然正厂不须垫土，分厂开河垫土高至二尺。一切砖瓦木石物料，分厂贵于正厂，或二三成，或五六成不等。另立比较表，试览自明。然则设分厂何故？设分厂于此地何故？自大生纱厂名誉发见于商业世界，于是谋分利者日多。有一前欲租通厂而不得之人，图设厂于距此七八里之北新镇，又欲设于海门。下走以为上海纱厂之病，正坐拥挤；通州与海门，海门与崇明，皆密迩。若听客所为而树一敌，不若乘时自立而增一辅。请于商部，另行集股，建设分厂，以示为通厂所自出。仍以正厂股东余利，拨分四分之一为股本，资财共则利害之共乃真。其所以必于崇明之北沙者，北沙棉产五倍于本沙，且与通州陆地可通，犄角之势成，而海门在两厂堂奥之内，不复有他虞也。厂基初度于永丰沙新港镇南，距现在厂基七八里，后因沙涨年浅地势低而土力薄，故改于此。此地名永泰沙顾福沈泰圩，土人以海神庙名之。崇明岁销机纱近三万箱，原拟纱锭二万，每年出纱一万二千箱，当织户所求十分之四，旋购外洋新式机，因增六千锭，当所求之半。浚通江之港以运上海、苏州所来之机器物料，辟后河以运通州、海门所来之物料及将来之花，建市场以便工人，兴蔬圃以资食料，所有章程共三百六十八条，另本可览；其视正厂密矣，是则理想与经验之不同也。正厂建设，其困难独在财力不足；分厂建设，其困难在转运涩而物价昂。一则劳而苦，一则劳而不苦。正厂设于商部未立之先，公司无法律，一切无所据依，利害责任，专在经理；分厂设于商部已立之后，一切可据法律规定，经理人但完公仆之责而事已尽：是则前后办事与政府社会相关不同之要点也。分厂自三月初五日开车后，新机器利，出纱较多，色白条匀，已著名誉。但愿各股东协力维助，则后来之发达，伯仲正厂必可操券，股东诸君获无量之厚利，地方享无量之幸福。承乏经理者亦与叨无量之光荣。下走今日敬为诸君祝，开车方始，布置设施，容有未当之处，仍求诸君指教。

分厂章程，从前大旨悉照正厂。当时下走发起，赞成者恽君心耘，后王君丹揆、刘君聚卿并担任分招之事。厥后踊跃。下走以事冗与恽君心耘面订，分厂之事由其经理，恽君应允。旋某某股哀先后致函及面告下走，不能认恽经理云云。下走以致函之人，多系恽君旧好，若发表则近乎搬弄是非；不发表则股东必有后言。不得已，以担任招股四人轮年经理。商之王丹揆、刘聚卿两君，两君时在都门，复电嘱恽君及下走轮年经理。下走以为如两君言，对于恽君不为负诺；对于股东，亦复有词。今年为开厂之第一年，故暂由下走摄理，复恐恽君别有意见，即请恽心耘君之公子禹九君任银钱所经董。禹九君赴淮北供差，不能驻厂，自愿辞经董而就查帐员。约定六月、十二月各查帐一次。开会前曾函促恽禹九君先至查帐，禹九君电来，言病初愈到差，不克到厂。下走复电请其觅代表人，复电言意中无人，请下走酌派。下走即属代理经董兼司正帐之徐亮星君将帐目清查根告。近日徐君适又抱病，所有帐目在三月初五日开车以前者已经结清，其开车以后止得大略，请林兰荪君代为报告。

大生崇明分厂十年事述

民国二年（一九一三年）

　　人有恒言：成败论人。以成败论人者，常人也。然古今中外论人，鲜不依于成败。自下走观之，论成败亦正须有人耳。下走为通厂谋巩固、谋发达而设崇厂，于今十年矣。始以承通厂发达之后，稍获资本家之信用，故不一年而得投资者六十余万，视通厂之集股，难易迥殊矣。然自开车至今又六年，营业之进步，乃不逮通厂，而营业之焦瘁差同。曩固不敢言，营一事而未底于成，为人言之，听者必忽焉。今粗有效矣，且谋扩张，乃不得不原始要终，举所历之曲折原委，备为股东告，为未为股东者告，以期易达扩张之的，觇缕而述，幸终听焉。

　　分厂由下走发起，集股银八十万两，度于崇明北沙永泰沙，开设分厂。恽君莘耘、刘君聚卿、王君丹揆赞助之。自甲辰六月起至丙午春，共收股银六十万零九千五百两；另由通厂商股余利，从丙午年任入十两股，股银六万三千两，至今未到银十两；从丁未年任入二十两股，股银十二万六千两，至今未到银一百两：三共股银七十九万八千三百九十两。至丁未年冬，开股东会议，招足百万，而陆续仅收股银六万七千四百两而止，实共股本银八十六万五千七百九十两。各股本自附入日起息，按年八厘，年年支出。中间虽经股东会决议，递迟二年发给，以厚运本之力。而其款复认利上之息，周年六厘，计甲辰至壬子，股东所得利息，共银五十三万八千六百六十两零三分四厘。

股款初定时，闻山西有官办纱机一万二千锭，因庚子之变而搁废。七月间，由张君退庵率同洋工师，亲至太原，勘估锅炉三具，零件不全，约银八千两；汽机一具，零件亦不全，约银一万五千两；纺纱机坐并弹花机，约银二万两；卷纱木轴等件，约银五千两；通连轴大小皮带盘热汽管等件，约银六千两：共计规银五万四千两。价殊不贵，即为购运擦洗修补，加置锅炉一具。又于次年派郁芑生君赴英考察，择购最有名之好华特白而厂纱机一万四千锭，共为二万六千锭。多雇机匠，赶速配装。所有自来水管、灭火机等，一应备全，得于丁未年三月初五日，全部开车。

办机之时，一面度定永泰沙地势较高之处，先购熟田一百六十五亩有奇，浚河填基，开深七尺三寸八分弱，面广三四丈不等。为田二十九亩；划分厂地马路，为一百零七亩，以河泥一万二千八百四十土方，加高二尺；又分工房、市场，为二十八亩九分强。计日程工，自甲辰十月初十日起，至乙巳正月十七日止，任束勘俨君，而吴君和卿佐之，凡九十七日而告竣。嗣添置厂东西田地九十七亩余，以为扩充地步。复于三和港口买地二十五亩，设立帐房、栈房；又于川洪港口买地四十四亩余，为上下物料、寄顿煤炭之用。今川洪江水冲击，由西而东，其地恐将沦陷，煤场又必另择处所矣。

基础既立，建筑斯兴。以机器无处陈列而稽核也，先起花栈三进，共四十五间。而砖瓦必自如皋、丰利、掘港等处购运，河浅运艰，赴工不及，乃置小砖机，日夜造作。复从上海、平湖、常熟各路，配齐砖、石、灰料；南京、上海，备办西木洋松。亲自绘图，规定纺纱洋式楼房、引擎、汽炉、水柜、飞花洞、升运梯、绳子弄等五百八十六间；烟囱烟烘水井进出水管全具，洋楼办事处、执事楼、花纱行栈、物料所、工匠间等三百五十六间；厂东小楼房、厂西平房、三和港口房栈等二十四间。先后动工，力求坚朴。自乙巳五月始至丁未二月，连闰共历二十二月，任章希瑗君董之，下走不时往来其间，而土木之工乃成。在事督工之人，无不勤奋者。

当日工程之浩大，事务之纷沓，所用之执事，仅三十余人。除徐君亮星延自赣省，总司帐目，津贴每月十四元外，其他自一元至五元不等。又自通厂调用熟手，如吴君和卿诸人，在沪则林君兰荪诸人，俱由通厂支俸，办分厂之事，而同心一致，趋事赴功，亦云敏矣。岂非人力？丁未开车而后，踵通厂故事，开正式股东会，决议进行方策，举下走为总理，而张退庵君协助之，以章希瑗君长营业，吴和卿君长考工，徐亮星君长会计，王冠生君长庶务，分所办事，各尽其能。未几而章君之官，戊申，屠君械材继之；未几屠君改办实业，即由张君退庵兼之，次年以事冗艰于四顾，公推刘君厚生任之，兼坐办事；两年半后，刘君自就营口银行事去，无人承乏，分厂同人冀营业发达，非资老成有经验人不可，仍推张君退庵主之。

工厂营业，生货为因，熟货为果。分厂自庚戌春以前，进货贪多，不暇研究潮次：其存栈者，每致亏秤；其随时用者，暗耗而不觉，而纱色即不免暗滞。故与魁盘同开，非贬二元，无人顾问。其时售数，且不得多，罕有至二千箱者。庚戌秋后，注意去潮，而次货犹不能尽剔，故售价仍无起色，辛亥秋，与正厂各选派调查员，详考沪上各厂工，锐意整顿，气象顿易，销路浸广，价目提高，虽当光复之际，辍工之久，是岁结帐犹余三万六千两。股东会中以厂业日起有功，而办事人仅食低廉之俸，无以酬已往之勤，鼓将来之气，于是有提十四成之二为奖金之议。壬子，纱价与魁平，而乡镇零销时或过之，争相购办，一盘至达万箱之数，惜锭少而出纱不多，不能供人所求耳。第六届帐略，结共余息十八万两，以抵从前亏短外，仍赢三万余两，此非一朝夕之故也；营业有时会，计划有奇正，亦非一手足之力也。同谋厂利则公，各顾名誉则奋。今且以花纱关系于工作之要，列表明之：

每纱一箱用花数：	丁	戊	己	庚	辛	壬
	三六六斤	三四五七	三四八五	三四六九	三四四三	三四七二

每纱一箱售价数：	丁	戊	己	庚	辛	壬
	一〇七五	一一七	一三四五	一四五九	一五四一	一四四八

壬子用花多者：下沙水灾，花质薄弱；加之沪厂争购，小贩和水，干者不可多得，潮即不免风耗也。其售价小者花本

轻，而纱布亦从而降也。再以收花各表申明之：

```
            八 八 九 一 一 一 一
            元 一 三 二 一
秋庄每石子花价：丙二 丁九 戊四 己元 庚五 辛〇 壬一
                          八
            五 五 七 一 五 四 九
```

```
        二 二 二 三 三 三 三
        二 四 四 一 四 〇 〇
净花价：丙元 丁  戊  己元 庚  辛  壬
        七 七 九 三 四 一 一
        七 一 〇 一 八 五 一
```

```
            九 一 一 一 一
            元 一 三 四 二
春庄每石子花价：戊六 己元 庚 辛 壬
                   〇 七 二 六
            七 九 七 四 七
```

```
        二 二 三 三 三
        七 八 六 六 四
净花价：戊元 己 庚 辛 壬
        〇 八 四 六 二
        八 九 六 四 九
```

纱出于花，其美恶不可不辨；纱成于纺，其工作尤不可不精。丁未开车伊始，崇之男女工，未习其事也；因派各执事驻通厂肄习，归而教导工人，并向通、沪、苏、锡各处，招徕良工，为之导师。日渐月摩，力求细致，久而生者进于熟，又而熟者能求精矣。而工料初犹费也；日省月试，力求节约，久之而浮用除，实用且可省矣。惟出纱之数，终嫌其少，乃严赏罚以惩劝之，另加钟点，不令少休。和花必极其均匀，成纱必极其光洁，日夜孳孳，不敢自暇逸，考工之人，亦云劳矣。今列纱锭工料各表以明之：

```
　　　　　　　　　一 一 一 一 一 一 一
　　　　　　　　　磅 〇 一 一 一 一 二
每锭出纱十二支数：丁一戊 己 庚 辛 壬
　　　　　　　　　〇 七 六 三 九 九
　　　　　　　　　六 五 四 九 九 二

　　　　　九 八 九　　　九 一
　　　　　分　　　九　　磅
十四支数：丁四戊七己七庚 辛八壬〇
　　　　　二　　　　一　九
　　　　　四 八 四　　　一 八

　　　　　五　　　六 六 六 七
　　　　　五
每日出箱数：丁二戊 己四庚三辛三壬五
　　　　　四
　　　　　箱　　　三 八 八 四

　　　　　一 九 八 八 九 六
　　　　　三 两
每箱工料费：丁两戊 己八庚三辛〇壬七
　　　　　〇 〇
　　　　　三 四 〇 四 八 六
```

·158·

辛亥费多于庚戌者，光复乡民惊恐，到工者稀，工作时时间断也。

　　抑又有说，熟货之良楛，固视乎生货之优劣，而进货之操纵，亦视乎储货财力之丰啬。譬如市有货物，遇者适无资，无以致之。再过而已不可得，花亦何独不然。丁未未开车，已虑及此。丙午秋庄花价甚廉，所办入者，不过七千余石。平时无可预备者，即赖临时之补救，遂有急不暇择而迁就者，此当日纱色之滞、纱价之绌所由来也。嗣后年复一年，每为收花计，而贱价售纱。至己酉而困难已极，调款动需通厂作保，且须以栈花抵押，息亦甚重。负息重则获利薄，是年奋力经营，幸余四万两。庚戌则仅余一万两。辛亥易大债为小债，负息少而赢利较胜，得余三万六千两。壬子易长债为短债，负息轻而赢利遂丰，乃得余十八万两。负息之多寡，为赢利之优绌，亦商业之公例。也更为表以明之：

```
                              四 三 二 三 三
                              两           四
调汇利除回息每纱一箱派数：丁 戊 己 庚 辛〇 壬
                              八 七 九 一    一
                              七 七 八 七 五
```

　　此非谓财多而贾反不善也。用己之财则己之善，用人之财则人之善，知其未必善而必期其善，是在经营之致力矣。是又可合前后表而参考之。

　　营业、考工、会计三部，皆所以开源之道也；而不节其流，则源虽远而流不长。庶务之支销，亟当相提而并论矣。俸给日用饮食，一成而不易者，俭无可俭；地方应酬杂项，游移而无定者，可省即省。分而布之则易暗，合而举之则易明。今以每纱一箱计，列表备览：

```
              一 一 一 一 一 一
              两
薪水工资食数：丁九  戊二己一庚〇辛八壬〇
              九   二 九 五 一 四
              七   三 八 一 五 五


              一 九 七   一 九
              两钱    六 两钱
食用除租余数：丁九戊  己五庚  辛五壬
              六  四   二 三 一
              三  八 三   六 七
```

辛亥所支皆多者，停工久而虚糜重也（壬子用项有房屋特别修理）。总而论之，分厂办事人之心力，不可谓不况瘁，其较之通厂而效力犹殊者，时异地异，未可并为一谈也。论地位则通介江河，贸易不出本处；论人工则通习纺织，女工不待远求；成立早此九年，物料价贱数倍，成本轻乃过半，花纱之利，厚至三分：此通厂开办费二万余，而分厂所以费九万余也。己亥、庚子之后，关庄布畅行，魁盘一开，获利以十数万计；至丁未、戊申之际，东三省日布竞销，通布销减而纱滞，寿纱一盘，亏本常一二万计，盈绌悬殊：此通厂连年赢数十万，而分厂所以蚀十二万也。经此重挫，元气大伤，时以危苦之诚，策厉执事。执事诸人，乃无不战战兢兢者，当亦为人所共谅矣。

今试合六届之帐略说略观之：未开车前，专事工程，无从取利，即以股本给官利。计自甲辰至丁未三月初四，共付官利九万一千四百七十余两。开办费所谓九万六千五百四十余两，非纯费好，官利居多数也。开车以后，虽始营业，实则失利，乃借本以给官利。计自丁未三月初五至戊申年终，又付官利十二万三千七百九十余两。而两届之亏，十二万零五百五十余两，非真亏也，官利占全数也。凡始至今，股东官利，未损一毫，递迟发息，则又利上加利，以对股东薄乎否也。

有谓泰东西各国商业，获利若干，皆以本年营业为准。赢利若干，即派利若干，提奖若干，无所谓官利，即无所谓余利。由是而言，分厂无所谓开办费，并无所谓亏本，即可谓之无岁不赢；有赢即应有奖，是办事人固应年年得奖。虽然，各国自有习惯，有他国之习惯，乃有他国之公例，乌可以概中国？且亦赖依此习惯耳。否则资本家一齐蝟缩矣，中国宁有实业可言。

今所欲为股东明言之者，纱厂必谋扩张耳。扩张则必有利耳。请核各表，皆以每纱一箱为根据，出纱多则开支少，开支少则赢利多。分厂限于机器，有余勇而无可贾。假如添锭一万四千枚，除加监工几人外，一切可以因仍，计费用第增十之一二，而熟货可溢十之三五，合所溢出之货，摊连带而增之费，平均便轻，此稍明计学者皆知之矣。不及时而亟图之，吾恐己之应有而为人所有也。夫添锭不特省用费、厚余利，且能应市求而增国望者也。而在分厂则因利乘便者又有四：一、厂

第三编　实业建设

基昔已宽备，且已垫高，今但与前厂接连建筑；二、办事处所及各执事寝、食室，尽可应用，无须再起；三、花栈已成者，暂可敷用，即添不妨从缓；四、四所执事人多，可兼任，所酌添者，不过考工一部分而已。兹预计厂旁建筑费，约需六万两；清花、粗纱、细纱、摇纱、成包机器，约需二十万两；引擎、锅炉、地轴约须五万两，灭火机、热汽管约需二万两：四计共需银三十三万两。若增股本五十万，除去不动本外，营业所资，仅十七万两，是五十万两，为必不可少之数。目前前亏弥补已完，后利确有把握，事会适当矣。今为旧股东计，如以余利悉作为新股，则原有纱锭两万六千，今续添一万四千，合并为四万锭。论股本先占十分之六强，继续十分之四弱，公积运本所获之优胜，皆其旧物也。为新股东计，设投资于创设之厂，与已有成效之厂，夷险如何？任甫事练习之人，与辛苦十年由困而亨之人，得失如何？诸君当自了然。今计本年营业，除开支官利外，已得余利十余万，若秋后如之，已过五十万之半，明春即可筹备建筑购机之事矣。谨附机帐、厂图及预计各帐，以供研究。惟希公鉴。

垦牧公司第一次股东会演说
公司成立之历史

清宣统三年（一九一一年）

通海垦牧公司，自光绪二十七年冬开办，至今足十年矣。以地之僻，而工程中阻而未完，迟至十年始开股东会，承各股东不辞辛苦，远道而来，察视鄙人及办事人效力十年之历史。虽岁亦尝有报告，然各股东事冗，度未能一一记忆，今当第一次开会，鄙人义当胪序本末，为各股东陈述。公司之地，属通海两境，在大海东头，鄙人向不知之。自光绪二十一年，奉通海团练之朝命，始来海上，规划防务，乃见此高天大海间之一片荒滩。马关约成，国势日蹙，私忧窃叹，以为政府不足责，非人民有知识，必不足以自强。知识之本，基于教育，然非先兴实业，则教育无所资以措手，故目营心计，从通海最优胜之棉产始，从事纱厂。自二十二年至二十五年，千艰万险，幸底于成。二十六年庚子，又经世变。二十七年辛丑秋间，朝旨叠谕各省开垦荒地，振兴农业。各省无起而应者。两江总督刘忠诚公乃以相属。因念纱厂，工商之事也。不兼事农，本末不备，辄毅然担任期辟此地，广

第三编　实业建设

植棉产。以厚纱厂自助之力。但其地兼盐营民灶四种之纠纷，谋于李君盘硕、张君如峰。张、李两君力任赞成。然其时尚未得可垦之地数，何由定应需之股数，乃商恳刘忠诚公借陆师学堂第一班毕业生，并测绘仪器，从事测量，以江君知源主其事。江故从学于江宁文正书院之弟子，戊戌政变以后，遣散及门，分涂就学于他校，江就陆军者也。其时所用测绘及委员临勘驻督之费，皆鄙人独任筹垫。图成估工，拟章集股，其入故亦不勇，然略有基绪可言矣。乃延叶君玉昆主任会计，以后股款收入，乃渐增多，此为创办垦牧公司之缘起。股东诸君，知测勘方始，各堤未筑之前，公司之地，作何现状乎？立乎邻堤而东南望，时值东北风大汛，潮拍邻堤之下，弥望皆水，浪花飞洒，薄入邻堤，故缺啮不齐，农人间连柴牛抵捍。近邻堤内之地，黄芽白苇。半未垦熟。时值无风小汛，潮不内侵，驾小车周视海滨，则凫雁成群，飞鸣于侧，獐兔纵横，决起于前，终日不见一人；夏夜则见照蟛蜞之火，繁若星点而已。如是则此一片荒滩，似多无主，可以任我开垦。然按地求之，有官、有营、有民、有灶，又有坍户、酬户、批户；官又有为民买含糊之地，营又有苏狼纠葛之地，民有违章占买灶业之地，灶有照案未分补给之地，甚至民业错介于兵田之内，海民报地于通界之中：几无一寸无主，亦无一丝不纷，非本地人无由知其披却导窾之处。此则理纷之法，由委员定之；而理纷之事，惟李君、张君二人是赖。然其间考诸图卷，征诸实事，迭经官厅勘丈，历八年之久，官民之纷，始能理竟，其难盖可知矣。鄙人则以为既任其事，必达于成，不当畏难而退缩，躬率江君等昼作夜思，一意进行；亦幸总督之为刘忠诚公，力排众谤，真实维持，乃能不败，历史亦可复按也。而经营之瘁，则又有可述者。开办之始，无地司栖，先与李君捐资，修丁荡之海神庙，以顺民俗，聊借休息。而仍不可栖众也，乃买三补施姓仓而葺之，为根据地。进筑各堤，则随堤址所在之荡，搭盖草房，率数人一屋，湫溢嚣杂，寒暑皆苦。饮食之水，晨夕之蔬，必取给于五六里或十余里外。建设工作，运入一物，陆行无路也，必自为路；舟行无河也，必自为河。督工之人，晴犹可乘小车，雨则沾体涂足。至光绪二十八年、三十一年之风潮，江君与龚君伯厚、李君伯韫等诸人，皆昼夜守护危堤，出入于狂风急雨之中，与骇浪惊涛相搏。即工头土夫，无一退者，卒至堤陷乃归。而所得之俸，视通之他公司裁半，视他处之公司裁三四之一耳。以是始之慕公司而来者，卒一年、二年去矣。事劳而俸薄，则不愿留；责重而效远，则不能留。故今之能十年在此者，皆有志与鄙人共成荒凉寂寞之事之人也。今各股东所见各堤之内，栖人有屋，待客有堂，储物有仓，种蔬有圃，佃有庐舍，商有廛市，行有涂梁，若成一小世界矣；而十年以前，地或并草不生，人亦鸡栖蜷息，种种艰苦之状，未之见也。鄙人所以陈述者，欲为营业投资之股东与实业目的之办事人，有休戚相关之意，即不共甘苦，亦不可不知其甘苦耳。

夫办事之难，岂惟一端。今世言实业者，立一公司。无不有预算。预算者，计其事以定收入之本，计其用以完所办之事，即计其收入，以生成事之本之息也。然而事因乎势，势无能固定，即事不能固定，事不能固定，则用何能固定？此言乎

第三编　实业建设

出也，而入亦似之。鄙人尝谓办一业，预算与决算能合十之六七者，实业家之上上乘也，得半者上乘也。今如公司开办时之预算，盖亦周咨博访，熟思审度而成，然而一事局之变更，一工作之因革，一费用之增损，一试垦之得失，明一经验，不止试以一年，适一机宜，不止观于一面，凡开办后历年之规划，与预算不同者甚夥矣。此其故关于中国今日之政府、今日之社会者，正亦不少。鄙人心知其烦苦耳，不能一一尽言之也。虽然，鄙人当三十一年大风潮后，谓江君等毋馁，以办事人之心血，土夫之肩皮与海潮相搏战；又言毋躁，须十年规模乃粗定，更五年规摸备，更五年功效成。当时或以为此不过慰办事人之心而坚其气，鄙人则信办事人之能信吾言。今既十年，堤成者十之九五，地垦者十之三有奇。以后两次五年之进行，与前言当不甚远。此则预算之大要，可不至空言贻各股东之忧者也。

夫天下无速成之事，亦无见小之功。论前此十年，则经营成立之事为多；若后此十年，则保守险行之方，不可不讲。不独为股东资本积累之数计，其数至巨须讲，即为地方自治之要计，其责至重亦须讲。所谓积累之数者，更五年地值视今当倍进，又更五年视倍者，又当倍进。不能保守，何法不退败？不能进行，何法能保守？所谓进行保守者，则北河与蒿枝港之大闸也，第一堤北之海�也，皆不可不注意者也。事虽艰，工虽巨，费虽大，固当筹之。筹之之法，因时度势，岁月规划而已。至于第六、七堤外，则滩方日涨，可不必虑。言乎地方自治，则以股东会议决提存之公产，举办公司界内次第应办之教育慈善，预算出入相抵，虽尚不敷，然规模不大，度尚易及。

凡鄙人之为是不惮烦者，欲使所营有利，副各股东营业之心，而即借各股东资本之力，以成鄙人建设一新新世界雏型之志，以雪中国地方不能自治之耻，虽牛马于社会而不辞也。各股东鉴之。

垦牧乡志

民国十三年（一九二四年）

　　民生受赐之始在大农，禹濬灭浚川别九州田赋，及后袭禹之绩，举方制万里之地为井田，役天下当几何人？相嗣成之，当几何世？史顾不具其事焉，然何古人之为农谋，更前后千数百年经画之力，乃若斯之伟也。降至周末，而孟子恶夫辟草莱任土地者，谓若商鞅李悝之流，偷尺寸之利，遂兼并坏田制者耳，岂以佑夫看世弃置累万千百方里之地不知耕，而专多取夫民，而昏惰以自便者乎？夫历秦、汉、唐、宋至于今，国之四裔幅员日益博广，民日益蕃育，即前何不胥导之使各尽办于地，而惟是倾重于东南，以困其农人。东南抑岂尽无委弃之地，而目睫之不自见，则又百数十年于兹。夫前世所谓垦地云者，大率就林虞薮泽美水土之处为之耳。至于海滨斥卤不生物之区，小民之最无生计者，或就以求活，而国持盐醝之利，则亦乐于有穷黎荒陬，憔悴蒙昧以供赋税，况于海潮往来之滩涂，本无从为垦植，是尤国所谓弃土，而吏所不屑顾及者欤。故张謇之为垦牧公司于斯地也，事创而为功也尤难。始清雍正初，诏各省可垦之处，听民报垦，戒自州县至督抚胥吏，毋阻挠勒索；又为之示桑、柘、枣、栗、柏、榛、楛之宜，麨羊之乳字，定水田六年，旱田十年起科之训；及光绪二十五年，复有不定升科年限之谕，盖骎骎然劝垦矣。次年经庚子之变，于是謇以为各国渝平，倾天下之财赋，曾不足偿岁币，舍天地自然之利不取，惟是贷负朘剥。贫者糜其膏血，无补于毫毛；富者急其身家，祈免于有司之督过而恐不暇，胥天下日处于沸汤烈焰之中，是大乱之道矣。论地利者，言草与农，草衰王无定效；农则无植而不生之土，吾国可耕之地，视今所谓则壤成赋者，当增以倍蓰，计江北并海，自海门至赣榆十许州县，积百有余年，荒废不治之土，何翅数万顷？官吏既罔闻知，而生斯土者，复熟视而无睹，其谁欤为天下倡？又自以为士负国家之责，必自其乡里始，而兴教育必资于实业，故借通海棉产，先从事予纺棉，然不事农广植棉，无以厚自给之力，故遂决为之。二十七年八月，朝旨令各省垦荒兴农，謇遂集资营通海垦牧公司，请于总督刘坤一为奏咨焉。报可。其地北自吕四场之丁荡与三补分界处，由沈堤折而南至二补大圩北河，折而稍东，又折而南，从二补、三补界河至蒿枝港、陆先登圩外岸台，折东复南，仍陆先登、陈谦六圩东外岸台，至旧筲箕攀、袁家玉、施万荣圩外岸台而东，又折而南，至苏、狼两营兵田北界，直东循兵田东北角圩外，折南而东，经张商廷、陆玉和南北、杨香圃、张时蔚、陆春源、王家富诸圩，犬牙鳞次，迤而东南，至海门小安沙川流港止。乃东暨海，先事测量，凡滩地方里二百三十二，凡亩十二万三千二百七十九。于是既得其地数，则为章程十有四，以二十七年五月，与汤寿潜、郑孝胥、李审之、罗振玉劝集公司之资，并请于总督，奏除盐场禁垦之阻，委员清理官民之纷。海境在官之纷曰营田，狼营未围之地二千七百七十八亩有奇，苏营未围之地，一万二千六百六十六亩有奇，以已缴之价，为入资于公司。在民之纷，曰报买未缴价之地十四案，以官滩注销，归公司围筑。通境在官之纷曰盐务草地。丁荡及堤北三十总归场商围筑蓄草，以供吕四额盐之煎，三补划归公司开垦，其三补内之壅涂，留为暂不开垦之区脱，俟供煎地草盛徐开。在民之纷三：一坍户。即灶户之赔坍粮者，盖有滩涨补地之名，而未收补地之利也。故坍户之赔粮，有全无地者，有地少粮多而赔者，由官验之。以所余坍粮，抵除公司省缴价。一酬户。酬户分三等：曰善举公用，曰胥吏之食子沙务者，曰旧为坍户械斗出力者，向皆得分三补之草利，户百有数十，并资遣之。惟吕四同善堂草租，仍岁由公司蠲付。一批户。批户者，买地而输租其人，由其人纳粮，故不曰买而曰批。三补内民籍之批户施、刘、许、陆、宋诸姓，而以施姓坍地为最多；灶籍之批户彭、陆、徐、江诸姓，而以彭姓批地为最多。盐法民不入灶，故灶籍批户相安，而与民籍批户时争讼。其批地最多之施姓，讼京省者，历八十年，至光绪八年，总督为断结咨部，以施所批地一百五十万步归公司，承其粮，废其契而偿其值。其灶籍户之契，亦同时资而销之。汇案以报官。凡此诸纷之所以定者，盖总督刘坤一主持于上，而海门张云梯、静海李审之襄助于下，故营盐州厅及公司清理之委员，得以承流顺风，不数月而翕然就绪。然犹有起而相阻败者，则盐运使是也。初勘丈之始，省委知府徐乃昌、知县陈树涵会同通州知州汪树堂及运委、运判、通分公司吕四场大使等，自公拟垦堤南三补荒地，与堤北向设亭灶之丁荡分界查勘，而西历头甲至十七总，复自十八总至三十总与余东分界而止，周测量之，以清盐垦之界。顾通境九场，独吕四无随埠草荡，故准盐以核草，准草以核地，而宽留四倍之地，以蓄供煎之草。当是时垦地分诸盐，设产草不足给桶额之煎，则盐不定，盐不定，则垦无所施，而垦所予盐者，以图论，则不止场册之丁荡及三十总之五百七十顷，而地有余。以地论，则产草不止炊煎例需之十七万石，而草有余。以草论，则供煎不止近年官收之二三万桶，而盐有余。顾非筑堤御潮，辟渠潴水，为滋植苇茅之计，则垣商狙放荒之令，而习于贪天，昧蓄草之利，并以弃地。故前所谓理纷之在盐者，总督业已破群疑而允置之，为商灶所甚服；而运司某不得于张氏，则设为盐垦不并之说驳阻之，其为说有六，公司辨析之，至以苇长之长径围周，铢分而度，斤两而计，合于亩而平均其丰歉，以为诘难，文多故不载。及三十二年，州场会勘通、海分界，卒议以壅涂永让盐垣，而盐垦之争始息。通、海分界初，据道光四年图卷，介第二、第三、第四堤之间，嗣经通州直隶州知州琦珊，海门厅同知梁孝熊，吕四场大使金上迪，及两境士绅，会同公司参核嘉、道、咸、同各图卷，依据嘉庆十年最初之图卷为准，图注当日丈量弓口，并载陆先墩民案界至三补五沙界西中间续涨灶地，丈见东西等长一千一百五十九弓零九厘五毫，南北等阔四百弓，南至厅境周耀坤案民地，此区凸南并海境注销之卑长春案民地全管，所谓东西等长一千一百五十九弓零者，其东即今之陆先墩、陈谦六两民案地，东堤外界即续涨三补之西界也。所谓南北等阔四百弓者，其南即今之周耀坤案民地，北堤外河即续涨三补之南界也。所谓卑长春案地全管者，卑长春案地，当日由官注销，后入三补界内者，卷载嘉庆十年通分司州厅会勘，将海境天南、小安两沙北身接涨，划分三百五十四顷，归补灶坍，参之案图，是今日施万荣、袁驾玉案地。已侵三补，更无论文庙儒学缉补等假公虚报，而不缴价之地矣。据案则三补所缺额地，应取偿于海境所占。然事历久远，虚报者今既报部取消，缴价者又历久定业，其势未便更张。前州厅场金议，以案据原图，地就成局，划由蒿枝港循陆先墩、陈谦六两圩东外河折南至中心河，折东循施万荣、袁驾玉两圩北外岸台而东，又折而南，至小沙洪苏狼两营兵田北界，折而直东，卯酉定向，为通海之分疆。今奉部檄，宜以示文勒界碑之阴，俾两境晓然共知界碑之北，为公司第一至第四及牧场堤地，归州辖；碑之南，第五至第七堤地，归厅辖。纳赋诉讼，分别州厅，永有确据，建碑勒示以垂久远。謇分界后记，言之尤公诚详析也。其营工程垦务，则与理纷定界而并进。光绪二十七年三月至八月，规度定界，分为六堤。十月兴工，先筑第二、第三堤，阅三月而两堤成。二十八年春，继筑第一、第四堤，日役七千余人，是年春荒，四集谷麦平粜，以济工食；夏以疫，工散未竣；秋值飓潮，坏未竣之堤五十余处，凡三百余丈；冬复施工于当潮冲处，增厚其址，而坦其坡。二十九年春，事以克集，乃加筑一堤东格堤，三堤北支堤，兼施一、二、三堤外河内渠之工，规度二堤西南隅庙田地为镇市基，营造市房，购收水利公田陆亮臣被坏于潮之圩，杨香圃、张时蔚、陆春园圩外错杂，于初规五、六堤中之地。而西界正，以海境欲当六堤辟半滩潋接南通沙河泄水，乃析六为二，而有七堤，是冬成七堤小圩。三十年，南北兼程并进，于第一堤北，特辟一河竟淮之委，曰淮委河。河之北营场堤，堤至是有八。北复辟二补界河，二堤西河，南则筑五、六、七堤里堤、次里堤，疏川流港半滩溦。三十一年春，成第七堤，七月成第六堤，凡阅十有六月。一堤西圩七千余亩始垦，八月朔，飓风自海上大七岛来，连五昼夜不绝，潮高逾丈，坏新成诸堤，督工人彻夜不懈，卒编筏檥舟，或凫水自救，死长夫三，漂牧场羊略尽。方是时，謇在沪闻报，赴公司履视诸堤，令测量决塌，绘图估损失，咨请督部农商部求赈，并告股东筹资善后。其告股东之言曰：灾损如此其巨，规复所需如此其多，可谓至难。然势无中止，儆予之忧患，不啻鞭策之教师也。曾文正有言：用习劳苦之正人，日久自有大效。与各执事都无畏难怨苦之心，必谋所以当无情暴至风潮，达我垦牧大成之志而后已。愿勿过听左右效忠献勤之言，疑垦牧收效之无日也。修复加倍，需银十二万三千二百两有奇，原资二十二万两，今姑增八万，以足三十万成数，其不足之四万，酌可垦之地，以佃入补之。股东无否者；鲜应者。无已，则以第一、二堤可垦之地招佃，以佃入挹注工用。又以灾甚，请于督部，得苏藩库及仁善堂赈济款一万二千九百六十余两，运集谷麦、棉衣，施济寒饥。三十二年春，荷畚锸而至者三千余人，以次修复牧场第一、二、五提之损，而加筑格堤于第一、三、四堤之中，计日并举。夏秋复连雨，格堤之内，水溢于渠，至冬始工蒇。謇重为书劝任事人曰：海滨治垦，有天无人则束手，有人无天亦束手。去年潮，今年雨，旷世难逢之事，謇俱值之，天之爱謇甚矣；其玉成我垦牧任事人亦甚矣。努力从事以承天幸，毋自馁也。增资既彀，赖一、二、五堤佃人为转输。謇复告股东书曰：通海垦牧公司之地，天下最难垦之地也。知其难而欲以是为凡易垦之地倡，故为之。三十三年加筑第一东堤格堤，浚各堤干渠，三、四、五堤种青。七月，股东顺道临视，已成未成之堤，已垦未垦之地，及所建筑种植之事状，经过七年之簿帐，金谓穷海之滨一新世界矣。有议计资分地者，众斥其不当，乃以公司一日不解散，一日不分地，著为公约。謇复以垦未及半，戒众勿狃已效，图近利，定事限钱限课功制用，责各堤经理专应行之事，决重要于监督，规定年常开支，月终岁终皆有报。三十四年修一、四两堤，其一堤最当冲之处，护之以板，磊之以石。第四堤当冲，增高培厚，修复七堤大圩。方是时，一、二、五堤，牧场堤已垦，佃千三百五户，丁口六千五百余人，推计容佃可至三万。乃规区域，立自治法，曰治性质，目湔习惯，曰课田功，曰扩实业，曰正教育。宣统元年，培七堤东大堤，浚各堤干渠，各筑五、六堤东大堤，岁丰农骄雨雪盛，仅成六堤外堤小半，因定非作工不得承佃之法，佃乃踵至。五堤继成，察翻耕不尽善，又计迟一、二年垦，滋长芦苇，以沃疏自然生物之地力。二年春，改正第四南堤，第五六北堤，定辟通海分界河，冬晴夫集，岁终五六大堤工成。垦地整理，颇著效，由是建初等小学校，自治公所，设质典，应佃户非时之急。造中心河闸，利运输；又集合邻区，浚蒿枝港中心河塘蒿河半滩溦各河港，资宣泄交通。垦牧至是已十年矣。践初章于宣统三年三月举股东大会，謇于是胪本末以告股东。文多，其要言曰：业垦于穷海荒凉寂寞之滨，难事也。非得有专鸷坚忍之人，不能共其事。

今所见各堤之内，栖人有屋，待客有堂，储物有仓，种蔬有圃，佃有庐舍，商有廛市，行有涂梁，若一小世界矣。而十年以前，地或并草不生，人亦鸡栖蜷息，种种艰苦之状，未之见也。拮据十年，栽供一览，入资与任事人休戚相关，即不共甘苦，亦不可不知其甘苦。实业孰不有预算？预算者，计其事以定收入，计其用以备支出，合其收入以挈成事之本之息者也。然而事因乎势，势不能固定，即事不能固定，事不能固定，则用不能固定。出若是，入如之。公司任事人昼作夜思，明一经验，不仅试以一年，适一机宜，不止观于一面，开办后，历年规划，与预算不同者夥甚，此其故关于今日之政府，今日之社会者不少，謇心知其烦苦耳，不能一一尽言之。虽然，鄙人当三十一年大风潮后，谓江导岷等言：毋馁。以办事人心血与土夫肩趾与海潮相搏战；毋躁，须十年规模乃粗定，更五年而备，更五年而效，天下无速成之事，亦无见小之功。前此十年，经营成立之事多，后此十年，保持进行之方，不可不讲。不能保持，何法不败退？不能进行，何法能保持？所谓进行保持者，则北河与蒿枝港之大闸，第一堤北之海楗也。公司有地方，地方应自治，自治则公司界内，尚有他日次第应办之教育实业。謇之为是，欲使所营有利，副各股东企业之心，而即借各股东之力，以成建设一新世界雏型之志，以雪中国地方不能自治之耻，虽牛马于社会而不辞也。謇言诚丁宁而繁至矣。是会也，昭往状，决来计，画四堤地九千九百亩，资南通师范，食其岁入，实业、教育相维，益贯而澈。是年八月，武汉军兴，革命之风云倏忽而遍全国。海滨之地，顿受影响，海盗土匪，蠢然思逞。公司为自卫计，选择农佃之丁壮，特练一中队，以保治安。壬子、癸丑承光复之后，大局未定，谣言滋多。保安中队，势难遣散，因择兵士稍有知识者四十人，教以普通之警章，改编保安警察，盖治警政自是始矣。甲寅、乙卯、丙辰三年之间，迭遭水旱风潮害虫之灾，公司财力大匮，工程垦务，多致停顿，丁巳一遇丰稔，始获转机。乃有欲变更永不分田之义，甲寅、乙卯连会讨论，卒定保息济工二法。保息者，先以通境已垦之四万余亩，裁零取整，支分四千股，股各十亩，以就分地初议，自乙卯始，岁入归焉。济工则移甲寅之息，于第一大堤东，更磊石百丈，第四、五、六、七堤外，即滩展围自蔽卫也。丁巳岁稔，棉值贵，民有余蓄。佃四、五、六、七堤之地者众至，赖以竣济工之工。戊午第四次大会，议续分地，謇以垦牧已合两境设乡，受地方行政之裁制，必有地方自治之事业，宜筹公产资设施，于是股东议决，以凡岸台地租，资岁修堤、渠、桥、路、仓、宅、闸、洞；凡各堤自垦地租，资公司及各堤附业；凡公司附他盐业食岸典本股息海复镇租，充各堤小学及警察常费。其一堤东圩东区，牧圩东区地岁入，备岁修东北石堤；其河南小圩地，规建高等小学校。余地岁入给住守界碑之用。凡各堤未分地佃入，备资大闸及未竣之工，改办事机关为自治机关。复议三年之内，均分垦利，俟垦度相等时分地。通海水利之大别，内分而外合，垦牧公司为合之汇，而蒿枝、淮委、半滩溆三大闸则合之枢。初时即有是议，嗣延荷兰工师估工料，需银十五万余元，非一公司所应独当。八年二月，合通海县官士民集议，闸系农商水利，应受益地分任其费。工先蒿枝，次淮委，次半滩溆；九年春夏厄材，十月兴工。十年成蒿枝港闸，名曰合中。辟淮委支河于三补丁荡界河之北，移盐垦分界碑于沈堤上。公司至是，历二十寒暑矣。大要则地势迤西北而东南，为堤八：曰牧场，曰第一，第二，曰第三、四、五、六、七；濒海者曰外堤，濒通潮大港者曰里堤，濒通内水河渠者为次里堤，堤中分格者曰格堤；外堤度广底十丈，里堤、次里堤广底四五丈不等，共长三万六千余丈。堤之外为港二：曰蒿枝，曰川流。河五：曰盐垦分界，曰淮委，曰中心，曰小沙洪，曰塘蒿。其度最宽者十丈，狭亦五丈。堤之内四周而输外者曰干渠，纵横而受输于干者曰支渠，长度等堤，干广五丈、七丈，深均六尺。支广均四丈，深五尺。垦地：凡牧场堤二千四百十亩有奇，第一堤二万二百一亩有奇，第二堤七千九百五十七亩有奇，第三堤七千四百五十七亩有奇，第四堤一万一千七百九十七亩有奇，第五堤二万三千二百二十三亩有奇，第六堤一万二百三十一亩有奇，第七堤八千四百七十一亩有奇。折堤河筑岸台，道路而独言垦，为田九万一千七百六十一亩有奇。合堤渠河岸台、道路及未营之滩而概言地，仍合原测十二万三千二百七十七亩。其田制，方划百亩为界，又五分其堘，堘各二十亩，不足百亩及不能成整者为有奇零。百亩有界沟，广二丈，深四尺；堘有堘沟，广丈，深四尺；堘长八十丈，广十五丈。其招佃仿崇划例，亩先纳币六元为质，曰顶首。租则议收，届收棉时，主佃公估而议成，主收四，佃收六。春熟每亩纳小洋一角五分，农乐佃公司之田者以工程悉公司任之，佃且资工值以垦也。其道路在堤外岸台者，广三丈，或四、五丈，内塽则仍为田，广亦三丈、四五丈不等。当堤之中，为纵横大道，凡长九千二百五十丈，广均三丈。道旁均表以树，树则楝、柏，槐、柏、冬青、银杏为宜。植树岁课其数，林课十万以上为格云。公司总汇在二堤，临通之边，他堤各有仓，仓储田获，管理员居之。市不欲其离于垦，故别购地营海复镇，街广二丈四尺，佃农所资廛店悉备，殷殷有声焉。市政隶公安局，局附自治公所，有计时钟楼，有工场，有消防室，有拘留所，足为乡镇前导矣。凡建筑之屋属总汇者，百七十有五间，各堤综三百二十九间，镇店若公所，综四百八十有九间。桥梁大者凡一百六十有九，小者凡二百五十有七，三闸之外，涵洞凡七十有五。斯其大凡也。垦牧至县治故百八、九十里。今县道成，径计百五十里有奇，汽车行日可往返，尤便于农商。小学以户口计，若各堤尽垦，佃居者当五千余户，以二百户共一小学校，当二十五校。今成者八，佃日多，校日增，十年可以普及矣。高等小学九年建。凡此种种设施，謇以二十年心力得其弟子江导岷，率各执事绸缪惨淡，与海潮争区区二百方里之荒滩，成其九万一千七百六十一亩之田。昔人所谓十年生聚，十年教训者，为内地言之也。今营垦逾二十年，固犹有未毕之工，未垦之地。孔子曰："必世而后仁，信乎其必至世也。"前者唱于于，后者唱喁喁，继垦牧而起者，南通有大有晋，如皋有大豫，东台有大赉、大丰、通遂，盐城有大祐、泰和、大纲，阜宁有华成、阜余、新南，盐垦公司十余，其地视垦牧小者倍，大辄七、八倍，而距海远，卤淡土沃收效视垦牧易，事半功倍，亦固其宜。故专志垦业而不敢略焉。其详则垦牧尚有历史。

拟组织江苏银行说^①

清光绪三十二年（一九〇六年）

欲求实业之发达，民生之利赖，地方之进化，端自银行始。银行翕受资本，不限方隅，曷为名江苏？议自江苏人发之，集一省之母财为主以成之者也。集之之法奈何？一、集本省各州县地方公款；二、集苏省铁路公司股银十之一；三、集本省及各省与江苏交通之绅商共任招集之股。

地方公款以江苏全省七十余州县计，公款富者积资十余万，乃至数十万；其不富者亦数万金。今以每州县二万计，可得银百四十余万两。

铁路公司已得五十余万股，计银二百万两弱，十一得二十万两弱；本省及各省绅商愿入股者，已得七、八十万，右项合计可二百四五十万。

今试定公司资本为一千万元，先收三之一，即为成立铁路公司所有本省及各省绅商所愿入，已一百二万两强。若使各州县

---

① 一九〇二年，张曾倡议州人试办银行未成。至一九〇六年闰四月，送袁海观行，兼议银行，又未成。后于其所办之通州大生纱厂内设工资储蓄处。

绅士、地方长官无所阻挠，慨然出向所存典、存庄之款，共谋公益，成立可翘足待也。

地方公款入股之利害，为今日一大问题。斯义不明，必有多数之怀疑，与意外之阻力。其怀疑条件，不出左开数项：

甲、公款存典、存庄，可得常年八厘或一分之息；入银行股，多不过常年七厘。

乙、公款备缓急之用，入股后不易提拨。

丙、公款入股，掌之者非尽本地人；耳目既远，恐不足恃。

解甲之说曰：银行者，世界最占优胜之营业也。中国母财缺乏，市息较重。上海资本家挟母财以营汇兑存放之钱庄，基本不出十万金；获利或称是，或十之四五，或十之二三。彼其操术，率皆信用借兑，非若银行之以货作抵，凭人作保，稳固不败也。一遇恐慌，倒闭四出，钱业首当其冲。然而数年通计，赢亏相剂，有增殖而无退缩。谓银行营业之获利，不必优于钱庄，犹可言也；谓银行获利，不得比于存庄、存典之稳，此非不才所敢知，恐亦非我父老伯叔兄弟所肯信矣。论者或谓赢利厚薄非可预计，但以入股官利，与平时存放之年息相较，盈绌显然；公款为岁支所恃，年短之数，于何取资？就如其说，以每县二万金计，年短息五六百金；何至一邑之大，父老伯叔兄弟之贤，不能筹此区区之数，而不图合此一省之团体？况就一年计之，或见为绌；合数年计之，必见为盈。我江苏父老伯叔兄弟执地方经济权者，无日不谋地方之发达，教育之普及，慈善业之扩张，即无日不谋地方公共财产之增殖，其必不以不才之意为无当也。

解乙之说曰：地方公款，大率用其息，不动其本；惟积谷款项，遇凶歉米贵之年，或用为平粜赈济，是所谓缓急之用也。查各国通例，地方会有得募集公债之权。今拟凡入股各州县，遇有凶荒，得向银行借债，以股票作抵。银行或自借，或代募集。如是则入股银行，无异藏之外府；不独缓急可恃，抑可得多数之助。今年徐、海灾赈，寓沪绅商即向户部银行挪款二十万，以应急需。不才对于此事，更生一至大之感情：以为吾江苏负繁富名，乃无公共储积地。一有急需，号于朝廷，号于疆吏，号于各绅富，焦头烂额，力竭声嘶；其应者常不敌求者之一二。设有公共银行，何至如此？我江苏父老伯叔兄弟，当益晓然于公共积储之不可无，组织地方财政机关之不容缓也。

如丙之说，殆不足辩。一公司成立，有董事，有查帐人，皆代表股东以监察行政者。有董事会，有股东会，皆办事人以营业情形，筹商股东或代表人者。此董事及查帐人、代表人，即各州县及各绅商所公举者也。今日地方公款存典、存庄，有多数监察之人乎？言乎足恃，则于彼于此，不烦言而解矣。抑不才更愿为我江苏父老伯叔兄弟进一说曰：我江苏居扬子江下游，素以物产殷阜著；绾毂江海，又素以商业繁盛著；开化最早，文物足称，又素以文明中心点著。然而言乎农民，则无盖藏；言乎工业，则无特出之制造品；言乎商业，则上海一埠大营业家，大资本家，江苏人乃不得占十之一；言乎教育，则学堂风潮，迭起未已，欲谋普及，未知何时？我父老、伯叔、兄弟念今日世界竞争之烈，吾中国前途之危，与吾江苏地位之幼弱，当必有怆然不安于心者。今者铁路虽有公司，于各省为尾声，即于吾江苏为雏形；无资本何以图发达？自镇江以达淮、海、徐，中间地产所蕴，多至不可计；无资本何以能发现？江以南之丝，江以北之盐，皆吾江苏天然产，比且日益凋敝；无资本何以言改良？凡觇国之贫富，皆视商力之所至以为衡；惟一省亦然。闽、广人商力及乎南洋各岛，宁波人商力及乎中国各埠；吾江苏商人，乃不出跬步，日踽踽于一城一市间；无资本何以谋扩张？明诏预备立宪；立宪基础，首在地方自治。自治须有资本；资本须有团体。而非合一省以为团体，何以谋自治之统一？非组织一省财政机关，何以谋一省团体之凝固？不才敢为我父老伯叔兄弟正告曰：银行者，农工商实业生计之母，而国民进化之阶梯也；江苏银行者，我江苏农工商实业生计之母，而江苏人进化之阶梯也。

今约各州县每邑多者，出公款三四万金，少者一万金，入江苏银行股。其应得权利，别见招股章程。兹事体大，恐我父老伯叔兄弟或有怀疑，故为论说如右。我父老伯叔兄弟将有意乎？其遂无意乎？则视乎诸君乡土之观念何如，非不才所敢断言矣。

答南皮尚书条陈兴商务、改厘捐、开银行、用人才、变习气要旨

清光绪三十二年（一九〇六年）

丝纱信江南物产之大宗，非商自经营，官为保护，绅通官商之情，设厂纺纱缫丝，收回利权，则日人挟持新约，城乡市镇，其工商皆得任便寓居制作，将来即就中国各处以所产土货，造成熟货，运售内地，以我攻我，不数年而商民膏血尽矣！公所请借洋债千万，分办丝纱厂，合官绅商民之力通筹抵制，甚盛意也。而謇所虑有三：中国士大夫贤者自了，不肖者无赖。自了者，世所谓端谨之士也。上承官责，下任商保，非二十年不能清洋债本利，而卸其肩，自了者不为也。绅所以通官商之情，无赖者则可因之而上蔽官下蠹商，运公钱以便私贩，顾私贩而亏公钱。无赖者求之而恐不获者也。可虑一。中国近日，官皆商也，商可官也，弊在不当通而通。商有事求官，则官利商；官有事求商，则商利官。若官无利商之心，则官尊而苦商；商无利官之心，则商散而雠官。弊在不当隔而隔。欲挽其弊，须自官场决破一切壅隔始。而官场积习，通一语须钱也，行一牍须钱也，求一见须钱也。不肖者乐以为用而不肯破，贤

者以为无关轻重而不肯破。可虑二。户部有二百兆之赔款灼于中，又有拟办铁路、海军之借款迫于后，未必能通筹合计，放手更借一千万之债，而不千万不足办此事。可虑三。议论虽多，坐待日人之吮我膏血而已！

右兴商务

士大夫习闻人言厘捐病民也，时而相语，亦曰厘捐病民也，而不若民之病于厘捐者怨毒之深也，故尝以为过捐卡而不思叛其上者非人情，见人之酷于捐卡，而非人之欲叛其上者非人理。故今日而犹日加厘捐，甚矣，其尤无人心也。夫厘捐之为弊也：贤者为之，下出三而上得一；不肖者为之，下出五而上得一。今既许日遍国通商，海关成例，洋商纳进口税五分，子口税二分五厘，各省口岸商民之乐买洋票者，既纷纷矣。将来内地商民，苦厘捐之扰，而便洋票之随处可买也，悉趋日商之门，张日商之旗，以七分五厘归关税，以三四分酬日商，而冀其芘中国之官，谁敢问之？虽有榷如林无所用。而日人者，不特揽我国计，亦且收我人心。而我之图保厘捐者，且张口而议加，何异病瘵将死，而益纵心于黄帝容成房中之术也。且保厘捐者，保上所得之一分，非能保下所出之三五分也。今有保上所得不止一分，下所出不必三五分之法，曰尽裁中国厘捐，改行西洋印花。尽裁中国厘捐，则可以回已去之人心，留未去之人心；改行西洋印花，则可以保中国之利权，揽各国在中国之利权。凡洋货无论物之大小，价之多少，封上、单上皆黏印花；邮政行虽民间一讯，亦有印花。封有印花，则关津查验放行；单有印花，则倒帐官为受理；讯有印花，则任置邮筒，万里可达。他国运载出口之货，亦无不用本国印花者，其式不一，价亦不一，各国之式与价，亦彼此不一。大要加价于物，取价于买户，责成于行铺。散似数少而聚则数多，名似法繁而实则法简，核之厘捐，得必倍之，而中饱之弊无自而生：则上所得即至二三分，而留于民者，尚有原出之半。应请奏明办理，由总理衙门咨取各国印花格式及行用之法。凡一印花下签说声明，然后由户部斟酌定式。损益价值，发交督抚。每一州县，派员设局经理，优给薪水，明示章程。每一业立一会，每一会立一董，董以印花分发同业。各行铺如领捐票，按月稽其已用之数，未用之数；已用者按直缴钱，未用者留待下月。创行之始，厘捐不必尽裁，但严饬捐卡遇有印花者，则立即放行，或另给一请领印花之旗，以为标识。三五月后，使人皆知印花之便，而后尽裁捐卡。即有小小遗漏，而遗漏之利，固仍在民也。或谓西洋各国城乡市镇，无处无警察，东洋亦仿立警察所、警视厅，故一市一镇，有铺几家，一铺之中，每月卖货若干，无不有数可稽，中国不能遍设警察，即不能行印花。似也。夫中国稽查户口之法，莫良于保甲；保甲认真，则警察亦易于仿立。如畏印花之繁难也，则必别有一保护厘捐之法而后可也。否则覆亡之祸随之矣。何难之畏？

右改厘捐

昔北洋之议开银行也，以中国与美国各出五百万为本，犹大票号也。不行良是。西人之银行，则国家银元钞票之所自

第三编　实业建设

出。闻诸西人之言曰：各国商民，但能以货赚钱，无以钱赚钱者。商民能以钱赚钱，独有中国。而中国此省之式与彼省不同，此省之价与彼省亦不同，京城则一城内外价式亦不同。惟其不同，故可不货而操银钱之绅缩。且银元钞票，国家以为信物而已。自朝而野，自君而民，皆倚为用，故贵贱之柄常在国家。日人初铸银元行钞票，凡民所输于官者，报关纳赋无不用票。始而票不甚行，用常折阅，其国家坚持而保护之，至每岁以官款赔抵而不悔，久之由国家设法疏通，票价渐提渐起；近则各国之买货于其内地者，亦必用票，而票必以银元买，于是票价渐起渐高，骎骎有赢余之势矣。为中国今日计，可于京城、江宁、湖北、广东、四川，由国家设银行，开铸银元，试行钞票。凡银元一仿西法，由五分而一角而一元。其五分以内用铜铸大当十钱，其不及十钱者，乃用通行制钱，划定价直，无涨无落。钞票之法，兼采各国。由是而中国有信物，麦西哥之漏卮可塞。中国之银钱有定形，有定价，商贾便而私铸息矣。此非甚难事也，户部得三数好司官而举矣。

右开银行

心地不清，自谓有才之人，最喜言使贪使诈。实则使于贪诈，非能使贪诈也。便小人之圆通，获已往之暗昧，强颜昧心，姑为此说。今之大官贵人，未有不如此者也。故今日用人，不患无用，而患无体。其人果正，则必有忠君爱国之心；有忠君爱国之心，则勤求事理之必于当。其人苟不正，则必无忠君爱国之心，无忠君爱国之心，则矿务有利也，利不在君国；电报有利也，利不在君国；招商局有利也，利不在君国；甚至海军、陆军。非所以为利也，可以因之为利而害君国。然则中国遂无人可用乎？闻诸西人，中国人最好用。西人之所以能用中国人者无他，责任专，薪水重，上有纪纲，下无壅隔而已。今此四者，中国无一也；犹有人焉，谁能用之？吾见大官贵人之纷纷而扰扰也，方将收北洋之剩党而用之，以为是资熟手；而平时之小小殷勤，又以为尝输诚于我也。夫用北洋之剩党，不能遽变其罔上行私之智也；又本无通经合变之才，则亡天下有余矣。然则辨邪正，明赏罚，古昔圣君哲相用人之道，其终无以易之矣。

右用人

中国之人，莫亟于变习气。然而心肝不变，习气不可得而变也；耳目不变，心肝不可得而变也。变法者，所以变人之耳目。法不变，则上行一兴利之事，曰是故事也，以一纸奉行之而利已兴矣；行一除弊之事，曰是常谈也，以一纸革除之而弊已除矣。相蒙以为能，相市以为巧，相恶相诹以为中正和平。不思所以震动之，则耳目不变，而心肝不变，而习气亦不变。虽然。此为在下之承法者言之。若上而立法之人，则若人之变也，必先自变其习气，自变其心肝，自变其耳目。见人有定时，办事无例套，此变习气之事也。于士大夫有礼相敬之诚，无利相致之意；有事相督之义，无势相轧之心，此变心肝之事也。议定即行，游移不设，此变耳目之事也。三者变耳目易，变心肝难，变习气尤难。风尚之开，端自上始，利害之数，局中先明，故变耳目易；人即皆正，而性情不能尽同，心即无他，而意气有用事，故变心肝难；至于习气，则中国之士大夫多不能免，有贵介之习气，有名士之习气，有大官之习气，有要人之习气，有市侩之习气，动止语默，都有间架，日浸月渍，久久自然，已率其常，而人不堪其厌，事皆甚细，而弊缘此而生，故变习气最难。然表曲者影邪，源清者流洁。苟内而军机译署六部大臣，外而督抚司道，不能并力一心，尽破积习，则必不能扫除更张，更兴法度。所谓无睢麟之意，不能行官礼之事者也。变法云乎哉！

改革全国盐政计划书

民国元年（一九一二年）

第一章 中国盐政之现状

中国盐政承千数百年以前之旧法，因仍不改，复杂纷乱，不易明了。今日欲图改革，其目的将使旧时敝制，一扫而空，似无罗列研究之价值。但施行必有次第，不明盐政之现状，则对于吾人今日所计划，或且疑为措施迂缓，不悟此为过渡时代必经之阶级也。故吾人先以简单之说明，表示中国盐政之现状。

中国产盐地，滨海七省：奉天、直隶、山东、江苏、浙江、福建、广东是也；盐井二省：云南、四川是也；盐池三省：山西、陕西、甘肃是也。至于蒙古、新疆之盐池，所在多有（此外如湖北应城之土盐，河南之祥符、兰仪、考城、陈留、太康等处之小盐，及直隶冀州、顺德一带之碱盐，皆刮土滤水煮成者。如河北营并等处，则沃水于土，或因雨而煮之者。如阶成、兰凤等处崖石天然产者，如巴东之朐䏱，井水凝而成者，云南之石膏菁井矿炼而成者，皆少数，故不列入。）。

中国制盐之法，种类颇多：奉天、直隶、山东、江苏之淮北，皆为滩晒；江苏之淮南、松江与浙江各场，有用板晒者，有用釜煎者；福建、广东亦用滩晒；川、滇之盐大都用煎；山、陕、甘肃、蒙古之盐则用晒。此其大概也。

论盐质之坚实则滩晒为最，质咸而耗轻，商贩皆乐用之。釜煎为次，板晒又次之。盖釜煎盐之卤耗甚于滩晒，而板晒者又甚于釜煎也。四川、云南之井盐，其种类亦自不同。川盐之佳者，色白而质净，卤耗亦轻，但不能一律耳。山、陕、甘肃、蒙古之盐，色带青而微苦，不及海盐之佳。

制盐之成本，滩晒最轻。阳历五六月间，天气适宜，产数畅旺，则场上收盐价目，每斤不及一厘，至贵不过三厘。釜煎板晒，成本皆昂，自四五厘至一分不等。川盐之佳者，成本最贵须在一分以外。总计全国产额，滩晒之数，殆将过半。故平均计算，场上收盐价格，每斤不出五厘，即每百斤不过五角也。

附说　中国币制未定，有用钱者，有用银者。今欲使阅者易于醒目，凡以下所论盐价及税则，均合普通之银元计算：一元有十角，一角有十分，一分有十厘，凡称一厘者，即当一元千分之一计数也。

全国产盐总额，因中国向无统计，不能知其确数。然历来供求俱足相剂，不闻有盐荒之患；故产盐之总额，可暂置弗论。姑作为产销相抵，仅就全国之销数以求之。全国销数，亦无确实统计。就官场报告，近数年之总销额为二六七六〇四三八〇〇斤，即二千六百七十六万担有奇也。此数系据前清盐政处一千九百十一年档册所载，然吾人敢确断其数之不合。盖以中国现时盐法论，有税之盐与无税之盐大抵相等。官书所载，但指有税者言之耳。滨海产盐之地大都无税。此第一原因也。商人夹带之盐数亦不资。例如江苏之淮南，以六百斤为一引，而实际则一引重至七百余斤；浙江以三百七十五斤为一引，而实际则一引重五百余斤：各省皆可类推。此第二原因也。除商人夹带外，凡运盐之船与车，皆恃夹带私盐以为生活，沿途洒卖，甚至经过验盐之卡，例须酌提余盐，以为官吏明分之资，名为功盐，视同牢不可破之成例。此第三原因也。贩私盐者，其名曰枭，扬子江与太湖有聚贪数百，伙贩私盐，成群结队，船至数十百号，偶遇巡缉查获不过十中之一二。此第四原因也。有以上种种原因，故吾人敢断无税之盐与有税之盐相等，殆非过论也。

依前例言，则合有税无税，每年销盐，总计当有五千万担。然仅上开各节，证据殊嫌其不足；更试按全国人口以为根据，而以每人平均食盐之数支配之，以求销盐之总额。按中国人口称四万万，近十年海关税务司所册报与前清民政部所调查，大致不甚相远。今姑依据一千九百七年人口调查表为标准，本年十八省为四万二千五百万人，东三省一千七百五十万人，蒙古、西藏、新疆共七百八十万人，全国合计应有四万五千万人。蒙、藏情形与内地稍异，暂不能施行普通盐法，当剔除一千万人，实有四万四千万人。此中国食盐人口之概略也。

世界食盐平均额最少者每人十斤，如瑞士是；最多者十八，如日本是；荷兰则十七斤，奥国则十六斤，法国则十四斤，德国、印度均十二斤，俄、意均十一斤。东方人民食盐之量过于西方，则中国当与日本为比例。但中国北部生活程度较南部为低，食盐亦较南方为轻。依鄙人近数年之实验，江苏、浙江人民，每人食盐少者十六斤，多者十八斤。江、浙地皆滨海，其所购买腌硝海产如鱼虾海蜇等物暗含盐质者，尚不在内。故南部人民食盐，可断言必在十六斤以上。即让一步与北部人平均计算，其数亦必在十二斤以上。今即作为十二斤，以全国四万四千万人口乘之，则每年销盐总额当为五千二百八十万担。证以前说，差为相近；以实际言，亦断不相远也。

全国盐税收数总额，依前清宣统三年盐政处之统计，为四千八百二十二万四千九百六十九两，以银元一元五角合银一两，当为七二三三七四五三元五角。所有正杂课厘加价加课与各省附加之费，按斤抽提缉私之费，以及灶课地丁官运收入，商人报效，均在其内。惟如奉、吉、四川等省，将官运成本误列入表内，应剔除三百万两。真可为岁入者，不过四千五百二十余万，合洋六千八百余万元。其税率轻重不一，最重者如两淮与云南每斤征银三分三厘以上；最轻者为东三省、福建每斤征银不及一分，两广则银二分四五厘，长芦则银二分，两浙、山东则银一分五六厘，河、东、四川则银一分七八厘。如全国平均通计，每斤合征银十分八厘，合之银元则为二分七厘，即每百斤税银二元七角也；而商家意外耗费，及官吏婪索所得陋规，凡无与于国家岁入者，尚不在内。质言之，则每百斤必在三元以外，可断言也。

中国盐法大概为专卖制，但有商专卖、官专卖之别。东三省之吉、黑二省，则纯粹为官专卖，简易直截为全国盐法之最良者。其余各省，省自为制。其普通规定者，无论官专卖、商专卖，皆有一定之区域；例如某省人民，应食某省产盐，若逾越界限，虽有税之盐，亦指为私。其他章程，层层束缚，处处牵掣，繁复纷纭，毋烦缕述。但不可不简易表明者，则商专卖中之专卖商，尚有两种差别：一为场商（或称垣商，或称灶商，厫商），即在产盐之区向制盐者购盐，以转售于运商与官者也。一为运商（或称引商，或称岸商、票商），即向场商购盐，运于国家特许之专卖区域内，或趸售于商贩，或径于各地开设子店，直接售之于食户者也。更有以运商资格而兼营场商者，要于改革问题无甚，关系，不必深论。

盐税征收之手续，各省不同：有先缴税而后运盐者，有先缴若干成，俟运盐到岸或售出后，再完全缴纳者。税项款目之繁，不可以偻指计。更有地方税暨慈善捐款错杂其间。总言之，中国盐政与中国征税方法，实显露一不统一之现象而已。鄙人以二十年之研究，尚未能尽知其真相；此弊制转瞬当在淘汰之列，更无烦浪费笔墨，使阅者徒增头绪纷繁之苦。

第二章　改革之目的

吾今当开始言改革矣。欲定改革计划，必将吾人所抱何以必须改革之目的，首先揭示之。

一、吾人目的在使全国盐政直接隶于国权之下，以谋统一。凡制盐运盐售盐之方法，税率之轻重，征税之手续，务使用种种之计划，使全国归于一律也。

二、吾人目的在不加盐税，而使岁入不减，并得逐年增加。较现在岁入且倍之也。

三、吾人目的在使人民负担平均，虽不产盐地方，亦得食贱价公平之盐也。

附说　现在不产盐地方，竟有每斤价二百余文合一角四五分者。

四、吾人目的欲使私盐尽化为官盐。除产地外，沿途不设一卡，销地不设一巡，所有从前官设之批验所、掣验所、督销局、缉私营，一律裁撤，不必缉私而自无私也。

五、吾人目的在破引地之限制，而仍保全运商之营业，并不夺盐户之生计也。

附说　引地者，某地只准食某盐，越界即为私。此中国现时之制，全国苦之。运商者，即国家特许于一区域内予以专卖之权者也。盐户者，即制盐人自食其力者也。

六、吾人目的在使盐与百物同等，以品质之良楛，分价格之高下，盐质同则价相若。制盐成本有轻重，以税率伸缩之，而使之一律也。

七、吾人目的在使制盐成本逐年减轻，而使盐价亦得随之逐年减轻也。

八、吾人目的欲使全国产盐额与销盐额供求相应，无壅积与缺乏之患也。

吾人既抱以上种种之目的，遂不得不热心积极之改革。改革之政策，则定为就场官专卖，废弃旧时场商之制，由国家于产盐场地特设官局，向制盐者收买，加入盐税，以售之于运商。其大纲有三：一曰民制，二曰官收，三曰商运。今试将三大纲之界说与设计之概略，条举如下。

第三章　民制

民制之说明

民制者，对于商制而言，其解释以自产自制不含商业性质者为限，反是即非民制。如向来场商向盐户收盐，转售于官与商，即含有商业牟利之性质，为本政策所不许。盖本政策要旨，在使国家向盐户（即制盐之人）直接收盐，不容中间更有商人向盐户收买，转售于国家也。

商人既无向盐户直接收买之权，凡从前场商产业，如卤地、盐滩、盐池、盐井、盐板、盐灶与其他制盐之器具，储盐之仓厫，一律收归国有。

若以上产业属之盐户，无碍官专卖政策者，则悉仍其旧。

附说　盐户虽以制盐为业，但以上诸产，间有为盐户世产而不属商有者。盐户之生计，仍不过制盐作工，绝无商业性质。故仍听之。

如有商家特设制盐公司，改良制盐法，成本轻而盐质佳，而又易于取缔，不致漏私者，国家得特许营业，认为盐户之一种，但所产盐仍当由国家收卖。

国家因改良制盐之必要，得特设制盐厂，不在民制范围之内。

附说　以上两项，于民制之界说，似不相容。但国家所以废弃场商，行就场官专卖之制，非有恶于场商而与之竞利也：一、旧时盐场，人自为谋，散处各地，不易取缔；由官收回，可以通盘筹划，酌量归并，化散为整。此即前章第四目的之说也。二、各场成本不等，成本轻者无论矣，成本重者，当然在淘汰之列。然使强迫取销，则场商与盐户皆有失业之虞。不如由官收回，成本重者可逐渐停止制造，而徐为盐户别筹生计；成本轻者可逐渐扩张。数年而后，全国制盐成本之通计，可以逐年减轻，则专卖之价，亦可逐年与之俱轻。此即前章第五、第六两目的之说也。三、中国盐质不佳，亟宜改良，但此非可期之现在之场商也。废弃现在场商之制，而后别以新法制造色质良好之盐，或由商办，或由官办，但使易于取缔，无碍就场官专卖之政策，则国家何乐不为。此即前章第五目的之说也。

四川、云南之盐井，是否视为商有或民有，应俟调查明确后定之。

民制设计之概略，分为二节；

第一节　产地之规定

甲、产盐区域由国家指定之。

乙、就卤制盐，卤不适于制盐者，禁止之。

丙、制盐原料（如卤及盐泥、盐矿等）禁止转运贩卖。

丁、旧有之场、井、池，现在不产盐者，一律封禁之。

戊、旧有之场、井、池卤淡产稀，及成本较重，或零星散处不便取缔者，由国家酌给官价收回，逐渐消灭之。

己、国家因官收之妨碍，得以平价收买场产而整理之。

第二节　盐户之取缔

甲、盐户（即制盐人）须经国家特许（向来以制盐为业者，由国家调查户数，限期登记，始准制盐。）。

乙、关于制盐之场地及建筑物，由盐户呈报主管官厅清丈绘图而登记之。（此指制盐人之产业，或向由官发给者。）

丙、制盐之器具，须经国家鉴定编号登记之。

丁、制盐方法及量额，由主管官厅取缔之。

戊、凡制恶劣之盐，及搀和杂质有碍卫生者，禁其制造。

己、盐户制成之盐，须悉数直接售于国家，不得私自贩运，或买卖及赠与。

第四章　官收

官收之说明

官收者，由国家就产盐地特设机关，直接向盐户购入之谓也。其要旨本按制本、时价尽收全国之盐，分别盐质，加入盐税，以平均划一之价格，售于运商，不问产于何处，运住何地，价皆一律也。

例如直隶之盐与江苏之盐，成本相悬，但由官售与运商，则价皆一律。此即第二章第五目的，成本有轻重，以税率伸缩之之谓也。

所谓盐价者，指在该场交盐处之价格也。交盐处或在就近可泊轮船之海口，或在就近铁道接近之码头，或在就近民船转运之运河，或在就近陆路转运之通衢等处，均由国家指定之。除收盐成本外，关于盐税包索及由产地搬运至交盐处之输运费一切在内也。

官收设计之概略，分为四节：

第一节　机关之设置

甲、就现在产盐之场、井、池，缩小区域，划定界限，作为产区，设局以管辖之。

乙、局长之职务重要者五：一、关于制盐之取缔；二、关于收盐之主任；三、关于售盐之处理；四、关于巡缉之监督；五、各种之统计报告。

第二节　收盐之设计

甲、官收价值，以各产地之燃料、卤价、人工、粮价，为成本之标准，而又别其盐质之良楛，定收价之高下。须使制盐之人，自食其力，尚有余利，足以赡家，勿使亏耗。

乙、每产盐区建筑仓储若干所。

丙、每局设技师一员，助手若干人。化分盐质，列为五等；除食盐外，搀和药品，用着色法，以廉价售之。

第三节　售盐之规定

甲、非国家认可之运商，不得向官局购盐，运销他处；但渔业畜牧及农工业用盐，别定专章，不在此例。

乙、各局售盐与运商之价格（包盐税在内），由中央官厅根据各省之收额价值平均定之；全国一律，不得参差。

丙、各局售盐之交盐处，由国家指定之。

丁、官局收入及售出之衡量，在度量衡法未颁布以前，以司码秤十六两八钱为一斤，百斤为一担，十六担合英权一吨。

戊、包装之材料容积及形式，由国家颁定模型，准各地工厂仿制，以归一律。

第四节　场警之编制

甲、产盐区内，添设盐场警察，归局管辖。其额视区域之广狭，巡缉之难易而定。海岸线延长者，得设马巡。

乙、关于产地缉私之必要，得设海巡。并置浅水兵轮，以供缉私护商之用。

丙、水陆巡警之饷项，由盐价内坐支。

丁、水陆巡警护到私盐，全数交与官仓；售出后酌提若干成充赏。其得贿私纵，以特别法治之。

戊、场警外得另设暗探若干人。

第五章　商运

商运之说明

商运者，指由国家特许登记之商，得向产地官局购盐，运至承销区域，售与各盐店贩商。其要旨系行商，非坐商；系趸卖商，非小卖商。此项商人之组织系公司，非个人。中国旧时本有运商之名，亦有一定专卖之区域，但计划书所指之运商与旧时运商之性质不同：

一、旧时运商系个人，本书所定之运商系公司。

二、旧时运商必须向国家指定之场买盐，本书所定之运商，可向各专卖局自由择购。

三、旧时运商或兼营场商与小卖商之营业；本书所定之运商，不得兼营场商，并不得于指定之分公司外，设零售之子店。

论者或疑既定为官专卖政策，则运商之行为，亦可由官兼办，不必多设此一种商业。但其中颇有为难者：一、中国幅员辽廓，交通未尽便利，一旦尽改官运，公家无此财力。且全国悉改官运，需材尤多，恐无如许相当人材，而管理必生困难。二、旧时盐商国家特许专卖之券（或称引票或称盐票）在国家法律，本不许其辗转售卖，但相沿既久，或抵押，或租办，或转售，在习惯上已成为一种有价证券。一旦尽令歇业，于金融

第三编　实业建设

·199·

界不免略生影响。若依现在政策，虽将旧票废弃，而仍许其有优先权，照章纳保证金，听其组织公司，是改革之中，仍寓保全之意。且以旧商组织新公司，一切办理，俱有熟手，不致漫无把握。故官运一节，虽为国人企划所必及，但过渡时代，不能不暂让一步，存留此运商名目，以待将来之第二次改革也。

论者又谓官运既未能即办，尽可悉听商民自由贩运，何必多此一阶级，为贸易之障碍？此论虽是，而按之中国现状，尚不确当。缘中国交通阻碍，若不指定区域，招专商承运，则在僻远及人口稀少之处，难保无淡食及食贵盐之虞，况责贩卖小商至数千里外购盐，事实上必生困难，故揆度中国现状，尚非可以废弃运商之时也。

向来人民之不慊于运商者，为其有垄断把持之性质。假如甲地与乙地相近，食乙地之盐，运费省而价廉；而国家必令强迫食丙地之盐；如食乙地之盐虽有税亦视为私盐。又如甲乙同为产盐地，甲之盐税轻，而乙之盐税重；丙为销盐地，介于甲乙之间，自必喜食甲盐；而国家必强迫令食乙盐。此即所谓"引地"也。历来论盐法者，俱以此为苛政。依本书所规定，虽运商亦有承销区域，但运商向何场购盐，本可自由，无论何场，价均一律。而运商售与贩卖者或盐店之价格，均由国家规定。则向时把持垄断之弊，自无自而生。而向以贩卖为业者，不至失败；即向来私贩，亦可分途而改为正当之营生。故虽存运商之名，不至受以前运商之虐；此又可断言也。

商运设计之概略，分为三节

第一节　商运之限制

甲、划全国为若干区，每区准设一运盐公司；其区域之地点，由国家定之。

乙、运盐公司之组织，须遵照运盐公司则例。

丙、欲组织运盐公司者，除遵章登记外，须纳规定之保证金。此项保证金交纳后，由国家给与有息公债票；其利率及偿还年限与方法，别表定之。但运盐公司所纳之保证金额，以承运区域年销之预算额通计盐价三分之一为限。（例如某区之年销总额为一百万担，每担盐价包税在内，假定为三元，则运盐公司应预纳一百万元之保证金。）

丁、运盐公司售与盐店或贩商之价值，由国家相其运费之多寡，资本流转之迟速以定之。

戊、运盐公司承销区域内应设分公司若干处，由国家指定之。

己、运盐公司不准兼营制盐业，亦不得于指定之分公司外，兼设盐店。

第二节　商运之权利

甲、旧有之引商，自本法施行之日起，一律作废。如欲组织公司者，于限期内准其有优先权。

乙、凡指定一区域，十年或十五年内，不得有两运盐公司。

丙、运盐公司之股票，认为有价证券。

丁、运盐公司之承销年限，定为十年（或十五年）。

戊、运盐公司得以自由向产地各官局购盐。

己、运盐公司得向盐业银行借贷运本，惟须以盐业公债票为担保。

庚、运盐公司因运道之不便，运费之昂贵，得请国家设法补助（如布设铁道，开通航路，及自置轮船等）。

第三节　附官运设计之概略

甲、向无引商之地方，由国家设官运局以处理之。

乙、官运局之售价，当比较商运公司而定；其纯益金即为国家营业之收入。

第六章　改革之基本金

改革计划具如前数章所述；但非有极巨之基本金，则以上计划，无从实行。基本金之需要，约分三项：

一、以公平价值收回商有之盐场盐井盐池，暨一切附属制盐之器具，储盐之仓厫。

二、制盐成本较重之场灶井，由国家收回后，设法整理或消灭之，而扩张成本较轻之制盐区。

三、各制盐区之交货处，应建设仓厫，及酌量海口情形，筹设停泊轮船之地点，与小轮、驳船、轻便铁道等之设备。

就以上三项论，第一项需款最巨，二、三项则逐渐施设，视财力之盈细以为衡。

沿海七省盐场：奉天无场商之名，凡官商皆直接向滩户购盐，毋庸收回。直隶山东情形大同小异，然已有必须收回之处。江苏之淮北、淮南，情形迥别：淮北情形类于直隶、山东，须收回者约二之一；淮南以釜煎盐，兼含有百余万亩之草地，而制盐成本，又较他处为巨，非国家收回处理不可。浙江情形复杂，应收回者居多数。福建虽无场商之名，但海线延长，产区极散漫，应择要收回，聚散为整，设法整理。广东以运兼场，非收回不能划清。

腹地各省：山、陕、甘肃之池，云南之井，皆聚居一隅，产额亦微，易于管理，由官收回，成本并不甚巨。蒙古暂时缓议。惟四川各地井眼大小有八千数百之多，凿井纯用土法，或成本轻重不等，倘不收回，是否于专卖政策有碍，尚难确定。

以上各场，除奉天但须整理，毋庸收回，及蒙古从缓规划外，其全数或择要收回者，共十一省。若以产盐之多寡，定场之大小，则直隶江苏福建广东四川应命为大场，山东浙江云南命为中场，山西陕西甘肃命为小场。今定收回价值及整理扩张各费：大场五百万，中场三百万，小场一百五十万。十一场应需三千八百五十万，为收回全国场产基本之总数。

附说　以上所估收回基本金，虽分三等，但仍是平均计算之数。如大场之直隶、广东、福建，可不须五百万元之多，而四川、江苏或恐不敷也。又所定基本金数目，实含产价、整理、扩张三项。析言之，则用于收回者三之二，用于整理及扩张者三之一，虽不得为精确之预算，大致不甚相远也。

此基本金之筹备，由国家发行盐业公债五千万元，由各省运盐公司承受作为公司保证金；国家即以此款购回场产及整理扩张各种设备之用。

依第五章第一节丙项办法，公司保证金额以承运区域年销之预算为标准，则每年总销额为五千万担，共应收入保证金五千万元。但向归官运地方及幅员辽阔与产盐地相近商家不愿承销之区，亦须由官自运。以全国计之，商运者十之七，官运者十之三，当可收足保证金三千五百万元，以抵购回场产之总额，不敷三百五十万元。但购回场产，非一年可以竣事；此不敷之三百五十万元，可于官营业纯益金所收入，从容弥补，毋虑不敷也。

假如定盐业公债为收足三千五百万元，每年应付之利息与偿还年限，列表如下：

类别 年别	偿　还	利息六厘	本息共计
第一年	不还本	二百十万元	二百十万元
第二年	同　前	同　前	同　前
第三年	同　前	同　前	同　前
第四年	同　前	同　前	同　前
第五年	同　前	同　前	同　前
第六年	还本十之二 计七百万元	同　前	九百十万元
第七年	同　前	一百六十八万元	八百六十八万元
第八年	同　前	一百二十六万元	八百二十六万元
第九年	同　前	八十四万元	七百八十四万元
第十年	同　前 清　偿	四十二万元	七百四十二万元

以上公债之年息，及自第六年起按年偿本之款，国家以官运营业纯益金之收入为抵当，而不得动支就场专卖之盐价及盐税，因此项盐价（包税在内）国家将以抵其他开支也。官运营业纯益金每年可得若干，是否足敷抵还公债本息，必合十年统计之。

吾人既预计全国销盐总额为五千万担，官运居十之三，当得千五百万担；但此等预计，乃系办理数年后之成效，断非初办时即能有此销数也。今当用阶级法推之，定第一年为十之五，以后逐年增十之一，至第六年而足预计之数。

　　官运纯益金以何法预计？假如定就场盐价（包税在内）为每担三元，输送费视交通之便否，实难预计，大约至少每担二三角，多者七八角。今定五角，系中数也。输送搬运之费，每担五角，借贷运本利息及用人开支为每担五角，则每担净本为四元，加以一成之纯益金，则官运售出之价，为每担四元四角。以此价较之中国目前盐价，并不为昂，如是则官运纯益金，每担可得四角，合以每年销数，列表如下：

类别\年别	销盐数	纯益金	公债息及还本	相　较
第一年	七百五十万担	三百万元	二百一十万元	余九十万元
第二年	九百万担	三百六十万元	二百一十万元	余一百五十万元
第三年	一千〇五十万担	四百二十万元	二百一十万元	余二百一十万元
第四年	一千二百万担	四百八十万元	二百一十万元	余二百七十万元
第五年	一千三百五十万担	五百四十万元	二百一十万元	余三百三十万元
第六年	一千五百万担	六百万元	九百一十万元	不足三百一十万元
第七年	同　前	同　前	八百六十八万元	不足二百六十八万元
第八年	同　前	同　前	八百二十六万元	不足二百二十六万元
第九年	同　前	同　前	七百八十四万元	不足一百八十四万元
第十年	同　前	同　前	七百四十二万元	不足一百四十二万元

据右表以观，以纯益金所得抵还公债本息，前五年可余一千零五十万元，后五年不敷一千一百三十万元，相抵不敷八十万元，加以前五年纯益金相抵有余所储逐年之息金，必可有赢而无绌也。

如运盐公司承销年限，定为十五年，则此项公债亦可改为十五年偿还，则逐年皆有赢余矣。列表如下：

纯益之收入与公债本利之偿还分十五年比较表（以万为单位）

年别	销盐数	纯益金	子金偿还额	本金偿还额	比较盈绌
一	七五〇万担	三〇〇万元	二一〇万元	无	九〇
二	九〇〇	三六〇	二一〇	无	一五〇
三	一〇五〇	四二〇	二一〇	无	二一〇
四	一二〇〇	四八〇	二一〇	无	二七〇
五	一三五〇	五四〇	二一〇	无	三三〇
六	一五〇〇	六〇〇	二一〇	三五〇	四〇
七	一五〇〇	六〇〇	一八九	三五〇	六一
八	一五〇〇	六〇〇	一六八	三五〇	八二
九	一五〇〇	六〇〇	一四七	三五〇	一〇三
一〇	一五〇〇	六〇〇	一二六	三五〇	一二四
一一	一五〇〇	六〇〇	一〇五	三五〇	一四五
一二	一五〇〇	六〇〇	八四	三五〇	一六六
一三	一五〇〇	六〇〇	六三	三五〇	一八七
一四	一五〇〇	六〇〇	四二	三五〇	二〇八
一五	一五〇〇	六〇〇	二一	三五〇	二二九

附说　偿还此项公债本金，更有一极便利之方法：自第六年起，商家向官中运盐时，准其搭用债票十分之一，则销盐如能逾额定之数，不待十五年，即可以偿清矣。

或疑运盐公司保证金为数太巨，恐难如愿。不知在满清时代，盐商常有额外报效之款，动以百万计，既无息金，亦不偿还。现在此等苛例，悉予蠲除。且核计一公司之赢利，即按官运之纯益为比例，假如一区预计年销一百万担，第一年销十之五，以后逐年增十之一，至第六年而足预计一百万担之数，每年平均销盐八十五万担，除一切开支暨借贷利息外，每担得纯益金四角，每年当约余利三十六万元，加以国家所给予三年息六万元，是每年可得纯益金四十二万元也（第六年以后，公债逐年偿还，年息亦少。但公司仍以此款为活动资本，可省借贷利息。是公司所得净利反多。故第六年后，并不减少纯益金之总额）。假如承销一百万担之区域，组织公司，额定股本为一百五十万元，以百万元纳保证，以五十万元为流动资本，不足则以公债票向盐业银行抵借七十万元，是流动资本实有一百二十万元。以每担净本四元计算，可预储三十万担之盐，无忧资本之不足。以一百五十万元之股本，平均每年可得四十二万元之纯益金，且又立于至稳固之地位，盐商何乐不为？若区域愈大，则开支及成本愈省，利益又不待言。

又如两淮盐商之盐票，若按照买卖价格，可值一千余万元，长芦、广东稍逊，为数亦殊不资。各旧商欲保全其前此之营业，对于新公司之组织，必极踊跃，又可断言。此保证公债政策之必能实行，而购回全国场产之基本金，断乎有着，无待外求也。

第七章　盐业银行之设备

保证公债为收回场产之基本金，而对于国家就场收盐之成本，各官运局购盐之成本，商办运盐公司之转输借贷汇款，无特设之金融机关，以为贯输，则国家与商人皆生种种之困难。故盐业银行之设备，殆为必不可缓之图。国家特拨二千万元，设立盐业银行，其性质系独立，不与中央银行相混，其营业范围以关于盐业上之设备改良、汇兑、抵押、存放、收付为限，不得营普通商业银行之事业。对于国家亦不担任盐业以外义务。

产盐省分择要设立分行，销盐地方亦于运销公司所在地设立之。

运盐公司得以保证公债券，向银行贷款，或存放、汇兑、收付。

专卖局收盐需款，得向银行借贷，有余则存放；官运局亦如之。关乎全国盐政款项之出入，皆以银行为机关。

保证公债券之发行付息偿还，由银行经理。

关于改良制盐之必要，或购办机器，创立新式之制盐厂，得预计成本及赢利，呈明政府，由银行发行公债。

银行条例由国家另订专章。

第八章　设计之次第

以上种种规划，事理繁赜，断非同时所可并举，故必有设计之次第，明定年限，乃可计日图功。其次第如下：

第一年　调查筹备时代（一切盐法仍照旧制，暂不更改。）

定官制　中央及产销各省，俱由国务院按照官制任各官。调查产地情形。调查销地情形。规划产盐区域及设局收买管理方法。

规划运盐区域，指定公司及分公司之所在地。

设立盐业总银行。编制关乎专卖各种条例及施行细则，设立盐务讲习所，造成专门技师。

第二年　过渡时代（凡可实行者，即先实行。）

次第收卖各场，由官收盐。次第招商组织运盐公司。次第设立盐场巡警。次第设立产地销地各分银行。

第三年　实行时代（废弃旧时盐法，一律适用新条例。）

产盐地之官收局，一律成立。盐场巡警一律成立。旧时缉私营队，一律裁撤。运盐公司及官运局，一律成立，实行各种新条例。各分银行，一律成立。

附说　按本年为改革之第三年，而为实行之第一年也。凡运盐公司每年销盐之预计盐价（包税在内），岁入之预计，均于是年起算。

第四年　改良开始时代（实行之第二年）

消灭成本较重、盐质不良之盐场。扩张成本较轻之盐场。改良运盐方法，盐场缉私逐渐布置周密。

第五年　改良进行时代（实行之第三年）

各项计划均于是年一律完备。自本年以后，为扩张时代，逐年进行。此为第二步办法，事理尚多，暂置不论。

附说 据右开之清单以观，则改革盐之初步，必第三年乃能实行，第五年乃能完备。而所谓完备者，仍不过就旧有盐场而求整理之方耳。若夫仿照新法，改制精盐，尚非以上计划所及。即偶于一二处，用新法试办，其影响尚不能及于全国。必俟实行之第六年后，销数总额与关乎盐政之岁入，稳固不摇，乃一意扩张，专致力于新法制造，期以十年，庶得达吾人完全之目的也。

第九章　岁入之预计

改革之第一年，即目前状况是也。旧法未废，新法未立，各种机关，半已破坏。盐政岁入，殆无可言；有之亦只供各省军需，中央无从统计。为今计，亟宜编定中央盐政及各省官制，即日发布，明定盐税为国家税，直接由国家管理。但破坏之后，补苴掇拾，事倍功半，欲恢复前清六千八百万元之岁入，暂无可望；约略计之，不过旧额十成之七而已。改革之第二年，新旧递嬗，尚难规复旧额，但使事权统一，顺序施行，必可较第一年起色。今预计岁入当旧额百分之八十五，即每年五千四百万元也。

改革之第三年，即实行就场官专卖之第一年。考核改革之成绩，当以是年为起点。是时事权虽已统一，措施虽有头绪，然一切布置，尚未完备，盐场巡警，亦未周密，故前章对于销盐总额，第一年依预计之数，止定为十成之五，逐年递加一成，至第六年而足额，势使然也。

各省产地收盐之成本，轻重不同，平均每百斤五角，加以绳索有费，打包有费，由产地搬运至交货处，上下搬力及驳船有费，卤耗有费（自收盐至售盐，相隔时间自数月至半年，必有耗，由产区运至交货处，沿途抛撒必有耗，运盐公司承购时，每百斤必亦加入耗斤若干），专卖局之开支有费，平均计算，每百斤亦须五角。是收盐成本可定为每百斤一元。

盐税每百斤究应若干？依吾人计划，以二元最为适中，但改革之初，销数既未足额，而国家需费，正在浩繁，税额过轻，于何取偿？故自实行之第一年至第三年，每担盐税拟定为三元，第四年起定为二元五角。以后销盐愈多，成本愈轻。若成本能减一角，则盐税亦可照减一角，约计改革完善之时，收盐成本，可自一元减至五角或六角。而五千万担之销数，本系减缩之估算，改革完备，销数必可增加。大约将来盐税即减为二元，而于岁入不致有损。但此等结果，虽为必有之成绩，而不必入于本政策计划之内，故现在预计岁入，仍为三元与二元五角两等之税则为标准。试演为表如下：

年别	销盐总额	百斤税额	岁入盐税总额	与旧额六千八百万元之比较
一	二五、〇〇〇、〇〇〇、担	三、元	七五、〇〇〇、〇〇〇、元	增七、〇〇〇、〇〇〇、元
二	三〇、〇〇〇、〇〇〇	三、	九、〇〇〇、〇〇〇	增二二、〇〇〇、〇〇〇
三	三五、〇〇〇、〇〇〇	三、	一〇五、〇〇〇、〇〇〇	增三七、〇〇〇、〇〇〇
四	四〇、〇〇〇、〇〇〇	三、	一二〇、〇〇〇、〇〇〇	增三二、〇〇〇、〇〇〇
五	四五、〇〇〇、〇〇〇	二、五	一一二、五〇〇、〇〇〇	增四四、五〇〇、〇〇〇
六	五〇、〇〇〇、〇〇〇	二、五	一二五、〇〇〇、〇〇〇	增五七、〇〇〇、〇〇〇

六年以后均同

据前表假如盐税每百斤定为三元，加入成本一元，则国家售与运盐公司之价格，为每百斤四元。若盐税减为每百斤二元五角，则售价为三元五角，若成本减轻，税率照减，售价尚可从廉。此等价格平均较之前清为轻，而国家税入，则增加几及一倍。此为吾改革盐政最初之目的，计日程功，确有把握，非空谈无据者可比也。

第十章 结 论

余述此书终，尚有一言为当世告者：即吾人所主张之政策，必须适合世界之大势，根据本国之历史，若徒好为高论，无裨事实，不过理想上之改革，非吾辈所宜出此。查世界各国对盐之政策，除自由贸易外，不外三种制度：第一种曰租税制，亦曰俵配制。质言之，即计口授食之制。无论何国，莫不经过此阶级。然取缔过宽，盐税无着，将变成一种地丁上之附加税；取缔过严，则挨户勒派，强迫买卖，夺人民购买之自由。如吾国唐末、五代时深受此制之害。宋兴，政尚宽大，一变而为商引。欧洲各国今之号称专卖者，大半由此进化。迄今沿用此制者不过三国（德、法、荷兰），而一般学者深以为病，吾国决无反行采取此制之理。第二种曰关税制。此种制度，惟有大宗之盐输出或输入者宜之。我国洋盐输入，为条例所禁；而制盐业未改良，亦无输出之希望；则此项制度更无采取之必要。第三种曰专卖制。现在采用此制者十有一邦（奥地利、匈牙利、意大利、瑞士、希腊、罗马尼亚、土耳其、塞尔维亚、妥义斯、印度、日本），已占多数。况吾国自汉以来，本系专卖制，惟有广义狭义之分，直接间接之异。广义者何？即制造收纳贩运小买，皆归国有，如欧洲之奥国、吾国之汉武时，均实行此制者也。狭义者何？制造小买归商，而收纳运输归官，如日本之今制，及唐代之刘晏是也。直接专卖者，由国家自设出张所以发卖之；间接专卖者，由国家委托商人以行之。本书所定之政策，曰民制、官收、商运民卖（小卖），即狭义的直接专卖也。与现制不同者，向系官专卖以外，又有一种商专卖，今则削去商专卖而独归国家耳。或者以为既曰专卖矣，何以有运商？既曰商运矣，则运即卖也，何以运商之下，又有民卖之规定？夫所谓民卖者，非自由贸易乎？不但与专卖之制抵触，亦且与运商之权含混，宗旨不能贯彻，果何所取意而云然？曰专卖制之下，无论商民，均可向官局购盐，不得再有运商之名，此固专卖之原则也。今之定为商运者，系就吾国之现状，社会之习惯，出于不得已之例外。但使上无碍于专卖之政策，下无害于小民之生计，亦何必尽夺数百万盐商之营业，一扫而空之？此专卖之下，所以有商运之规定也。商运之下，更定民卖主义者，一则杜运盐公司之垄断居奇，一则使人民多一种生计。况新制实行，向之贩私者，无私可贩，非预开一谋生之路以为尾闾。小之作奸犯科，大之亡命江湖，亦非国家之福。此商运之外，所以有民卖之规定也。总之，天下无无弊之政，亦无不变之法，外不背乎世界大势，内有合乎社会心理，即为良法。本书所主张者，于利国、便民、保商三者，通盘筹划，自信无负。至为政全在得人，徒法不能自立，是又在主持此政策者。

第三编　实业建设

全国销盐定额表（据官书所载）

长芦	引	一〇一六四〇六	三〇四九二一八担	三〇斤
两淮	南票	一三九六九八二	六七六九九六八	四〇〇
	北	一三九五五一九		
山东	引	五五〇五〇〇	一六二三九一五	二二五
	票	一七一二四〇		二四〇
河东	正引	七〇八八〇二	一八〇二二八七	三三五
	土引	四二一五一		四〇〇
两浙	引	七〇四六九八	三二三三五八四	八〇〇
	票	一〇〇六九八		一〇〇
福建	引	九三二四八五	三五四三四四三	六六〇
广东	引	八一四五〇九	二〇三六二七二	二四〇
四川	水引	二九五一六	二〇二七三一二	五
	陆引	一三七八七八	九九八〇九二	〇〇〇
云南	票	一三〇二二七	三九〇六八一	四〇〇
甘肃	引	七二六八八	二二五八四	三〇〇
合计			二四七九七九八六	一七八

改革全国盐法意见书[①]

民国元年（一九一二年）

中国旧时专制政治之毒最为灭绝人道者，无过盐法；其灭
绝人道有四。謇，江淮间人也，习闻盐事，又曾为通州吕四场
盐业公司总理十年，博采浙、鲁、松、海及日本制盐法，受恶
政之压制，亏耗资本三十余万，因而推究全国盐法之弊，益知
其梗概。今姑以淮论（盐贵以淮南为最，贱以淮北为最，故以
淮为标准）。

淮南商亭场分煎丁著籍，或自前明，官定压制之法，迫作
苦工；令场商以贱价收，令运商以贵价卖，因而重征商税以为
利，商又放桶量、抬钱价以苦之。丁如不服，笞杖枷锁之刑，
立随其后，如或逃亡，则罚其子而役之，无子则役其孙，并无
孙则役其女之夫与外孙，非亲属尽绝不已。故丁籍之名，有相
沿二三百年之久者。煎分上中下，等差以额，下户缴盐如额，
则迫升中，中如额则迫升上，而贱价不改也。灶亭之丁，被压

---

① 民国元年（一九一二年）张氏发表改革全国盐政计划书及意见书，并将
计划书呈交袁世凯。

第三编　实业建设

·215·

稍轻，然缴盐商垣，仅得贱价则同。至于抑勒草价，草贱时比市价给十之四五，草贵仅比市给十之二三，而又私卖有禁，私运有禁；禁灶荡不已，甚至禁及民荡，禁及砖窑，禁及灶爨。淮北惟有晒盐，其工本轻于煎盐甚巨，大率一与五六、一与十一二之比例，然终岁劳苦，供役于商，衣食所资，先贷后还，亦仅足免饥寒而已；其视人民生命，几于牛马不如。推之直、东、闽、浙、粤，可以概见。此灭绝人道者一。

盐税之重无论矣；近年各衙门、各掣验局之陋规杂费，日益加重，而科派摊扣加价报效种种名目，又加而不已。以两淮论，盐官纵兵毙产盐州县数百民命而设食岸（即通、如、泰、东、兴、盘、阜七州县，向无食岸）。产盐州县之食盐，近亦每斤贵至三十文以上，稍远者则五六十文，皖则一百余文，赣则一百十余文，鄂则一百二十余文，视产盐地方灶丁所得之价，相悬十五六倍至二十余倍，罔民渔利，莫此为甚。旧法引地往往一省之中，划分三四区，人民或贩此引地之盐，越彼引地者，罪辄至死。缉私兵丁，又往往栽赃索贿，陷害平民，稍与抵抗，或动众愤，重则株连骈戮，轻亦系狱累累。此灭绝人道者又一。

因专制而得相反之结果者，又在于枭。夫人非生而为枭也；或散自兵籍，无业可营，或乡里无聊，谋生乏术，东凑西挪，薄积资本，按公平之值，买场灶愿卖之盐，冒禁令之险，博无从纳税之利。论其行为，尚胜盗贼。果使仁人在位，方且哀矜之不遑，岂忍滥逞淫威，迫使走险。若论私贩，尤甚细微，何至法密如荼，尽绝贫民之生路？且以私论，则昔人谓场私、船私、商私等，名类凡十，枭不与焉。而岁养缉私之兵费，以数十万计。独治枭私有法，他私悉可倖免。此灭绝人道者又一。

人之道德，端赖养成。寻常商业，虽卖贵买贱，皆有计心，而利己损人，必为众弃。独至盐业，则场商虽明知灶丁之苦而不能恤，运商虽日为垄断之事而不知非。其故由于草价桶价牌价岸价，悉由官定。不审时势，不顺人情，剥穷以益富，剥小以益大。凡世所著闻今昔盐商骄奢淫逸贪得无厌之恶，皆此专制之恶政有以成之。纵或歉岁凶年，官令捐助，数累十万，或累百万，然亦必有相当之酬报，为互用之要求。欺人则商以官为护符，牟利则官以商为外府。上成不仁而富之风，下长为富不仁之习，皆因缘盐法而为之。此灭绝人道者又一。

夫旧日盐法，根原前明，岂不以翁盘之制造，亭场之设置，引地之俵配，价格之规定，远则根据千年，近亦五百余岁，大致祖于第五琦、刘晏，中间亦有号称名臣者，斟酌损益于其间，遂视盐法为玉律金科，等重于圣经贤传。不知刘晏所定之法，乃变通第五琦而补其不及；其意之最善者，唯就场征税，听商所之。何以后之人舍此不师，而专师其转运俵配之法，又变本而加之厉。盖后世政用日繁，君心日侈，沿用此官商钩连专制之法，劫持民食所必需，而设为种种不便之方法，以恣其掊克。此无异剧盗揕人之胸，扼人之吭，而夺其货。且漫不为怪，相仍为法；而就场征税，尚嫌为不便而去之。呜呼，专制之盐法，盗法耳；其所为能治盐之名臣者，盗之厮卒耳。盗快其取，宁恤被盗之酷？吏也，商也，啜盗余沥；窟其弊者，如蜣螂之弄丸；娴其术者，如醯鸡之舞瓮。岂复知世有人道之说，天理之公？

今既革新政体为共和，则民为主体，断无独于盐务仍袭专制旧习，视沟瘠之沦胥，助素封之延世。是其为道，首须廓清。腐秽毕除，乃能建设。建设之道，唯有设场聚制而就场征税。聚制之法，相度海滨宜盐之滩地，准旧日官私盐销数之多寡，为制盐场地之大小；辟渠为界，借以引潮，以足卤气；建闸节流，以便转输。所任制盐之工，必给予工食相当之价值。栈盐于场，任商持照价买。按石计税，寓于盐价，或旬或月，汇而缴之征税之人。凡此皆听商集合公司为之。征税之人，计其每日收盐之数，储盐之数，卖盐之数，为收入之参稽。为之设盐场警察以守卫之。贩卖则自一石至于十百千石，不论何人，所运往者，不论何地，价由商定，不论何时。如此刚产盐之地，举旧日之桶价、箩价、牌价，层层压制，一扫而空，而制盐之人得自由之福。贩卖则场商可自任运，亦可听他商贩运。除盐本及税额外，听自计息，计远近之运脚、销路之畅滞为贵贱。若有于销盐地方，自设转运公司，设栈储盐。卖之小贩，转入内地者，亦听商自营转运。如此则销盐之地，岸价高下随时，价若高则盐必多，盐若多则价又可下。旧日压制，亦一扫而空，食盐之人得自由之福。要之去暴吏、贪贾以弊为利之窟，使拎与万物同等，则共和时代之盐法也。姑以苏、浙为他产地之例，皖、赣、湘、鄂为他销地之例，设计制盐运盐销盐税盐大要之法如左，以待全国之公议。

制盐设计之大要

一、约计向来官私盐所销之数，按引计地，须用若干亩，相度产盐最宜之地，指定若干处，集合公司，建设盐场。如淮南北即名淮南盐场、淮北盐场，浙余岱即为浙余盐场、浙岱盐场。（例如淮南官额五十万引，十余年来实止三十余万引，私盐之数过之。应酌留余地，按八十万引计，移场于海州滨海之滩，以一圩产盐平均数岁可二千引计，须四百圩；以一圩须地十五顷计，须六千顷。加以潮河夹滩运路灶丁公司征税处各住址，以二千顷计，共须八千顷，即八十万亩。）

二、设淮盐总公司、浙盐总公司（某省则上易某字），合原有之运商、票贩商、食岸商、场商，共同入资组织之。

三、合淮南北煎盐、晒盐、运盐所需建设营运资本纳四百万元（内海州建设费以四百圩计，每圩约七千元，须二百八十万元，通、泰约留十场，改建费每场二万元，须二十万元，营建本约一百万元），以五百元为一股，共八千股。

四、淮南酌留之场，场商以地及产计价，公估作本；淮北建设之地：公地由公司缴价归公，私人之地按地计价作股。

五、定期收股，先尽旧商；旧商不入资者，即任新商入股。

六、公司除担任纳税外，于定法范围内，可得制盐、运盐、卖盐之自由。

运盐设计之大要

一、不产盐之地（昔名某省，今有改为州者，俟大局全定，再有正确之名），亦可自设运盐公司，名某处运盐公司，任运某处之盐，储存于水陆便利之埠，或自转入内地，或听内地贩商购运。

二、运盐公司，如愿与产盐之地制盐公司合资者，听双方之自为缔合。

三、运盐用汽船，或拖船，或帆船、江船听便。

四、运盐公司资本之大小，由各销盐地方建设公司人自定。

销盐设计之大要

一、凡销盐之支店（不论产地与非产地），皆须报明各该县之民政长，向主管征税处领取长期执照。（若盐政不属于民政长，经向主管征税人报明领照。）执照之费，由各该县议会议定，受民政长及主管征税人之查检。

二、凡负贩之人，须向主管征盐税处领取短期执按，照费由各该县议会议定（照费不可重，长期约十五元至二十元，短期约二元至三元），为巡警检查费之补助。

三、长期执照，五年一换，一年一验；短期执照，一年一换，一月一验。

四、产盐地方销盐执照，按人口应食之盐数编号，数满即停止给照。（税则若通国一例，此条即不适用。）

税盐设计之大要

一、税全数归中央，为备抵赔款借款及供给军政外交之用。各产地销地亦得由议会议决征附加税，但不得过十分之一至二；议案须报告中央财政部。

二、销盐之地，不论煎盐、晒盐，每斤征二十文；其产盐之县，每斤征十文。（产盐之县应否比非产盐之县减价二分之一，俟全国公议定之。）

三、产盐之县，按编查户口册所有人口，不论男女大小，每人每年以十斤为度，为主管征税人给照之准。（税则若通国一例，此条即不适用。）

四、销盐之地，旧有加价为练兵要政之用者，由中央按旧日之数，分别拨给，不另征税。（地方议会议收之附加税，仍可由销盐地方自收。）

五、产地收税后，给予运盐人所运盐数之凭证，至销盐地方，水陆通埠巡警处报验而不征税。

六、计税以斤，斤以十六两为准，得加卤耗一成。

七、每包定一百十斤为限，外加包索之重量，起运时印字于包。

导淮计划宣告书

民国二年（一九一三年）

　　淮之为患旧矣。其历史变迁，前曾撰说，兹略就近十年来现状言之。

　　自前清光绪丙午至今，灾凡五见，共费官赈、华洋义赈一千余万；而灾犹未已，而赈且立穷。灾本不除，民无宁岁。淮之必当导治，微特国内之公言，且入世界之注线矣。謇于弱冠时，薄游淮上，略研地理，习闻昔日淮、黄合流之祸，深咎黄徙而不即治淮之失；逆计不治淮则淮必有病民之日，考前哲治河之书，访每岁淮流之状。丁亥郑州河决，漫溢皖北，归纳洪湖，淮乃大垫而益不易治（道光己酉六堡之役，决黄入清，洪泽已被淤垫，而犹未若丁亥之甚），由是间岁辄灾。丙午丁未间，即请端前督设局测量。主其事者阴龋龅之。图成而不治，所测之域亦不全，无如何也。而政府费于赈灾者，则既四百余万，义赈及外人之赈不与焉。清宣统元年，江苏咨议局开会，特提导淮议案，经全体赞成议决，而江督复以费绌难之。乃请许设立江淮水利公司，先就清江浦设局测量。预计用款五万元，由江苏督抚陆续筹拨；用南通师范学校附设之河海工科毕业学生，分班开测。嗣皖省议会亦援照呈请皖抚拨款办理。当时规划测线，以为受患最烈，莫如苏皖；而淮之腹在皖，尾闾在苏。治水必先治下游，苏亦故宜先测；苏竣而及于皖，部分一切大定。宣统三年正月开测，至九月，清江兵变，匪乱中辍。民国元年四月，复以三班续测，冀其速竣测也。六月，又以旧测之员十班继之；同时皖亦派员十班分测。所有规划测法及测线道里清绘各成绩，业经汇要登载报纸，西报亦有掇载之者，当邀众鉴。现在河身高下、流量、流速测竣，图亦寻就，此已办之事实也。

惟去害在导，兴利在垦，二者均非借债不行。然欲达借债之的，必将筹还债之方。还债为何？不外垦利；垦利为何？不外以将来涸出之地，与淮有关连沿湖、沿河之地，一一厘正缴价升科为挹注。然则与淮河关连沿湖、沿河地亩之平面测量，必须赶办。故现拟借款未成以前，先了前项测量之事。测费则苏省已有筹备，但须报告议会；皖省尚须议会议决。此目前之进行也。然此所计，只及苏皖，而治淮必须兼治沂、泗。以淮论，发源于豫；以沂、泗论，发源于鲁。此尚须与鲁、豫协筹。豫则干之外亦须治支；鲁则不独引沂、泗有归而已，兼须规及运河（按《禹贡》："浮于淮泗，达于河。"胡氏《锥指》引《说文》"河"作"菏"。成氏班义述云："徐州贡道自淮而泗，自泗而菏，然后由菏入济，以达于河"即此运河也）。要当先治苏皖。就苏皖论，沂泗不治，淮亦不可得治。有须兼治者，有须分治者（理由另详《规划概要》）。合全局而通筹，以片言为扼要，则又宜衡事势的缓急，分标本之后先。

所谓本者，则有如详加勘估，确定入海及分流入江之路线，分别机船、人力施工之地段，审造适宜何种之机船，规度应修之闸坝，连勘关系直、鲁商业运河之工程，此必须工程师聘定而后可措手。次则如分办两省沿湖、沿河之平面测量，以区定省界县界官地民地界，及已报领而未垦与已私垦而未掇升之界，志图列册，复于平面图内，规划应辟支河沟洫及应筑圩堤坝闸之处，规划设立长淮农业银行，专供各县垦户开浚支河沟洫、建设圩堤闸坝之押借；此必须淮沂勘定，第一步工程设施以后，而后可措手。照此预计，循序急进，计款须二千万，计时须五六年。此五六年中，即在苏皖之淮沂流域一千余里，能保不再发生丙午以来之灾状乎？则治标未可忽矣。

所谓标者，先浚淮沂近海入运之路，以杀其势：一为张福引河。河现为淮水入运之路，自十三堡、洪湖口至码头镇运口止，河身甚狭，底高与洪湖底等，以致水小不甚通流，水大不及畅泄。全河长三十八里，平均姑先以浚深二尺广一丈计，即可通流；约去土一万三千六百八十方。一为杨庄至西坝废黄河。废黄河自杨庄以东为淮水故道，河滩淤垫，水小时永面与废黄河底等；淮之所以不能复故道也。此段计长十里，平均姑先以浚深三尺广一丈计，即可通流；约去土五千四百方。一为西坝至安东废黄河。西坝以东，河底渐低；然河中土硬，重重凹凸曲折，必须配平取直。此段计长六十里，平均姑以浚深一尺广一丈计，即可通流；约去土一万八百方。此为可以人力施工者言，亦举以为例之数，盖减杀淮泗之水须先从事者。其西则周家口至骆马湖，约一百余里，沂水入六塘河之路也。沂水在苏省分一干三支：一即周家口至骆马湖，为东偏支流。周家口以上，河身甚阔，倾斜甚大。近因骆马湖淤垫，逼水西流，邳、宿受害最烈。今宜疏辟骆马湖上游，令沂水直入六塘，邳、宿之灾可减。一为骆马湖经丁家嘴、钱集至龙沟口，一为由钱集至武障口；此皆六塘河也。钱集以西为总六塘河，约一百五十余里；钱集至武障坝为南六塘河，约一百十余里；钱集至龙沟为北六塘河，约百余里。应浚深若干尺，广若干尺，计土若干方，尚待全图清出流速、流量报告后规划。如其辟骆马上游，又浚骆马湖受多量之沂水，而不先规划下游，决壅滞，也障碍（沿途滩近多业植杞柳），则沂水之涨，势必旁溢而不可御。而此数段择要之疏辟，皆为治淮、治泗沂应有之工程，事固不类骈枝，费更无须复出，此斟酌于治本必先治标之计划也。

顾所目营而心构者，尚待审慎而不敢即闻于众。不料近来有以此举为诟病者：东海某甲以为导淮则东海必为泽国；不如不导。山阳某甲亦谓导淮则山阳将为泽国；不如不导。此则謷不必辨。夫治甲之患，有兼宜治乙者；治丙之患，有宜先治甲与乙者。试问泗、沂三代即合于淮，沿至五代，遥遥三千年，彼时所谓东海者，沉而为泽乎？否乎？宋熙宁间，金明昌间，黄河夺淮，泗、沂亦骇焉。驯至明弘治六年后，大行堤成，河永夺淮。至清咸丰六年，黄河北徙，中间历历数百年，彼时所谓东海与所谓山阳者，沉而为泽乎？否乎？如某甲、某甲云者，黄河北徙以后，淮流不畅，东海、山阳宜有非常之利矣；果岁岁丰稔乎？丙午以前，因淮灾而受赈之民，东海、山阳果无一人乎？国内、国外有人，众耳众目难掩。若以为淮宜治，而謷非其人则可也；以为謷非其人而并昌言淮不应治，可乎？否乎？謇无状，且垂垂老矣，以不忍于乡里洊灾之惨，受任导淮，又承江、皖两督公推之盛，未敢诿让。而自问工程之学，本非专门，徒以淮事略有研求，又前办粗有已成之绩，故略撮前此办法，及将来规划于此，以质世之同志，冀有以匡救之。至于借款，必俟国会大定，政府稳固，乃可筹议，此时尚难计及。倘得宏才硕画热心之士，起而愿担此任，使可释肩藏拙，则謇所馨香以祝，昕夕以求者也。

附：治淮规划之概要

第一章　淮、泗、沂分治

清河西北有杨庄，由此以上之淤黄河，为旧时泗、沂所经之道（按《禹贡》："淮沂"其义。胡氏《锥指》："淮纳沂。不决淮距海则沂无所归。故必先淮而后沂。"又"导淮自桐柏东会于泗沂，东入于海。"《锥指》："沂入于泗，泗入于淮。言会者，以二水相敌故也。入海在今淮浦。"《水经》亦云："淮水东至广陵淮浦县，入于海。"成氏《班义》述注："淮浦在今安东县西。"《水经·泗水篇》注："泗水又东南经下邳县，故城西东南流，沂水注焉。"又葛峄山在邳州西北六里，《州志》："俗云距山，盖以其与沂水相距，故名。"是古沂水在邳西。成氏"班义述"引《邳州志》云："沂河旧在邳州西一里，今其故道为黄流淤塞。"《水经·泗水》注："泗水又东经角城北而东南流，注于淮。"成氏《班义述》"角城在今清河县东南"。是沂入泗处在今邳州西南，泗入淮处在今清河、安东之间。自上而下，则沂入泗，泗入淮，泗受沂而大，足与淮并，故云会也），与淮水本自殊途。自黄夺淮流，兼夺沂、泗，而淮、沂、泗遂有合并之流向。自黄河北徙，旧漕高耸，淮水不能越黄堤而过，而黄堤以北之徐、淮、海地面，遂无淮水；相沿到今，近六十年矣。此六十年中，水患源委：旧黄以北为泗、沂，旧黄以南为淮，而略有泗、沂。若居今日而规划江北水利，则治之之法，淮、沂当分而不当合。曷言之？今日之里运河（杨庄以下至瓜洲），上承沂、泗之流，至惠济闸（在马头镇）即合有张福河之淮水，至邵伯更合有高宝湖之淮水。淮、沂、泗三水并流，在此里运河三百余里之间。近世之治淮说，一若淮、沂、泗随在有连带性质，淮治则沂、泗无不治。殊不知沂水入江苏境分三支：一入沭河，一入骆马下总六塘，一至竹笼坝入中运；泗水由微山湖通中运河，东南下至刘老涧，分一支入南北六塘，至双金闸，分一支入盐河。总计旧黄河以北容受泄泻沂、泗之河身，二千一百余里；入海之口二：临洪、灌河；潴水之区三：微山、骆马、青伊。此中涓滴不及淮水，而其被水灾区，尚不下三万方里。若淮水之屯积区如洪泽、高宝等湖，被灾区如凤、颍、亳、泗诸地，权衡水量，倍于泗、沂，一旦以倍量之水，引入沂泗流域，证诸往昔，揆诸现势，甚不相宜。所谓淮、沂之应分治者此也。

第二章　治淮应规定道线分注江海

邗沟未开以前，淮水无入海之路。既开以后，入江则取道于天长、六合间，入海则今日杨庄以下之淤黄河至于云梯关是也。近数十年，则淮水仅入江，如瓜州三江营是也。今若道淮水全部入江，则江、淮并涨之时，宣泄仍虞妨碍。论者有谓淮水宜三分入江，七分入海，其说颇当。惟道线所在，宜有准据，以两年来测量所得之结果，则入江由三江营为宜，入海由灌河口为宜。曷言乎入江宜由三江营也？据现时之水流观之，淮水似入里运，由瓜州入江；不知瓜州能泄里运河低浅之水，不能泄里运河高涨之水。盖当伏秋时，江淮并涨，淮水至邵伯以下之六闸子、蝎虎坝等处，与江水抵触不能南下，遂旁泄董家、石洋两沟出三江营。三江营之地位在焦山以东，通常水位低于瓜州，河底亦较瓜州为低。其引淮入三江营之道线，即由蒋坝之三河经小关头桥等处；其间原有航路，底亦低下，由此进行，工省而势顺也。曷言乎入海宜由灌河口也？云梯关口高于灌河口，顺水之性，宜于就下。惟灌河故为沂泗入海之口，今并以淮，似与分治之策为矛盾。然须注意于会处。三代时海势犹近，故淮与泗、沂会于安东以西；今则去古三千余年，海势迁东，大异于昔。近人有主张由马港口北折至响水口入灌者；有主张由盐河经五丈河入灌者。然响水口距海曰七十余里，五丈河距海口一百三十余里，距海远则泄势缓，会水多则流量厚。今拟由六套北折至小南河入灌，距海仅十余里；并当加浚列子、临洪二口，以为盛涨分杀之备。其引淮至马港口之道线，即由张福河经旧黄河。惟旧河两堤相距甚远，循河旧漕，展宽浚深，则沙多易壅，而道不适用。不若以黄河之北堤为南堤，于北堤之外，水量适宜之地，另筑一堤。堤外土质较坚，就用一堤，亦省一堤之工。至规划洪湖，则须俟下游通流后，循龟山至张福河，并循归仁堤至三河口，用新机疏浚，分湖内为十字河，为淮之中干，即为垦计，亦宜如此。

第三章　沂泗分疏

沂、泗河流，据今而言，悉在徐淮海之邳州、宿迁、桃源、沭阳、清河、东海、灌云七县境内，凡二千七百余里（此据已测量者言之）。属于北部者为蔷薇沭河，中部为砂礓、六塘等河，南部为中运及杨庄至大关之盐河。盐河自大关至临洪，直贯南北；五丈、龙沟以下，则灌河直趋海口。而尚不免水患者，有河而不能适如来水之流量故也。地形之低，以东海为甚。沭河自新安至青伊湖，河长一百七十里。此一百七十里中，河底高下之差达五丈；上流一涨，泻若建瓴。盐河则南北两部高，而中部低降，骆马之水阻于五花桥一带非常之淤垫，不能直下总六塘。盖河之废弃不治久矣。总计徐、淮、海河身，约占被水区域八十分一，若先从旧有各河道，较准来水之量，配平河底而疏之，度浚海口而泄之，复为广兴沟洫，为分水蓄水之计，沂、泗岂惟不至为患而已。治淮须谋适当之去路，近于创始性质，治沂泗但修原有之经行，确为因成性质，事实固不同也。

附说五

查淤黄河与灌河之间有所谓套子口者，未列测量路线以内，此口与沂泗入海极无关系。今当往测，如地形低而口门深，或当舍灌河而出套子口。此一说也。上游道线自龟山引淮入洪湖之外，经古禹河至蒋坝，沿高堰东之二河至老堆头，东北行穿山阳境，至龚家营入旧黄河，于路程上之比较，视前说可近七十余里。于水准上之比较，则地面与杨庄至安东之旧黄河底相等；而二河之底，较低于洪湖底一丈内外，路近则施工易，用费省。以河流所占山阳之地，与将来高宝、白马湖中涸出山阳之地较，亦此少而彼多，此瘠而彼腴也。虽然，靳辅乔莱之争，前事可鉴，利害轻重，尚须与地方明事理者通筹之。此一说也。介苏皖之间，河流之为障者，无逾睢河；桃、宿之交，则有归仁堤。每当水涨，上下游均决斗甚剧。此应由三叉河东行经峨嵋岗穿成子洼至高子、郑仓等处，修引河百里，合老堆头，导使入淮，俾有所归，可以永息民争，而湖田亦可尽出。此又一说也。为治标计，诚宜先浚张福引河，杨庄至西坝及西坝至安东之废黄河，为仓卒有变之预备。安东以下，河底较低，苟能略泄盛涨，即可暂从缓议。惟一面即须于洪湖设法疏浚，以防垫高之处，一泄而尽。而皖北诸河底，本低于洪湖，非盛涨不能越过，淮流或有时而中断也。此又一说也。瓜清运河直贯淮扬，计程六百余里，即吴之邗沟也。其于今日尚称为完全水道，赖以稍泄淮、泗、沂之涨。而下河各县借东岸之涵洞坝闸五十余座，潦则堵闭，以防侵灌；旱则启放，以资灌溉，亦有水利可言。近年河底日垫日高，水流将涸，不亟补救，恐仅仅之利亦夺。是宜配闸洞之底与全河之底，酌节宣之平而为之浚治，揆度形势，以用机船分段渐疏为适宜。此又一说也。

　　以上系就测局报告，比较地势之高下，流量之丰杀，姑为规划。能否确定，须更与富有学识经验之工程师，周历履勘而后能审定。至柏君烈武所主张由高邮、兴化、盐城分淮入海之说，因昔有靳辅乔莱之争，近又有山阳某甲之说，虑无识人借为鼓吹阻挠之资料，故且置之以俟异日之讨论。

条议全国水利呈①

民国二年（一九一三年）

　　窃謇生长田间，习知水旱所关，河渠为重。四十年来游踪所及，辄就父老而咨询。前在江苏有拟事导淮先事测量之规划。民国二年三月，奉大总统令督办导淮事宜，挠于变乱，时有作辍。嗣于十二月二十一日，复奉任命全国水利局总裁，令议全国水利。以謇区�ˇ，识囿方隅，奚足以辨析郫经，周章禹迹？顾以为审流域古今之变，事固各有异同；权利害轻重之宜，治亦当分先后。揆今所亟，淮古而通。窃谓除害之大者，莫如导淮而兼治沂、泗二水；兴利之大者，莫如穿辽河以达松、嫩二江。为其先者在借异域之才，并设河海工程学校；济其成者存筹疏浚之款，并立农业地产银行。谨举办法大要及其他计划，为大总统陈之。

　　本国号称大平原者三，而淮甸为尤大。淮在宋前，率循故道，南受汝、颍、淝、涡、睢、浍诸水，北会汶、沂、泗、沭

---

① 一九一三年（民国二年）十一月二十一日，张氏出任全国水利局总裁。作条议四项，撮要上呈。

诸水，由清口而东达云梯关以入海。自宋熙宁、金明昌以后，黄河屡徙而南，胥淮、沂、泗而夺之。至明大筑高堰，而黄、淮遂并而不复分，为患益剧：陷泗州，浸虹县，废临淮，逼徙清河、邳州，时复旁溢徐、海，下侵高、宝。前清开国二百余年、几无宁岁。自咸丰五年，黄决铜瓦厢而北，复与淮分，而淮、沂、泗故道之身，积受涡黄之垫，高出地面，涨辄横溢，犹赖运漕之故，稍稍修浚。漕运旋停，郑州黄决，黄水漫演渟潴于淮北者年余，垫乃滋甚。淮病滋深，其病在洪泽湖与张福河及运河底皆高。时逢潦岁，汝、颍、浉、涡、睢、浍之水不能泄，而皖之凤、寿、怀、宿、灵、五、泗灾；汶、沂、泗、沭之水不能泄，而苏之邳、桃、宿、沭、清、安、海灾。夫此十四县横亘平原，民俗强悍，而又承河流垫溢、田亩荒芜之后，一遇灾祲，流离载道，就食而南者辄数十万口。十余年来，灾已五六见，恩赈、官赈、中外义赈，少亦四五十万两，多乃五六百万两。此在国家无事则然，乱机一发，匪盗四起，此仆彼作，若火燎原。辛亥迄今，略可睹矣。犹幸未有如昔之灾患乘之也。而天幸不可屡邀，人事终于必尽。必淮甸义而后东南安，必淮流治而后淮甸义。故谓今日除害之大者，莫如导淮。然导淮而不并治沂泗，则可以淡凤、寿，怀、宿、灵、五、泗之灾，而邳、桃、宿、沭、清、安、海之灾仍在也。淮扼于洪泽湖，近年迭测洪泽湖与张福河底，高于废黄河底三尺余，高于五河上下淮河底六尺余，杨庄至安东次之，安东至大通口又次之，大通口以下，地势益卑下，河槽尚存。但疏通洪泽、张福，迤逦至于大通，淮水即有可循之轨。沂、泗本山东之水，泗先受汶而后受沂。其会于淮也，考之故说，本在安东以西，地势乘高，其流殊旺。昔淮、黄混合时，沂、泗常被蹙而横溢，故靳辅疏南北六塘河以分泄之。骆马湖、马陵河，沂泗之故道也。自蹙于黄，而骆马、马陵日渐而高，病等于洪泽、张福。近年测量徐、海倾斜之度，高下六丈三尺，泄既无路，故潦辄四溢。由是邳、宿、桃、沭、清、安、海胥受其害，而漾出之波且薄淮而及高、宝。故导淮而不兼沂泗，淮即治而功不完；导而沂泗不析于淮，沂泗盛而患亦难杀。淮诸河之容量，度地势之归墟，必分于上，乃可多其途，以斯高原之涨；必合于下，乃可厚其力，以漱海口之沙。淮、泗、沂顺轨安流而后，庶洪泽、高宝、骆马诸湖有涸出之地，十四县内有可耕之田，十四县外有相安之民。否则丙午大灾不幸而再，东南杌陧，危及中原。此謇所谓除害之大者，莫如导淮而兼沂泗二水也。

东三省为京师屏蔽，其原隰之沃厚，林矿之富饶，强邻耽耽涎视久矣。移民实边之事，前清泄沓，驰而不行，民国初建，未瑕遽及。近规农商政策，劝垦边荒，虽主无偿主义，然尝周历三省，察其农政，弊在号称领荒之户，不过囤地转卖，裨贩渔利，其于大农小农之计划，水势地势之经营，概未有闻。而原其缺憾大端，则尤在水利不兴，地利亦因之而阂。三省天然水道，曰黑龙江，曰松花江，曰乌苏里江，曰嫩江，曰鸭绿江，曰图门江，曰牡丹江，曰东辽河，曰西辽河，曰呼兰河，曰伊通河，曰松阿察河，曰洮尔河，曰额亦古纳河，皆荦荦大者。综其流域几一万三千余里，虽中原之大河长江，蔑以过之。昔在封禁时代，外患亦未甚逼，江自为江，河自为河，源流各有区分，利害无关国际。今则俄之专清，日之南满，铁道所至，一纵一横。我之中美约寒，锦爱计阻；陆既失其交通。而江则历年泛滥，霪雨时降，浸原野为沮洳；河则海口堙淤，舟楫难通，荒商埠为墟落。以三省、二城与长春、哈尔滨较，已惭物质之比方，以营口与大连湾较，更觉文野之悬绝。言乎航业，则俄有小轮百余艘占松花江，而我仅有二。言乎农林，则俄纵伐无虚日，而日于鸭绿江，且勒我之木尽为彼有；而我无如何。又遍设行栈，收我大豆，济以南满铁道运脚减低之利；而我无如何。顾此犹其近焉者。为我兴垦实边、保守主权计，虽囤地转卖之人，暗于近利，不知远略，然农商部即采欧美垦荒无偿之制，编为条例，待请施行，而交通不便。纵有他省之人，集合公嗣，务为大农，亦苦于农人不能入，农产不能出，障碍所在，智勇俱穷。此非疏通辽河、嫩江或松花江不可。辽河虽分东西，而入海同趋于营口。其距离松、嫩二江最远者，不过三百余里，近者二百数十里，最近者，不过二百里。若能因其地形纤直之势，计其水平高下之点，中辟一河，使二江与辽河舟楫可通，则该省交通之状况当为一大改革。今拟辟河之地点分东、西、中三线：东线则自辽河北岸和尚屯、桑榆台子之间起，经毛城子、宋家沟、圈山子、世增当、三盛玉至阿拉庙，直接嫩江下游，其他为三岔口对岸，计地二百六十余里；中线则自辽河大民屯、三江口之对岸田家窝棚起，经采哈三拨拉、玻璃城、伏龙泉、鄂墨尔，而至灵木寺入嫩江，计地约三百二十余里。此二线与新城均最接近。据英工程师实测松辽间报告，谓新城一隅，实可为通河之地点。至西线则自新辽河北岸欧鲁招起，经阿克基母、格格营子至洮南县，由洮尔河而达嫩江，计地约一百七十余里，较中东两线为近。惟仍须详加考察，以求至当。论者有谓松嫩二江之水平，较高于辽河，又谓辽河狭小，河身复多壅塞，如一经开凿，骤受松、嫩诸流，恐致下游各地方有泛滥之患。是必先事大疏辽河入海之路，并于江河之间倾斜度最甚之处，度建水闸以节制之，俾获交通之利，而不致受倾泻之害。謇为参稽图籍，证以闻见，意正相同。现拟先从测勘入手，一面借款延聘工程师审慎规划，确定办法。江河能通，不借外人之铁道，而后兴垦实边可得而言，主权可得而保。此謇所谓兴利之大者，莫如穿辽河以通松嫩二江也。

综此两项工程，需款固属浩繁，需材尤为切要。我国河海工程，向拘旧习。近日留学欧美毕业而归、通此科者殆亦少数。若举此重要之工程，不得富于学术、习于经验之人才，分任其事，窃恐废时而无功，糜款而无效。謇昔以建议导淮，先就南通县师范学校，附设土木工科，专聘日本曾治河海之工师，分科教授。毕业土木建筑、地方测量者四十人，其时习河海工程学者不过九人。辛亥年开测淮河，即赖此毕业各生为之服务。今计南北水利，同时并举，非六七年不能竣工；在此时只可聘用西人。然若不及时特立河海工程专门学校，养成专门学生，俾三数年毕业后，尚有可以实地练习之处，将来他省河工，永无可供指臂效用之才，诚非计也。是宜于南北适中之地，建设高等土木工科学校。先开河海工科专班，慎选各省中学完全毕业长于算学、图画、物理、英语者，试而属之，额以三百人为限，不拘省分；延聘外国工师为之教习。约计开办时建筑及设备，当在二十余万元内外，经常费约五六万元。为减政计，上海有公立中国公学及省收中国图书公司，屋皆新建，若为移借，所省不止十万，且事可即办。学生可由各省长选送，由校复考，并可由校每一学期招考一次。毕业年限暂定三年。所有学校经费，应由国家担任。惟当明定校制，毕业各生须在国家或地方工程上服务若干年，支给练习生俸以尽义务。如是则五六年后，我国河海工程有人可用，各县沟洫堤闸，事亦可兴。此謇所谓并设河海工程学校之必要也。

其所请筹立农业银行，以为各地方河渠沟洫、堤岸闸坝工程之准备者，厥有二义：一为对外。今日而言水利，所需资本，悉仰给于外人，担保偿还，必取资于产入。设仅治大干河流，两河渠沟洫之不修，堤岸闸坝之不备，农产无从而富，岁入奚自而增？收入不增，设逢歉岁，偿还本利，必更他筹，财政尚未宽饶，政府能无受困？一为对内。凡昔日灾祲之区，民生必穷；因仍离散之余，民习尤惰。一省之经流，视乎干河；各县之纬流，多在支河。而支河所纳，则在沟洫；支干之交，或赖闸坝。即使农商部于奖劝农业，积极进行；然无银行为挹注机关，政策亦终无实效。且河渠沟洫、堤岸闸坝诸工，为农田所仰赖。苟为良农，爱其田畴，冀其收获，无不愿及时修治。然大为河流，有数县同其关系者；小为陂塘，有数十村同其关系者。设有工役，则同一关系之县村，自应同分其担负。但我国有小农而无大农，故终岁勤动，往往仅足自给。若重以工役责之，则势所不给。但以此种事业委之于官吏，则贤者不易得，不肖者或借此头会箕敛，因缘以为奸，其弊尤不胜言。是今日欲为河渠沟洫之准备，惟有筹立农业银行，仿行日本年赋偿还之法，许人民以不动产作抵押品，定低廉之利息，贷以现金，并准其按年分还，则农地改良之资本，人民得依赖此种银行，作其保障，资其周转，则关于水利之兴造，即无官吏之督促，亦必百废具举矣。但此种银行，仅能指定为农业一部分之金融机关，与他种银行性质区别，故俄、法、德、奥以及日本所定制度，皆各视其国境所宜，不能一致。查俄为官设；法为私设，而政府监督之；德奥二国，则有官设，有私设，有地方团体公设者；至日本则纯为民设，惟总裁、副总裁之属，经公举后，须得政府之许可而已。按诸我国情形，若采用官设制，则以幅员广大，何能普及？监察或疏，亦有流弊。若采用私设制，则此种银行以债券为主体，债券发行，全赖信用；如不由政府经营，信用难期坚确：其难一。银行为地方公益而设，取息必轻；息轻则收入额少，而支出之额多，私设断不足以持久：其难二。况地利未兴，民困正亟，审时度势，尤难遽议及此。则在今日，当采德、奥公私兼营之制，庶几可行。惟条例宜先确定，应请饬下财政、农商两部，会同拟定《农业银行条例》，呈候公布；并颁命令，期以若干年，全国皆应设立农业银行，使天下晓然重农务本之意，则不仅水利一端得加整理，而地方财力可以渐纾，农业改良可以日进矣。謇所谓宜并立农业地产银行者以此。

抑謇更有进者：导淮与沟通松辽，利害所在，今已灼见；然黄河尻尾之决，时见于东直，长江腰脊之涨，横被于襄沅。黄河之始，当先分引于河套之间，而后及龙门以下；长江之治，当先疏治于荆岳之际，而后及九江以下。又直隶之滦河，山西之汾河，广东之西江，江浙之太湖，流有长短，工有大小，要皆以先事调查，次事测量，更次规划，更次筹款，未可同时并营，亦未敢但凭故籍。拟先于各省设观测所，分别综核雨量之多寡。酌派调查员访察今水之情形，一面先从前拟四端，切实筹划，庶有秩序，以利推行。兹奉交议各节，谨将所拟办法大要，择要上陈；其余未尽事宜，容随时会商主管各部及各地方行政长官，再行陈述意见，以供采择。

实业政见宣言书

民国二年（一九一三年）

謇此次出就部任，大惧无以应现世之所需，餍国人之属望，虱夜惴惴，不能自己。盖际此时艰，不敢不出，勉尽国民一分子义务。然外观时事，内忖精力，此义务能尽到几分，能收几分之效，以报我国人期望之万一，则毫无把握。况謇从前初未尝投身政界，今猝然从诸君之后，与闻政事，正在试验时代，宁可自信？所可以告我国人者，惟矢此勤勤恳恳之心，与国务院诸君至，尽职责而已，不敢侈言政见也。

謇半生精力，耗于实业，艰难辛苦，所历已多，而不敢谓有所得也。实业之命脉，无不系于政治。间尝思就平日所受艰苦之点，求所以扶之植之防维之，又涵濡而发育之，早夜以思，仿佛若有所得，而不敢谓其果可行也。视事以来，日与国务院会议，今日与诸君一堂楣见，敢不就实业一部分进行之计划，略陈愚陋，以就正于诸君者，就正于国人。

民国肇建，内乱外患，稠迭洊至，借款累累，债权四压，权政府度支之数，用之于军政之消耗，犹恐不给，然亦当以十之四十之三谋生计之扩张。权人民漏卮之数，则增加熟货之输出，犹病未能，然亦当就千之一百之一求输入之低减。审此二义，则政治上之进行，盖戛戛乎其难矣。列举方策，所谓扶植之、防维之、涵濡而发育之者，盖有四事：

一、当乞灵于法律。法律作用，以积极言，则有诱掖指导之功；以消极言，则有纠正制裁之力。二十年来，所见诸企业者之失败，盖不可以卒数。推原其故，则由创立之始，以至于业务进行，在在皆伏有致败之衅，则无法律之导之故也。将败之际，无法以纠正之；既败之后，又无法以制裁之。则一蹶而不可复起。或虽有法而不完不备，支配者及被支配者，皆等之于具文，前仆后继，累累相望，而实业于是大隳。此可悲之事，亦如謇所亲见，且累见不一，并尝身经其苦痛也。现在世界以大企业立国，而中国以公司法、破产法不备，故遂将此昙花一现之基础，至于今日，败坏不可收拾，斮丧人民之企业心、合群心，耗散最可宝贵之资本，不一而足。故无公司法，则无以集厚资，而巨业为之不举。无破产法，则无以维信用，而私权于以重丧。此尤其显著者。加以自今而后，经济潮流，横溢大地，中外合资营业之事，必日益增多，我无法律为之防，其危险将视无可得资的为尤甚。故农林工商部第一计划，即在立法。将来提出关于农工商法案，若耕地整理法，森林保护工场法，及商人通则，及公司法、破产法，运输保险等规则，尚望两院平心审择，迅予通过。俾本部得所依据，用策进行。

二、当求助于金融。农工商业之能否发展，视乎资金之能否融通。近十年来商场之困顿，不可言喻。盖以国家金融基础不立，而民间钱庄票号等金融事业，索索无生气，重以倒闭频仍，信用坠地。于是一国现金，非游荡而无所于归，即窖藏而不敢或出。总之，金融家无吸收存款之机关，无以供市场之流转，遂至利率腾贵，企业者望而束手。于是而欲求工商业之发展，虽有智者，无能为役。此亦謇所亲历，故知之甚深。窃以为为今之计，惟有确定中央银行，以为金融基础；又立地方银行以为之辅，励行银行条例，保持民业银行、钱庄、票号之信用，改定币制，增加通货，庶几有实业之可言。此事熊总理先已提出于国务院，謇必与全院合力谋之。遇有关于此项法案，亦望两院予以助力，及早施行。

三、当注意于税则。农工商之政策，惟借税法为操纵，或轻减以奖励之，或重征以抑制之。盖未有不顾农工商之痛苦，而纯然以收入之目的，为征税之标准。猥曰苟且以济国用者也。厘金与常关，皆为通过税，世界皆目之为恶税。徒以占岁入之巨额，忍不能舍。百里一税，二百里再税，道途梗阻，节节为厉，行之愈远，则商货成本愈重，是禁制商货之流通，迫其近售，而罚其远行者也。商货运行则有罚，是乌可言商政；抑遏塞商货，强取民财，又乌可言财政！至国际贸易，全视关税为之损益。各国通例，出口货多无税。吾国则不然。若丝、若茶、若棉、若其他土货，有国际之竞争者，莫不有税，是抑制输出也。抑制输出，是为自敝政策，惟关税有条约之关系，尚待协商；若厘金常关，为国内之恶税，抱持不台，则百业日以消沉，悠忽数年，而国民生计斩丧无余矣。故本部亦亟以此事提出国务院，谋所以提倡保护工商业之道。仍望两院助成之。

四、当致力于奖励。凡大企业，资金巨而得人难，实皆含有危险之性质；若航海、远洋渔业等则尤甚。故各国皆有奖励补助之法。盖诱掖之，使之发展，即所以为国家扩生计，增国力者电。惟奖励补助，宜有制限，奖励须课其成效，补助则莫如保息。新设之公司，资本达千万，则保息之资，平均仅四十万，倍之则八十万，以三年为限，即岁有增加，尽三年亦不过三百二十万。新旧递嬗，而一国之实业，于是勃兴矣。国家筹仅少之费，而民业有日兴之象，税源既活，则国用自充，其利至溥。故本部深愿以此为积极进行之策。仍望两院对于预算案予以赞助，俾得所借手，用福国民。

凡此四事，皆农工商行政范围中应行之事，而以謇艰难困苦中，经验所得，尤视为一日不可缓。故今日所可以告我国人者只此。謇对于实业上抱持一种主义，谓为棉铁主义。以为今日国际贸易大宗，输入品以棉为最。各国棉工厂纱绽数目，英美各国无论矣（英五千七百七十三万一千八百二十九锭，南美一于七百八十六万四千三百九十九锭，北美一千四十三万五千八十三锭）。近考之日本，土地面积少于我二十倍，人口少于我八倍，而纱锭至一百七十三万一千五百余锭，而吾国合中外之厂，仅八十一万。查近十年中海关贸易册，棉输入额多至一万八千余万，此乃海关估价，核之市价，近且及倍。铁需用极大，而吾国铁产极富。以至富之矿产，应至大之需要，岁可得数千万，一出一入，相差之度，不可以道里计。赢数万万，与绌数万万，在国民生计上，当受何等影响，此不待智者而知也。欲赢此数万万，当用何法？则惟有并力注重输入额最高之物，为悍卫图存之计，若推广植棉地纺织厂是；又惟有开发极大之富源，以驰逐于世界之市场，若开放铁矿，扩张制铁厂是。惟为之左右，为之前后者，尚宜有各种之规划，以期发展而稳固。謇尝调查各国棉工厂纱锭数目，与夫世界铁工之需要，而我国地藏之可惜，惊心动魄，不能不生无穷之希望。故此一种主义，敢自信为适当。至若何举办，则视乎人，视乎财，视乎国力。总之，政治能趋于轨道，则百事可为；不入正轨，则自今以后，可忧方大。区区部务，更何足言。所愿与诸君共勉焉。

宣布就部任时之政策

民国二年（一九一三）

　　农林工商者，图治之事，农林工商部者，为人民生利供政府分利之地也。世不思治，治无可图；分利过当，生亦不及。何况民国肇建，内乱外寇，侵寻未已，借款重迭，债权四压。权政府度支之数，则用于军政消耗者，日若不给也，亦当筹用于生活者十之四十之三；权人民漏卮之数，则增加熟货输出者，今兹未能也。当亟求低减输入者千之一百之一。謇智短能鲜，迫受部任，大惧无以应现世所需，餍国人之望。然既叨窃地位，亦不得不以平日尺寸一隅之见，披露概要，就正于国人。

　　吾国有史以来，除盐铁均输铸币屯田外，向无官业，且均为财政或边防之关系，无导民兴业之心。及清季国力日屡，士夫竟言生利，而各省官营业，始纷纷出现。然排调恢张，员司充斥，视为大众分利之薮，全无专勤负责之人，卒之糜费不货，考成不及，于财政上有徒然增豫计溢出之嫌，于实业上不能收商贾同等之利。名为提倡，实则沮之。謇意自今为始，凡隶属本部之官业，概行停罢，或予招商顶办。惟择一二大宗实业，如丝茶改良制造之类，为一私人或一公司所不能举办，而又确有关于社会农商业之进退者，酌量财力，规划经营，以引起人民之兴趣。余悉听之民办。此謇对于官业之主张。至扩张民业之方针，则当此各业幼稚之时，舍助长外，别无他策。而行此主义，则仍不外余向主张之提倡、保护、奖励、补助，以生其利；监督制限，以防其害而已。惟言提倡，则银行之设置，币制之改良，关税之协商，厘捐之裁减，无一不关财政；关税则并及外交。余如邮电、航路之便利灌输，学校、学会之研究学理，又关涉交通、教育。言保护，则商法未经编订，裁判动反舆情，组织改良，事关司法。清匪既关内乱，防乱又关海陆两军，现象一有不安，保护即成虚语。至奖励、补助之关连财政，尤属显而易见。诸如此类，悉数难终。是提倡、保护、奖励、补助之实行，无一不赖各部维持之力。以现状论，补助已不能行；保护、奖励，或可得半。所能完全负责毅然独任者，提倡之外，惟在监督制限之一方。是消极也。消极安望发舒？惟有一方消极，一方即于消极生积极。殚其智之所及，尽其力之所能，期稍副国民之望。此謇对民业之主张。

所谓于消极为积极者，农工商业为类至多，政府人民，财力均困，若事事并营，力分而益薄。且未习之事，创办之始，必磨折乃有经验；磨折之顷，必有耗损；一有耗损，则必失社会投资之信用。此危道也。故与其分而致薄，无宁合而可厚。查前清光宣两朝各海关贸易册，进口货之多，估较价格，棉织物曾达二万万以外。次则钢铁，他货物无能及者。是以謇于南洋劝业会时，即发表中国现时实业须用棉铁政策之说。复著奖励棉业之议，上之政府，彼时政府不之省也。今謇主张无以易此。查英国棉锭数为五千七百余万，日本亦尚有一百七十余万。今中国合中外人各厂才八十余万锭。设使全国上下一致进行，岁岁增加，以五年为一期，三五期后，增至三百万锭，国庶几有实业可言矣。至于铁矿需本尤重，非用开放主义，无可措手。但使条约正当，权限分明，既借以发展地质之蕴藏，又可以赡贫民之生活。其由钢铁而生之机械工厂，亦可听欧美人建设。于工业可省远运之资，于工学尤得实习之地，计所获益，良非浅鲜。此外农工商业，社会或有志愿为之而力犹足以自举者，则但问其业于何地，主以何人，办以何法，以为监督制限之据，不取纷纷也。

　　总之，二十世纪之经济问题，实有左右全球之价值。吾国迭经兵乱，国力益形疲敝，已陷入经济之旋涡，设再玩愒数年，则有此广土众民，已无复自营之余地。謇年逾六十，精神才力，渐不如前。惟此不自暇逸之心，数十年如一日。斯则愿与邦人君子共相策励者尔。

奖励农牧产案

民国三年（一九一四年）

　　本部对于工商政策，多取保育主义，故有公司保息条例之设。然农产品为各种制造品之原料，不有以增殖之，则工商业之发展永无可望。故保育主义又当移之于农业。今吾国输入品之最巨者，莫如棉织物。以市价估计，十年内最高之额，达二万四千万万。欲求外国输入额减少，先求本国制造额之加多；欲求制造额之加多，必先扩张其原料之数量，并改良其品质。然人民思力薄弱，非有政府之提倡，不能引起其增殖改良之兴味。故以为对于棉产，宜用奖励法。奖励之中，又分扩充、改良二法。扩充则注重大农，改良则注重小农。凡集合公司，垦辟荒地，植棉至一万亩以上者，奖一千元；五万亩以上者，奖六千元；十万亩以上者，奖一万二千元；二十万亩以上者，奖三万元。凡个人改良棉产十亩以上者，每亩奖二元；农会、农校及私人或公共团体改良五十亩以上者，每亩奖一元五角；公司改良百亩以上者，奖一元。扩充之棉种，先选中国佳种改良之；采取之种，则以埃及或美洲为准。此奖励棉产之大略也。

　　吾国糖业衰落。由于糖产消乏，制造不精，故外糖输入，其价之最多数亦增至二千七百余万元，则扩充制糖之原料者，亦应在奖励之列。今拟凡扩充甜菜及改良蔗种者，一百亩以上，奖二十元；三百亩以上，奖六十元；一千亩以上，奖二百元；一千五百亩以上，奖四百元；二千亩以上，奖五百元；三千亩以上，奖八百元；五千亩以上，奖一千五百元；一万亩以上，奖三千元。甜菜种采之德国，甘蔗种采之爪哇。甜菜宜寒带地，以之为鸦片烟地之代，则山、陕尤宜，直、东、豫、奉，吉、黑亦宜。甘蔗宜热带地，以之为鸦片烟地之代，则川、滇尤宜，闽、赣、鄂、湘亦宜，江、浙任其便。此奖励制糖原料之大略也。

　　外国毛织物之充斥于吾市场者，数十年矣。民国改制，冠、服皆用呢，而毛织之需用尤广。吾国织呢厂，稍稍兴作，旋即颠仆；即幸存者，亦支离困顿，不能发展。其最大原因，则在羊毛缺乏，或其种类粗劣，不适于用；是又当奖励牧羊之法。今拟凡牧场能改良美利奴羊三百头以上者，奖一百元；六百头以上者，奖二百元；一千头以上者，奖三百元；一千五百头以上者，奖四百元；二千头以上者，奖五百元。此奖励牧羊之大略也。

　　综计以上诸法，每年扩充植棉地至二十万亩，计费三万元；改良棉种至一万亩，计费一万元；增植制糖原料地十万亩，计费三万元；改良羊种十万头，计费二万五千元；共计不过九万五千元。行之期年，闻风而起者必多；第二年后或且三倍。三年为期，国家所费，不及百万，而农产品之增加，并且精美；在国民经济上增益之度，必数十倍；即国税收入增益之度，亦必数倍。此本部筹度之微意，所愿吾国务院审量而赞许之，俾见诸事实者也。至如何鉴定，如何稽考，俾奖不滥施，法不虚设，当别定条例行之。先此提议，敬候公决施行。

附：说明

希望农牧产之发达必主乎多数。但大农与小农、多数与少数之收效，有难易之不同，则奖励率即不能无高下之差异。今更说明于下：

扩充棉产，奖重大农，非大农不能有此扩充之力。故就所拟奖率平均之，万亩之奖为千元，合每亩一角；五万亩、十万亩之奖合每亩一角二分；二十万亩之奖合每亩一角五分。

改良棉产，奖重小农。小农之致成绩也难，而开通风气也普，故个人之奖每亩二元；农会、农校等之奖，每亩一元五角；至公司则专事于此，成绩更易，故每亩奖一元。扩充改良制糖之原料，利在大农，故奖率之递增，与扩充棉产略同。

牧场之改良美利奴羊，少数之繁殖难，多数之繁殖易，故改良三百头之奖，每头合三角三分零；改良一千头者，每头奖三角；改良一千五百头者，每头奖二角六分零；改良二千头者，每头奖二角五分。

拟具官营矿业办法呈

民国三年（一九一四年）

　　窃闻制造之业莫重于钢铁，经济之原莫先于货币。东西各国靡不有炼钢制币之官厂及金银铜铁诸官矿，平时以供社会之要需，战时以备国家之缓急。例如英国矿律，纯取开放主义；而金银二品，则非经皇家特别许可，不得开采。又如日本虽乏铁矿，尚求矿于外，炼铁于内。凡兹策划之周详，实为经国之大计。我国地大物博，号称天府。新颁矿业条例，惟食盐、煤油二种，定为国有，其他各矿在国家方力持开放主义，原无与民争利之心。然如铁如铅，不特为轮轨机械之所必需，亦实为枪炮弹药之原料。而采炼费巨，听民自为，动多流弊。似宜济以官力，免蹈汉冶萍覆辙。至金、银、铜、镍等矿，为造币所必需，亦宜各择一二矿产富饶之区，作为官矿，以为民间之模范，以辟政府之利源。

　　本部仰承大总统提倡实业、力图富强之意，拟即以关于军需之铁、铅二种，及关于币制之金、银、铜、镍四种，凡六种，定为可以官营之业，仍不禁绝民间开采，以符条例而顺舆情。查以上六种矿产，本部久有调查，而未敢自信。上年聘任法国梭尔格博士为地质调查员，择要令其复勘，始有把握。本年增聘瑞典安特森博士为顾问，后经大总统任命英国卫勒博士为技监；一系铁矿专家，一则熟悉金、银、铜、铅诸矿。自到任以来，本部已令分别选定可开之矿。若官营之策，大总统以为可行，即可使之次第计划应设之炼厂。今试先就国家需要较切、本部调查较详之铁矿一端，为我大总统缕晰陈之。

查吾国铁矿，如湖北之大冶，如安徽之当涂、繁昌、铜陵、天长，如直隶之永平，如山西之泽潞，如河南之修武，如江苏之利国驿，皆已由本部陆续派员调查。大冶之铁，最称丰富；然有汉阳之厂，萍乡之煤，以为牵制，经营失宜，耗资甚巨。此后能否改归官办，官办能否挽救，未可逆睹。而汉厂地处险要；设有战事，难期安全。为军用计，固宜别设一厂。至泽潞之铁，虽夙负盛名；近据本部顾问安特森报告，则矿层尚嫌薄弱，恐不足供国家之用。永平之矿，有开滦公司之关系，不易着手。今日国家铜铁业之有希望者，惟在安徽、江苏、河南三数处而已。而安徽控长江之中坚，产铁之区又非军事上必争之地。如当涂、繁昌、铜陵、天长诸县之矿，相距非遥，交通亦便。本年四五月间，经本部调查员梭尔格详细查勘。据称虽调查日浅，但目力窥测，未用机器试钻，不能确定其量；然合数县之矿，必足供一厂之用。而商民亦知该处矿地交通便利，已纷纷禀请领办。问其资本何在，不曰拟与日本商人合办，即曰拟与欧美商人合办。就现在商民办矿之能力而论，资本在百万下者，或能勉集股款之半，以符条例。至于铁业，则开采冶炼，动需数千百万，势必名为合办，实则纯系洋股。推其后患，必至为汉冶萍之续。为今之计，似亟宜明定官营铁业之策，先将安徽铁矿定为国有，其已批准商办者，惟铜山之经铜公司，领地不过一百零八亩，当涂之宝兴公司，领地不过一千一百三十七亩；天长之冶山长合公司，领地不过四百十四亩。幸皆未得各该县铁山之全，且均尚未开办。如能设法一并收回，不妨量予津贴；否则听以华股开采，而由官厂收买矿砂，亦属两全之道。将来官业果能发达，则江苏、河南之矿，亦可连类而及。钧意如以此策为不谬，敢祈迅赐核定，以凭筹备。明知值此财政困难之会，此策虽定，未必遽能实行；惟政策一定，即可拒商人之滥请，而杜无穷之后患。且本部所聘铁矿专家安德森顾问，原居本国要职，告假来华，期止一年。本部亦甚望利用其极短之任期，令携带钻机，确定各矿之体积，预算采炼之费用，选择设厂之地点，一一筹划妥帖，徐待财力稍舒，次第施行也。至详细办法，此时本难预定。大约矿量丰饶之处，则就地设一熔炼生铁之厂；矿量稍逊之处，则就近联合数处而设一厂。其炼钢厂则拟设二处，以销纳各生铁厂所出之生铁：第一炼钢厂专供军用，须择地势稍偏、战时可期安全之处，交通或稍不便，在所不计；当会商陆军、海军二部呈请大总统核夺。第二炼钢厂专炼商品，务求运输便捷，期有赢利。汉冶萍公司如能收归国有，或即以汉阳之厂充之。所有拟将铁、铅、金、银、铜、镍六种矿产，定为可以官营之业，并拟先行筹备官营铁矿、铁厂缘由；理合缮折呈候批示旅行。

关于导淮程序先宜注重
淮河历史地理说帖

民国三年（一九一四年）

  自中国有与美国借款导淮之议，美国政府与红十字会派工程师锡伯德等远涉重洋，冒暑亲临淮河上下游勘视，厚意甚可感。然工程师所偕来测量者仅十三人，订时仅三阅月，淮水范围所包兼泗、沂、沭，其流域之长，几一千七百余里，乌能里里而测，丈丈而量？即凭中国四年来实测预计之图，亦不能一一复按，铢铢比较；但准图用抽测法，较其所差若何，前测者是否可信而已。此则地势为之，时间限之，不得不然者也。测较既竣，即须预计。预计之次第：先计淮、泗、沭如何泄泻入海之路，路分几道，方能有利无害；次计每道长、广、深度若干，乃能配定河底；次计人工土方之价，及机船土方之价，比较其工程迟速，时间长短，款数省费，次计各项用度；次计五年内河未全成、岁收于得河利益各地赋税之数能否付息，五年后河成、可增岁收田赋及通行之税数能否付息，并分若干年还本，似亦一定程序如此。然则今当先研究淮、沂、泗、沭，宜从何处泄泻入海，又宜在何处分流，何处合流，使相资而不相犯，乃未施工以前所当认为第一重要问题者也。此第一重要问题尤有前提焉，则我四千年来关于淮河利害之历史与三十余万方里内关于淮河利害相因之地理也。不研究历史，则与泗、沂、沭与黄河分合利害关系之成案，无由而知；不研究地理，则淮、沂、泗、沭昔何所凭而为分为合，今何所恃而或分或合，以及分之分数，合之远近，亦无由而知。故宜先举历史，次言地理。

中国古代有名言曰："欲知未来，观以往。"又曰："不习为吏，视已成事。"本此意述淮之历史，与淮有关系之江河历史。

中国治水，自夏禹始。禹之治水，顺地高下之势，导西北高山平原之水，各自入海。其经流四：曰江、河、淮、济，相隔各数百里，后人名之为四渎。渎，《释名》：独也，言独出其水而入海也。自夏至今，四千余年，四水之中，惟河为患。然第一次在殷中叶，距禹时约八百年，河自为患而不及淮。至汉武帝元封。河决濮阳瓠子口，注巨野（今山东济宁县），侵淮、泗，次年即塞；此为河患害淮之始。然元封距殷中叶，已一千二三百年，自此更八九百年，至五代时，梁人为阻晋兵，两次决河于酸枣（今河南延津县）、杨刘（今山东东阿县杨刘店），人为河导，从此遂渐成南徙之势。宋太祖时，河决温县荥泽顿邱，泛于澶、濮、曹、济诸州，东南流至彭城界（今江苏铜山县），此为河入淮之始。真宗、仁宗两朝；河数决，日渐逼淮。迨神宗熙宁十年，河大决于澶州曹村，北流断绝，河适南徙，东汇于梁山张泽泺（在今寿张县梁山下，即古巨野泽也），分为二派，一合泗水（即南清河）

以夺淮入海，一合济水以入海（济后名北清河，今自东平县北出曰盐河，流经济南县曰大清河）。十一年决口复塞。金明昌五年，河决阳武故堤，灌封邱而东历曹、濮、郓、范诸州县界，中至寿张，注梁山泺，仍分南北二派，如宋熙宁河决时。元至元中，河徙阳武南，夺涡入淮。然其时置洪泽芍陂屯田（事在至元二十三年），则河虽夺淮，其势未盛。迨泰定二年五月七月，河再涨决，且灌汴渠，至徐州东北入泗夺淮，于是河之逼淮，益岌岌矣。然河之入泗夺淮，由于涨决，人人知河、淮之不可合并，时为之障塞而减其患。自元世祖以蒙古人入主中国，不深究河、淮不可合并不可通之害，至元二十六年，开会通河（即今山东漕河之故址），以通南北漕运，于是运河与黄河成交叉线，而河有南趋之路，古所谓江、淮二渎者遂并为一，而河、淮俱害。故昔人谓淮病在河，河病在运。盖治河者必先保运；运河之口，常为河流之浊泥所淤垫，于是为运计，一不得不以黄济运，筑堤抬高黄河，而不措意于淮。淮益不治，壅溃之患，无岁无之。至明万历间，潘季驯治河，定蓄淮攻河以清刷浊之策，因坚筑高堰，将大涧小涧诸处闭塞，障全淮会于清口（淮水清，故名清口），并力以攻黄河之浊。而一遇淮涨，泗属被灾益广，后乃议开江都县金家湾芒稻河，泄下河诸湖入江。是后杨一魁、褚鈇定计分黄导淮，开桃源（今泗阳县）黄坝新河，自黄家觜而下至渔沟浪石及安东北（今涟水县），俱疏为河身，分泄河水于五港灌口以入海；辟清口沙七里，建武家墩、泾河闸，泄淮水由永济河下射阳湖以入海；又建高良涧减水石闸泄淮水由岔河泾河亦下射阳湖以入海；建周家桥闸，泄淮水由草子湖、宝应湖入子婴沟下广洋湖以入海。终明之世，治水者能兼治河淮，仅此一事；惟其策则亦以海为淮之归墟也。

前清沿元、明之制，以转漕京师之故，专重治运，于河、淮之关系不加考察。至咸丰五年，铜瓦厢决，河自北徙，即有议者谓宜即此时治淮；不即治，淮必有灾。盖道光朝河决吴城堡，淮已大受河泥之垫，而咸丰、同治两朝南北皆有匪乱，不暇治，乱定又不即治。迨光绪二十二年以后，淮频告灾矣。至三十一年大水，沿淮、沂、泗、沭各县乃大灾。综言七八百年以前，淮，沂、泗可合，而河与淮不可合之故，非独河强而淮弱，河浊而淮清也，抑又有地理之关系焉。

中国地理但有平面开方图，而无水准高下图。河、淮地势之高下若干，言治水者亦只凭流向之目验以为准，自较仪器测量者精粗有别。然中国地势无不西北高而东南下。禹昔导河，凿龙门使河从而下，北载太行之麓，南有陪尾（泗水县山名）夹之，初向东北，曲折入海。自此以后，河因地势渐侧渐南。故昔之河在河南荥泽县，北径获嘉、原武、延津、浚、内黄、汤阴、安阳、临漳等县，历五百余年。至殷仲丁盘庚时，徙至荥阳矣，又千二百余年而徙至山东。自此以后之决，无不在河南、山东二省者。至河既夺淮，乃亦决于江苏。推究事实，若非元时漕运须绝流渡河，则河、淮尚可分离，不至以运病河，而以河病淮。盖河底高而淮底低，河流浊而淮流清，河源长而淮源短；高必加低，浊必涌清，长必夺短，势使然也。是为淮计，必使与河划分，复古代二渎之旧，此为上流受水言也。若为下流泄水计，则海口、江口均低于淮河之底，清江浦分局测量图固已明载其高下相差之丈尺。是即划半分入江海，亦非绝不可行之策。而吾前所主张七分入海，三分入江者，其理由所在，更论次如左：

甲、复淮、沂、泗三故道而使入海。故道者，杨庄以下之废黄河，即最初之淮河也。河槽甚宽，可容纳积流；其利一。河堤甚高，因其旧制而修缮之，不必兴巨工；其利二。如嫌云梯关下滩长路远，亦可从六套北堤，循太平河而东，由套子口入海，其利三。或并分由灌河口入海，亦为便捷；其利四。浚张福河引洪泽湖平漫之水，北出清口，会中运、沂、泗之水以入海，使洪泽湖全湖涸出为田；其利五。

乙、定沂、泗、沭入海之支路。淮水本干在清口以下；其清口以上，今名运河，实则泗水之旧路，其流量本多。沂在泗东，沭又在沂东。夏禹时淮、沂、泗会于淮浦，由云梯关入海（今涟水之东）。自黄河夺淮，一河不能容众水，故历朝分疏为盐河，为蔷薇河，为南六塘河、北六塘河；令沭从蔷薇河出临洪口入海，令沂、泗从运河至清口会淮；一枝出云梯关或套子口入海，一枝在宿迁之刘老涧分泄，经南、北六塘河出灌河口入海。其盐河利用，为大水时由淮阴之双金闸分泻各河盛涨之水。同此灌河，平时亦利用之以济盐运。其地势较旧黄河尤低，宽仅十五六丈；故用以泄淮不足，用以兼泄淮、沂、泗尤不足，但可用以为分泻诸河之路耳。

丙、定淮水入江之支路。江、淮沟通既久，非徒利舟楫，即淮安、宝应、高邮、兴化、东台五县之水田，亦利其灌溉。况淮虽导治，亦须为盛涨分泻之预防：仍分一路，由洪泽湖之三河口建闸，引水历金沟下高邮、邵伯等湖，至江都之十坝，经三江营入江。

丁、以上所言，以治淮为重，故专就淮论。若溯泗而上（即今通山东之运河），过山东南旺镇以达天津，所谓元时会通河者，为腹地交通计，亦不可不治。治则泗活、沂活而淮亦活。谓宜于南旺以南，自台庄至韩庄原有八闸者（台庄闸十二里侯迁闸，八里顿庄闸，六里丁庙闸，十二里万年闸，六里张庄闸，十二里德胜闸，二十四里韩庄闸，共计距离八十五里。按台庄至韩庄共九闸，因六里石闸不著称。六里石闸在张庄闸德胜闸之间，各距六里，故经称八闸），就其处各加一闸，仿欧制为重闸；而并改其旧，于南旺以北开河闸袁家口闸之间，亦宜加为重闸：其穿黄而过之处两口，均各建重闸。如是则昔之会通河为病于黄河，今即可因其病以为利。故虽不在导淮范围以内，而实不出与淮关系之外。此须与明于河海工程学专家一讨论者也。

中国河淮之历史，年代既长，地理之更变，亦极复杂。古图散失，无从取证；古书则多至千百卷。美工程师以三月最促之时期，无从尽知。然美国慈善家昔助我以拯灾之资，今又许借我以兴工之款；邦交之义，可谓极盛。而利害所关，刚在我为主体；不敢不以夙昔研究所得百分之一二，为美工程师讨论之权舆，规划之资料。是否适当，须更测淮与河地面河身之高下，通筹合较矣。

为南通保坍事声告全国及
南通父老书

民国七年（一九一八年）

保坍之事，自建议迄兴工，历十余载。我父老兄弟，既
习闻而习见之矣。汉人言："左堤强则右堤伤"，谚言："此岸
涨则彼岸坍"，事理彰彰，无古今一也。涨坍之分，原于流向
之回曲。有回曲则有迁直，有迁直则有缓急。一曲而直则必
急，不当其直则必缓。缓则涨，急则坍。嗟夫！国无治理江
河之人，而听水流之自为趋向；无任责者，惟有诿诸天，民
无如何也。若汉人之言，即有人事矣。谓左堤强孰使右堤之
不强者；谓左但强右自伤，孰使右之甘受其伤者。吾通之保
坍，吾通之人盖知世界自有治理江河之法。前不欲以当尽人
事者诿诸天，今不欲以非天所命者，听人之强举我所不欲者
蔑视我而加诸我。

夫南通非我一人所得私，我于江滨坍处无寸土，被坍失业
之民无一戚故，我无私人利害毫发于其间。然我一南通之人
也，彼蔑视南通者，胥南通之人而概之，而我其一也。蔑我县
而蹙我土，殖彼利而害我民。下结群丑，上通长吏。光天化

日，舞其蚩旗。是可忍孰不可忍！仆老矣，坐视国事蝒蜻，人心大死，既不能逃于空虚，蜷曲一隅，尽我生人应负之气，辛苦艰难，求几自治。而犹有聋盲我上且我者，一息尚存，必不可忍。天下之人，得无有疑仆争心未化者乎！请与天下之人，先言我南通保坍之历史。

南通滨江，天、芦、任、姚四港之地，袤长几三十里。四十年来，渐次坍于江，远者几十里，近亦六、七里，以至少计，已逾十万亩。辛亥飓作，潮来薄城止里许，于是里人保坍之议始定。先是十余年，亦尝援江浙滨海州县塘工例，请于省，请于部，或拨款，或截粮，及时筑榤，保地恤民，省部悍然不顾也。至是谋自救而定议。然而施工之计划未定也，施工之经费无着也。乃一面延请工师估勘，一面乃请命于政府。以为民国国体，当以民为重，民国国政，当以民为先，而省不许如故，部不许如故。然事固不可已。乃以上海浚浦工师奈格海德生，天津海河工师平爵内，英、荷工师葛雷夫、贝龙猛，全国水利局工师力维因，先后勘测估计之办法。延奈格工师之子特来克复测复估而定计划。集款则政府既歧视南通不得其助，乃议丁漕带征不成，议借款由政府担保又不成。事终不可已，最后始有沙田归公之事。事定兴工，又有所谓某党某甲，以少数业户不便于私之心理，大敛民财，起而反对，诬词逞讼。卒以事实不可掩，公理不可逃，折归于理。凡此所云，积牍盈尺，可复按也。顾其时尚未有段山夹坝之横议。段山故如皋境地，江坍北徙以后，山徙而连于江阴境。江流至段山分而三，一大支折而北，为航道之深泓，两小支顺而东，夹盘篮沙而下。广各三、四里，为江流分泄之道。常熟人曾璞忽中于沙棍

第三编 实业建设

之说，图于段山筑坝，逼全江之水北流。俾段山之东，合两泓而涨连盘篮沙为一。谓可得地十万亩，值可千万。时直武进张寿龄长财部，翊赞帝制，热于聚敛，曾乃许纳三百万，歆张以求助；又歆昔之省长助之。曾遂一旦兼任官产清理处处长、沙田局局长。由是曾任其县人季通清理南通、海门沙田来商。当此之时，通之因筑櫂坍保而测验江流速量屡矣。图表分明，利害灿著。遂正告季："事关人民生计，两利上也；利己而不利人次之。若害大多数人而图少数人之利，必不可。"季语塞而心未已。酝酿久之，一面令人仍来说助成筑櫂，而吐吞损益其助之数。一面幻化一江常保坍会，避段山而坝盘篮沙，而以江阴人徐忠领之。率合江、常并南通之沙棍组其事。以为保坍袭南通之先例，坝盘篮沙免段山之嫌疑。而以坝易櫂，刻日而成。成则地可卖，卖而有钱，则可以运动，可以分肥，可以资讼。而曾璞为处局长，则可以通官厅；季通为议员，则可以通议会，饵县知事。徐忠与群沙棍设聚丰公司，起屋树旗，且先卖田，且迅筑坝。张大招摇，则可以卖弄手段，愚炫乡农。南通于此鬼域之情状，虽已窥见一斑，然应之不敢不出于正。于其私坝未筑之先，则保坍会电禀省长，省长饬江、常两知事，有禁筑之令；于其将筑之顷，保坍会复电禀省长，省长复饬江、常两知事，有拿办私筑人之令；于其筑成之后，保坍会迭次电禀省长，省长复有饬通、如、江、常四知事会饬之令。以为国虽乱，犹有政府；省长命令，必可行于县知事。而孰知江阴县知事陈思不然，于徐忠等之设保坍会设聚丰公司也，公然为之出示保护；于其私筑夹坝也，公然为之派警弹压。会勘则公然不到；饬禁饬拿则公然不理，而私坝遂成。坝成以后，江流改向，逼而北趋。首当其冲者，如皋之张王港、丝鱼港，半年以来，坍塌四千六百余亩，较未坝以前之半年，顿加三倍矣。次当其冲者，通之任家港、姚港，已成之楗第六、七、八大伤，第九、十楗尤伤，楗根坍而离岸。凡两楗之间，坍地日必十余丈至二三十丈，较未坝以前之半年亦二、三倍矣！被害之酷如此。孰害之？江常保坍会聚丰公司之私坝害之！是会也，公司也，县知事许之，省长未许也；是坝也，县知事抗违省令而保护之，祖成之，已足怪矣！然以江、常之人害南通，以邻县之官害百姓，即曰昧良丧心，犹可言也。所尤可怪者，省长于江、常、通、如之土地人民，必曰一视同仁也。以为省长不知其非乎？既明明令禁矣。禁令是否儿戏？谓为儿戏，县知事可儿戏省长，何一人不可儿戏省长者！谓为儿戏，伺以私坝成后，迭据公理、民情、法律、案牍，电察省长，请饬开坝，省长一复曰"查勘"，再复曰"查勘"；令委员又一则曰"查勘"，再则曰"查勘"。不知省长之"查勘"何时可已？岂省长目中未见通、如人民"请开非法私坝"数字，而心中但知"查勘"二字乎？抑科员以"查勘"二字为圆滑，上可迎合省长缓其冲，中可结合曾、季同其利，下可搪塞通、如人民急遽之请，而故延其期以厚盘篮沙新涨之沙，而尽残我通、如沿江之地乎？此已至不可解。其尤有甚者：则我南通之人，明合于聚丰公司曰顾某，曰倪某，曰张某，犹曰此亦向之沙棍也。而暗合者，尚有某甲、某乙、某丙、某丁，或投少资，或分千股，为之效劳，为之通气，为之设谋。大率以八面之锋，取两头之重。天夺其良，利丧其魄。诗所谓贪人败类者，恐九泉之下，更不止九渊也。

　　顷闻省长入某之策，意主调停。调停亦非绝对不可者，顾目前决非开坝不可。开坝而后调停之策可行。曷言之？闻彼聚丰公司人计划之言曰，今盘篮沙私坝以东新涨之沙，可得四万余亩。亩值百元，可四百余万，减半亦二百余万。若尽段山以东涨合南北两泓，可得地十万亩。亩值百，可千万，减半亦五百万。彼沙之地，诚有是值，是也。然此未来之利也。而合通、如两境沿江私坝成后损失之地，长袤六七十里，坍进一百八十丈，即一方里，即三万五千亩。每春、伏、秋三大汛，一汛日坍二十丈，九日即一里；日十丈，十八日即一里；一年至少即一里，二年即须坍失七万亩，三年则十万五千亩。江不坍则值稍亚于彼沙耳。以我上驷，当彼下驷，亦值二百万、五百万。而贫民之田庐、坟墓，转徙流离，所损不可计。且三年，则北之如境，江直浸入运河。南之通境，江直紧逼城下。又当如何？若已成之槿，所受损失，已二十余，堤亦数万，此必然之害也。得失亦瞭然矣。调停者曰："无论盘篮沙以东，段山以东，设坝而涨，地当尽为省有。而通、如保坍之槿，前后所费，及坝成后地亩损失或百万，二百万，省任之。"必通、如不复坍而后筑彼坝，是也。则试问长江三流并一之量何如？速何如？向何如？槿工视今二倍三倍不可知，费何如？视今二倍或三倍之槿，柴石采运之数何如？施工期何如？测未来，视已往。謇十阅（岁）甫成今日之十槿，况槿数多而工加重，欲成通如全境可以保坍之槿，殆非三年所能竟。则试问此三年中，坍状何如？必南流分而北流杀，然后槿工可施，而剧坍可稍缓须臾也。即曰坍地省自任赔，则少赔宁为非计。况侵如运，逼通城，省将无法赔偿乎！故曰："开坝而后调停之策可行",目前决非开坝不可也。省长而犹有所迟疑乎?犹将以圆滑为缓宕之计乎?通如之地,政府犹未划出于千七百余县之外,通、如之人民,犹是戴发噙齿之伦,犹未尽死,必自为计。纵有危害,请加謇身。謇老矣为地方而死,完我村落之志愿,浩然无憾!我全国明公理父老听之!我南通有良心之父老听之!

江淮水利计划第三次宣言书

民国七年（一九一八年）

　　徐、海、淮、扬之面积计合三十万方里，地势坦易，耕植得宜，为江北之良好平原；而水利不修，于斯为极。夫黄河夺淮以前之水利，已不可考；黄夺淮时之水利，亦姑勿计；所最可惜者，河水北徙，于今六七十年，江、皖人民竟不能规复淮水旧状。间有二三忧时之士，如丁显、冯道立辈，类皆建议而未有所成。于是淮灾迭见，凡汇淮入海之沂、泗，俱形壅滞，卒至沭与沂亦交互为患。謇目击淮祸，而思有以却除之；处心积虑，四十余年矣。清宣统二年，謇于江苏咨议局，建议导淮，以测量为前提，设局于今，七阅寒暑，中间膺命承乏水利总局，筹工筹款，议不一议，内忧外患，相逼而乘。综计江淮测量局七年之中，因兵扰停顿者再，因款竭停顿者三，实测时期不过三年有半。凡关于淮、沂、泗、沭之干河、支河、民地、荒地，及皖省蚌埠以下淮北之干河、支河地势，豫东之巴减三河，历届施用三角水准平面流速各种测法，绘图帖说，次第告竣。謇于江淮水利全局之政见，曾于民国二年、四年，先后披露以就有道之正，其不为丁、冯诸君之续否也，抑有天焉。微闻人言，淮扬如里运河以东农田灌溉，仰给于淮，似淮不必治。岂知灌溉之水，利水也；窨所欲却除者，伏秋暴涨之水，害水也。利与害为对待，去害乃能生利。如将灌溉之水排泄之，则干涸为灾，与沉沦致患，为害正同。何不惮烦而出此？测量者即分晰来水、去水应有之成数，求使水土各得其平之事业也。兹检阅历届成绩报告，廿年层念，不禁怦怦动于中。爰将江北全境之水，关于从前之利害，及将来施工之程序，分甲、乙二说，为最后之宣言如次：

甲　利害关系

一、淮水

淮水源自河南之桐柏，渡皖入苏，包括豫东皖北之两区五十二万方里。苏境承受来水之面积，如今日之淮扬两属，不过十三万方里，其中潴水之湖，如洪泽、高宝、射阳亦占一万六千方里有奇。考洪泽旧为滨淮村涨（康熙年尚有烟户数十家）；高宝乃里运以西之二十四小湖；射阳古县名，其所以沦陷为湖而融成一片者，黄河夺淮之趋势也。姑勿论此一万六千方里，多半占据民田，即此日形淤垫之诸湖（洪泽东底较最初时已垫高一丈二三尺）能望其永久承水，保存合宜之水位乎？民国五年，洪湖水位高于高宝湖一丈五尺，高宝湖水位又高于下河民田一丈八尺，合计为三丈三尺。下河田庐距此高高在上之积水，仅一堤之隔耳；一有罅漏，浸灌立至。同治五年，清水潭之决，下河沉没千万户，岂徒财产损失而已。然此但就苏省言之也；五年调查皖北滨淮地面，在洪水位以下者，约合十五万方里。假如此十五万方里之人民，一旦各知自谋，筹兴水利，则水位之低降，至少以三尺计。然水若东下，已淹没淮扬全境而有余，尚何洪泽、高宝诸湖承水之足恃。

二、沂、泗

沂水源出山东蒙沂诸山，由郯城入苏境之齐村，括上游两区四万余方里；泗水源出山东泗水县，经南旺、昭阳、微山诸湖，由黄林庄入苏境，括上游两区，合汶水计八万余方里。是邳、宿、泗、淮等县供沂、泗游衍之六万方里地面，共负上游两区十三万方里地面之水。查泗水来源较远，且经鲁南诸湖为之存积，入苏之量，向不骤猛。沂源既近，地面高亢，上无湖沼，来水之涌，二十四小时内，增加沂河水位至八尺以上。旧时沂本泗（郦道元注《水经》：沂于下邳北分为二水，一于城西北入泗，一经城河，屈曲亦注泗），自泗夺于黄（淮阴之扬庄以上旧黄河为泗水故道，徐州以上为汴水故道）流量缩减，遂辟六塘河引沂由周家口经骆马湖入六塘以入灌（康熙年靳文襄既开中河于河之北岸，别开六塘以泄骆马之水）。自周口塞，骆马淤，芦口圮（芦口顺治十六年冲决，乾隆初年筑坝，不久而圮），秋季水涨，沂由二道口、沙家口、徐塘口入运，（二道、沙家口系古之武河）同时泗挟上游及泇河、不牢河之水，自运东注，以邳、宿两境为交点。两两相抵，水位陡增。按民国三年芦口流量，每秒至六十四立方丈，邳、宿地面积水至一丈七八尺，经六阅月之久，尚未乾涸。沂既入运，复由宿迁之刘老涧等处转入六塘；泗、淮境内，又因宣泄不畅，溃决每在六塘以北，以致沉灾。《禹贡》云："淮沂其乂"；可知江北水患，淮之外厥惟沂，古已如此。

三、沭水

沭水与沂同源，由红花埠入苏为大沙河（旧志："沭水由司吾山西南流入泗。"又："涟水即沭水，下游为淮之支津。"）。至沭阳之新何镇，分为前后沭河，又分为官田、柴米二河；港河为之中枢。蔷薇河为大沙洞下游，乃沭水东下之入海干流。按沭在苏境。流域占一万八千余方里，其盛涨时期，较沂水尤为短促（沂、沭来源涌而暂，故土人谓之时令河）。所虑者红花埠至沭阳，准直线计程八十三里，高低差七丈一尺八寸，倾斜之大，为淮北所仅见。一遇暴涨，数小时内，水深盈丈。旧有硕项、青伊、桑墟各湖，为之承受输送。今则硕项之涸，二百余年（南北六塘之一部份，按诸旧志，即在硕项范围以内）；青伊、桑墟，皆成平陆；蔷薇又复淤塞；红花埠之水，不及东下，即西入墨河，至司吾与峰山之间（马陵山麓），夺地而东，直灌砂礓河一带，与六塘河横决之水为对抗，俗所谓"沂沭见面"灾乃奇重。

乙　施工计划

一、治淮

治水必审来源，乃能定施工之计划及先后。民国三、四两年，淮水之总流量大于沂、泗十二三倍，五年则大于沂、泗二十四倍；故施治在所必急，而尤以低降洪水位为施治不二之方针，即所谓却除猛涨也。元年以前，洪湖中部最大之洪水位，高出海平面四丈五尺七寸；五年八月则高出海平面四丈四尺一寸。高宝湖水位高于海平面二丈九尺。兹按上下游之地势，及湖河之堤岸，知将来洪湖之洪水位，以高出海平面四丈一尺为度；又查六年份最小水位，知将来洪湖之枯水位，以高出海平面三丈四尺（六年六、七两月之枯水位只三丈一尺），平水位以三丈八尺为度（将来里运河中部之洪水位应高于海平面二丈四尺，枯水位应高于海平面一丈五尺，六年枯水位只一丈）。其低降洪水位之法，则在整理入江之路，兼筹入海之路，以增加泄量；其保存平水及枯水位之法，则在建筑适宜之坝闸，规定启闭之制度，以维持容量（将来之洪泽、高宝湖水涨为皖北泄水时之屯水柜，水退为江北蓄水时之屯水柜乃为得宜）。

曷言乎淮水入江之宜整理也？淮水总流量之比较，据五年份实测报告，入海只占入江百分之六。蒋坝为洪湖之尾闾，金湾、西湾、凤凰、蝎虎等处旧名十坝，为归江之口门。坝之建筑以乾隆时最为完好（当时均以三合土为基址，底之高下以次递降）。启坝亦有定制（旧志：十坝启放以三里沟闸水志为标准。闸志承水一丈，无论何时，启金湾及东西湾坝；一丈一尺，启蝎虎、凤凰、新河等坝；一寸二尺，启拦江、楮山各坝；堵坝亦如其量）。旧时坝之共宽一百八十七丈；民国二年实测，已增至二百九十五丈四尺。三合土址荡然无存；启坝堵坝，听商人自便，无标志之可遵。蓄泄既无方法，自旱潦均致为灾，而五年八月各坝最大流量，每秒二百三十六立方丈，此现有之去路也。因势利导，为治水之良法，其关键在蒋坝及归江十坝，故各坝之建设，即当参照历年江水、湖水之升降，及河湖平水、枯水之限度，以订高下启闭之成例，是为最近之效果（大凡闸坝之制，夏季水涨，水面居平水与枯水之中数，即当开放；秋季水涸，其水位在平水以下，即当堵闭）。曷言乎淮水兼筹入海也？五年份入江每秒所得之二百三十六立方丈，仅占盱眙淮水来源十分之六耳；果尚有十分之四存储在洪泽、高宝各湖也。将来之洪水位，既须低降则倾斜小者流力缓，流量必损于从前，况五年八月，江水低，沂泗弱，淮水经行及泄泻之地，前无所抗，后无所乘，流量之巨，本自偶然。就令十坝改良，流量顿复旧观，而皖省治水功成，必然增其泄量，恐存储各湖者成分又不止十分之四。故入江尚未能收导淮之全功。灌河、射阳河，皆入海宽深之良港也。惟灌河为沂水宣泄之路，淮水加入，似有未宜。射阳自泾河至裴桥，尚有倾斜。射阳湖地位，如能容纳一月时期每秒二百立方丈之来水；及阜宁以下之射阳河，盐城之新洋港，退潮时每秒如能有二百立力丈之泄量，则引淮入射，最为便利。惟据流速及容量之计算，未能确有把握，则不如取用旧黄河之流弊较少也。旧黄河堤内河底，间段有高出堤外地面四五尺者，工程较巨。可自淮阴之西坝至涟水之云梯关，以旧有河之北堤为南堤，于距离适宜之地，另筑新堤以资行水，云梯关以下则得顺下之势。彼此比较，省便实多（此说山阳丁氏曾以为不可行，其实未然）。且此非特为淮水筹去路也。沂、泗汇淮之地在淮阴之杨庄，即旧黄河之上口。如果下游疏治，而杨庄建筑闸坝，权衡淮运平水、枯水之度，其启闭与蒋坝相为表里，则任河淮涨运涨，据近时河身之高度计之，如淮运水位高出海平面至三丈二尺以上，当然下注（民国四年杨庄草坝下泄黄河之量占运河、沂、泗来源百分之六，五年则占张福河、淮水来源百分之六）。但如五年八月淮水直抵杨庄，因旧黄河下泄不畅，致中运之沂、泗，至盐河闸以下，无流量可计者十二日。淮强则抗沂、泗，为必现之事实。故旧黄河浚辟，论其事所以治淮兼治沂、泗，究其利既在淮扬并及徐海（徐、海患在沂沭。沂能有一部分会淮入海，则沂害减，沭沂对抗之害亦轻矣）。

二、治沂泗

泗如不扼于沂，则中运河之宽深，未尝不可收承受转输之效。沂扼而泗不治，则为治泗计，分沂其先务也。由周家口经骆马湖入六塘，本沂水经行之地；今则旧道虽不能尽复，而引沂东下，当为唯一之治法。至如卢口者，沂水扼泗之门户也；刘老涧者，运水入六塘之门户也。民国四五年之流量比较，凡于大水时期，卢口之沂水入运与刘老涧之运水入六塘，彼此适等其成分。可知沂即入运，并未轻减六塘河之来水，而邳、宿之灾，乃因沂水之运绕而成。故卢口及刘老涧皆应建筑坝闸，调剂盈虚，为之限制。凌沟口为砂礓与六塘交会之处，武障、龙沟为南北六塘直接灌河之处，旧时均有石坝，今皆倾圮。凌沟坝圮，则沂水犯沭；武障、龙沟坝圮，则泄沂之量失其标准；皆于治沂计划有极大障碍。武障、龙沟之启闭，古昔定制，未必尽适用于今时（旧志：南北六塘入灌河之处均有石坝，越河有草坝。乾隆初年；海州牧订立水志：计坝高于河底五尺，低于西岸民田二尺；水如漫坝一尺，则开越河草坝），然其遗意犹堪取法。兹按历年上游来水之量，知武障各坝能于退潮时每秒泄百立方丈之水，则邳宿等县可淡沉灾（其坝之宽、窄、深、浅，即准百立方丈之泄量为根据；坝之启闭即按上下游之地面及盐河、六塘之交通为标准。如果旧黄大治，沂能分部会淮入海，则武障、龙沟之泄量即可减半），而泗水乃得以疏浚运河为治矣。查中运为沂泗经行之地，里运为淮泗经行之地，其位置横贯于徐、海、扬属，固为世界有名之河渠，亦为江北完全之水道。浚深疏展，乃江北治河之通例，非特运河为然。四年预计书中曾估计各河土方工程之代价，兹不赘述。惟中运、里运之枯水位，均当以河内存水五尺为度，其关键则上游在杨庄坝，下游在归江十坝耳（杨庄坝与归江十坝已详《治淮说》）。

三、治沭

沭水旧由灌河入海，以硕项湖为潴水区。自黄夺淮流，沂不入淮，以灌河为入海之路，沭遂北徙，由临洪入海（黄水夺淮，淮乃南徙，会淮之沂、沭乃北徙矣）。蔷薇河为入海干河之中部，其由盐河转输入海者，不若临洪之捷直。为治沭计，当以疏浚蔷薇为入手办法，而青伊湖以上之大沙河，堤防残缺，青伊湖以下之蔷薇河，本无堤防，尤当及时修筑。青伊镇为河底倾斜稍缓之所，上坊集为海水倒漾不及之地，刘项为上下水冲激最甚之处，均宜酌设闸坝，以资操纵。十字桥之蒋家闸，旧时节制沭水入沙礓河，仍当修复。而前后沭河、柴米河皆所以泄水入盐者。当于盐之东岸疏通烧香或车轴河，沭水大涨时使之分泄入海，则来水虽猛，有此南北两流使之东下，应不至泛涨横决常为沂病，以病徐、海。

謇综核以上所述，知江北不治淮，或治淮而不入海，则旧黄以南之淮扬地面有极大之危险，若淮水直趋杨庄，危险且及旧黄以北。而且沂不治则病泗，沭不治则病沂；中运、里运不治，则淮、沂、泗无共同行水之道，灌溉交通，两失其利。吾徐、海、淮、扬数千百万人民，各与有自身生命财产之维系，而必视为缓图；若果犹是人情，应不出此。惟水固当治，治必需款，无款而为空言之责备，亦非所安。謇于民国三年，曾与美国红十字会订立借款合同矣。岂不知利率之负重，条件之烦琐？只为巨款难筹，不得已而谋之。嗣为欧战发生，一再延约，卒以罢议；而吾江淮水利，永久不能举办。是吾人之生命财产，将尽寄托于外人金钱势力之下，岂非奇耻大辱？民国四年，謇著《治淮预计书》，估计施工款额，合江、皖北为二千一百余万元。当时据皖员报告，皖北需款只二百万元。謇于今日，亦为皖境测事无款中辍，仍不能为正确之估计。但按诸略图，知隋堤以南当先治淮，隋堤以北当先治滩，至颍、涡、浍、沱各河之施治，当为第二步；款之总数至少以千万元计，合共为三千万元。以江、皖北人民之财力，断非一举所能集事，仍当分开筹办，权衡轻重，急其所先。姑以十年为期，每年任筹三百万元。以江、皖北被灾区域三十万方里计之，每亩之负担计银不过二分，尚非难事。即缩短其期为五年，亦不过每亩四分耳，何至病民？若常此不治，则此三十万力里被灾之年，每亩之损失至少以六角计，则为一万万元矣。吾江、皖人民何不尽此每年三百万元或六百万元之义务，以保存此一万万元之利益？謇，江苏人也，与皖则唇齿相依之地也。治淮问题，江皖之关系密切，故江北施工之规划在在为皖北留泄泻之余地。良以治百里之河者，目光应及千里之外，治目前之河者，推算应在百年以后；使非统筹远虑，将来流弊丛生，谁任其咎？敬告政府：江、皖北者，国家之江、皖北也。国计虽艰，民生实为国本；欲为民生，事业无重大于水利。敬告皖人：治水果能通力合筹，无在不事半功倍。江、皖同一淮水流域，划界为治，两有不利。敬告苏人：勿以上游拟治无期，而下游之计划仅顾目前，致贻将来无涯之大戚。睿虽老矣，夙志所在，愿观其成，固不论事之谁属也。江淮水利测量报告，计分四届，汇成七册，当另资付印，饷吾同人。

上书国务院

民国七年（一九一八年）

总理、总长钧鉴：

时事之艰难极矣。謇独居深念，时而忧国计，时而忧民生，忧之而无如何也。抑虽无如之何，而忧之弥切。忧国计，则以为莫大于变盐法。刍荛之言，尝一再贡之当世贤人君子矣。忧民生，则以为莫切于修水利。导淮之议，一倡于前清之季，再建于民国之初。七八年间，亦尝从事于测勘，亦稍稍有成绩报告。以借款未就，至今沉寂，未能兴作，且与变盐法同一空言而无实效。国计乎，民生乎，其为无望也乎！如曰吾尽吾言而止，效不效听之，则心滋戚也。今者，直隶、山东、河南六十余州、县，先后以水灾告急，切筹工赈，动辄百万计，而工之若何而施尚不可知。今冬宿麦不得下种，明岁仍无所得食。赈且未有已时，度其究竟，当不下数百万，而民间田畴庐舍、商贾财货，以至家用什物、公私巨细财产之损失，又不可胜数，约言之，当不下万万也。直隶、山东、河南既如此，长淮几千里，淤者日淤，垫者日垫，水无所容，又无所泄，眉睫之祸，发不可以时日计。一发之后，筹工筹赈又数千万，小民荡析离居，公私巨细财产之损失，又不下万万。国将若之何？民将若之何？谁秉国成，我总理、总长亦尝一计及之否耶？謇以好建言闻于世。或以不择人而言、不择时而言、不择地而言嘲之，而又以为诚可鉴而愚亦可嗤也：謇闻之以为知已。夫言非一端，要以世之所亟、心之所明为的。前清之季，亲贵柄政，謇则言之；辛壬之际，中山为总统，謇则言之；项城即真，謇则言之；黄陂①摄位，謇亦稍言之：是为不择人而言。清季政纲已弛，一切苟且，莫之能理，謇则言之；辛壬之际，蜩螗沸羹，天下汹汹，莫知所止，謇则言之；其后六年之间，党争剧烈，百废莫举，謇则言之：是为不择时而言。对于政府言之，对于咨议局、省议会言之，对于邦之父兄子弟言之；在朝有言，在野有言：是为不择地而言。屡言之而屡无效，而言之不已，鉴其诚也，謇不敢受。为其为无效也，嗤其愚也，謇不敢辞。为将继此而言犹未能已也。今大总统在位，诸君当国，謇遂默尔息乎？

导淮之议，既倡之十余年，不忍终弃，乃又有第三次之计划。草稿已就，略数千言，自谓条贯粗具。又不能不号呼于众，为滨淮数千万生灵请命。诸君诸君，其谓謇能变其数十年不择人、不择时、不择地而言之诚之愚之故态，而遂默尔息乎？时事艰难极矣。謇虽不与闻政事，抑岂不知西南用兵未有调停之望，又岂不知国库一空如洗，成灾之区亟亟为

————————
① 黄陂指黎元洪。

焦头烂额之谋，又何暇为未灾之区谋徙薪而曲突，又岂不知各省督军、省长对于中央若不相谅，应解之款且不以时。至此而有言，其谓之何？惟是五中摧迫，喉舌结辖，心痗成疾，不可复忍，遂决言之。且以为仁人君子当矜谅者多，而厌恶者少也。虽然，计划空言耳，岂可无薪而爨？美之借款终九成望，国库又不产金。窃尝筹度，知其无法。乃昔为项城①言无法之法，惟有分年筹办。夫一国之收入岁有常经，设有兴作，欲令数年、数十年之收入并日而集，其势有所不能。故分年筹办以济大事，乃古今中外之通例。虽曰无法之法，要自胜于绝对无法。謇第一次建言，尝以三千万计，谓分十年，则年三百万，摊征于沿淮受益地亩，视常额加征银二分亦足以济。此议前者既未及行，今视为无法之法，而行之果有效否？沿淮士民果无异议否？未可知也。且所谓受益地亩，必今年治水，明年得水利乃谓之受益，今年之费又将安出？夫如是，则更益一说：第一年先由政府筹借五六百万或三四百万，充一二年之工费，然后渐次行摊征之法，渐次进行，以至于成。此犹不得谓之非法也。即不然，更降一格言之：五六百万三四百万不可得，则更降而为一二百万。先就水害之下游施工，使水有渐次可循之轨，由渐而上，去其河身之尤淤垫者而使之通，又疏可分之支渠而杀其横流之势，则大害之来，或可缓其时日；或一缓再缓，羁縻之使不至猝发，即发而灾状或以此而减其量，无形中之减少公私财产损失之度至十之五六焉，至十之七八焉。则所保全者，不可谓

---

① 项城指袁世凯。

非无法之法也。有如不幸，并此无法之法亦不能行，使謇亦自嗤其愚之不足惜。国计若何，良生若何，心之戚无穷期矣！诸君诸君，其矜谅之乎，抑厌恶之乎？幸辱裁之。临书迫切，无任屏营。

运河工程局就职宣言

民国九年（一九二〇年）

今日为苏运工程局开幕之第一日，亦即江淮水利工程造端之第一步。走因政府之特任，偶承其乏，得与诸君子相见于一堂，甚幸甚慰！但此不过办事机关，草草成立，其重大繁复之进行程序尚未开始。既任其事，则履行此事之诚意，与权衡此事之素见，及后来之希望，不能不先有所表暴，以公诸世，而借正于有道。今撮大要，为诸君子一陈述之。

我中华号称农国。水利者，农事之基也。往古且不论，即观清世，黄、淮流域属于南河，固尝设有专官，岁支银数百万元，为永久之治河机关。而此数百万元之经费，在在出诸中央。走于同光之间，客游淮上，颇得前人说淮河利害之书，因求所说利害之窍要。其时去黄河北徙，只二十年。河虽徙，而河之遗害于江、淮者至广至深；不祛除之，民生何赖？走蓄是志已四十年，希望良政府为吾祛除江、淮之害，而文字报告设局测量者，亦二十年。丙午之灾，淮南北义赈千万元，无丝毫用诸工程事业；最后之测量，当局官吏，且有改窜真形，加高河底，以难我理论者。可痛滋甚。今政府八面张皇，救过不暇；地方灾患频仍，士人汲汲生计，争热于议员政客之途。虽有贤者，有援救之心，无为谋之力。顾如是，江淮之灾，且无已时。诸君子皆江淮人，吾人民之在江淮，各有衣食住之关系。政府不知为吾谋，所谓议员政客者，不暇为吾谋，人民亦安于不自谋，宁不可异！

今幸江、淮诸君子，筹兴水利，从运河入手，自谋之先导也。治运之重心在工程，工程之因革损益在地形，在历史。历史证古，地形准今。姑举其要。台庄八闸，所以缓水面之倾斜也；河成、河定、河清及漾流、亨济各闸，所以节水流之排泄也；刘老涧，所以泄沂水入六塘也；双金闸所以泄运水入盐河也：此中运河也。又如淮阴三闸，所以防淮水之猛下也，淮阴至邵伯东岸闸洞，所以输送运河之水，溉济下河也；淮阴至宝应西岸闸洞，所以泄运河有余之水，分入各湖也；高邵间之西岸闸洞水口，又所以引各湖之水，转济运河也，此外复有归江十坝，泄淮水以入江，归海五坝，济归江之穷以入海：此里运河也。中运河则自韩庄至徐塘口，为其只受泗水也，故窄；徐塘口至刘老涧，为其兼受沂泗也，故较宽；刘老涧至杨家庄，则沂泗水至刘老涧，大半已分入六塘河，故又窄；杨家庄至宝应，则兼受中运与洪湖之水，故又宽；宝应至高邮，则中运与洪湖之水至永安闸，大半西入白马湖、宝应湖，东且入下河，故又窄；高邮以下，则受上河之水，泄泻归江，故又宽。因河流之消纳，为施工之准绳。前人之于治运，酌盈剂虚，在在足供研究；其不逮泰西水法者，则精密与简略而已。例如《南河成案》、《行水金鉴河防志》、《河工器具图说》等书，坝闸涵洞高下宽深之度，有记也；土木柴工之作用，有记也；筑堤、戽水、刷沙用品之式样，有记也。而工程之图式，材料之支配，来水之总量，过水之速率，力学之解析，用款之细目，分别考证，不备不辨，至后之人但见其所当然，而无从究其所以然，直可谓之有工无学。由是之故，陈陈沿袭，无有进步。近日欧美各国之于水利工程也：月异说，岁异法；甲有报，乙有书。每一新工程之发明，父不能成，子续之；子不能成，孙续之；甚至甲国人不能成，乙国人续之；乙国人不能成，丙国人续之。凡经一人之手，必有图表公式说明，留为资料，故讨论易而进步速。工之大者不必计，小之如船闸、活动坝闸，其灵妙之建设，较诸中国旧式工程，相差不可以道里计。将欲行之，必先习之。有课本之学习，必应有实地之经验。走于水利工程，必用外人，必以中国曾学河海工科者随其后。南通保坍会，工在外江者重椿，工在内地者重闸。本延荷兰工程师，去年八月，椿待继而闸未完，荷人猝亡，即以随工副助之土木工员承其后，滨海九孔大闸成矣，椿亦次第进行，亦尚须延一外国工师。走非重外而轻中，喜新而厌故也。我之故，以人之新证通之，而故有用；中之事，以外之法斡运之，而中有师。非尽旧河工人不用，但有旧习气执一不通者不用。非凡旧坝闸不用，但如归江各坝及中运沂沭各坝闸，有须修复者，有须增者，有须用新式者，非本积年之流速、流量而讨论斟酌之不能定；是非以明水法、通西文者为技正、技士为工师之佐不可。运河之工程即淮、沂，沭工程之先导，不徒为一河蓄水泄水操纵便利计也。

其次则为机械工程与土方工程之设备。夫机械土方，本无依仗外人之必要，但机械工程，所以济人力之穷，必依据运河全图，择于人工所不能及者用之。当分段规定方式，为施工之标准。其每段施工之后，随时凭图测验，并斟酌坝闸启闭之制，保存水位之倾斜度与冲刷力，不使机械施工之地，易致沉垫。近如高宝境内运河流向，南北无定。其所以然者，由于上游闸洞宣泄逾量之故，乃所大忌也。土方工程，必据所测全河中淤窄及高耸之尤者，施以切滩或捞底工程，使之逐段配平；又必因其河面宽窄旧有之作用，而改良坝闸，为我酌盈剂虚之利器，庶灌溉、交通，两获其益（施工计划另篇说明）。

　　夫工程既设备矣，而进行之利钝，经费实左右之。直鲁治运，主张借款。苏运于民国四年，因鲁运关系，亦订有借款草约。水利当局鉴于条件之拘束，未予签字，草约早已无效。彼借款治运者，岂不知镑价之轻，负累之重，但以借款损失与水灾损失两相比较，尚为彼善于此，故不得已而谋之。今兹江淮士绅，具有自行筹款之热忱，且有每亩附征二分为治水之基本金，较他省之全无凭借者，自有彼此之别。去年春季，走令江淮水利局编造《淮运沂沭施工概算书》，关于中运里运河，共需五百三十余万元，乃根据三年及五年淮、沂水最大之量，为完全之施工计划。兹拟坝闸工程，提前择要改建，土方工程，减成计算，假定经费总数三百万元，分三年进行。原有之附税，每年旺收，以五十万元计，亦只得全数之半，自应仿他省河工筹款成例，及其他各税以足之。筹款之法，但求行之有济，不必以方式限人。南通水利经费，每正税一两，附征银一元二角；海门每亩附征五分。人谓通、海地富，征收易于为力。其实通、海可谓不贫，尚不可谓富。

第三编　实业建设

其所以不贫者，水利为之也。今如每亩二分，征诸淮扬各属
地面已不为少。但愿各属同人之踊跃输将，亦希望本局之成
绩，及收支存放之方法，能示信于人，引起各属同人输将之
宏愿耳。皖北治滩，凡河身经过某县，即以某县之工程，与
业户所有之地权，配成比例，每地若干，出夫几名，实地工
作，工作期内，仍给以米麦食品。对于工人，分千人为团，
百人为队，十人为棚，在在用兵法部勒，类似通海拔夫治河
之例，于经费之负担较轻。此亦足为研究之一助。皖尚能行
矣，我江、淮将何如？

更有进者。走以为天下无不可成之事。事之艰难颠沛，对
于个人，乃为磨练，对于事实，则为促进。若因艰难颠沛而不
为，成于何望？况地方水利与人民利害有切身之关系者乎！走
于兹事，可举本心之明，为诸君子言者，曰诚、忍、慎。以敷
衍表面，为办事之手术，应酬人情，为避谤之方法，吾恶其不
诚而不敢也。事机变幻，作辍无常，非礼动摇，怫然意懈，吾
恶其不忍而不敢也。水利工程，含有慈善性质，旷时期，糜公
款，顾一隅，戾全局，吾恶其不慎而不敢也。惟有一端发现，
或款不时继，则必谢不敏。至于事实之布置，款项之收支，事
事与人共见之共闻之。此走之所以自效于南通者。今当运河开
局，走愿以致效南通者，效于江北。诸君子各有利害切身之关
系，走乃为分晰利害之一人。在局诸君行政、技术，各负责
任。设咸以事为主的，必能和衷共济。运河之利害出入，关系
江淮各属之安危；运河之工程良否，关系江淮全工之进止。深
望诸君子本已饥己溺之怀，同益深益热之惧，有以启所未及，
匡所不能也。江北幸甚，謇幸甚！

敬告导淮会议与会诸君意见书^①

民国十一年（一九二二年）

横贯三行省，计程二千里，为中国有名之巨川者，淮河也。溯淮之导，肇自神禹，迄今三四千年矣。天下有三四千年不治之河，而能免于为患者乎？天下有为患之河延至二三行省而能不治者乎？居今日而曰淮，其当治也，无待赘言。謇迭次宣告书中已详之，兹所欲言者，不在淮之当治，而在治淮之当用何法。

实测淮河，自河南之桐柏起至江苏之海口止，平距一千九百四十二里，高距一千一百十七公尺。桐柏之源出于淮井，淮井之源，由山顶蒸气与雨量经透水石层之作用，涌积灌注，成涓涓之流，为淮之导线。自山至陆，导线所过，又合平地之蒸气与雨量，汇入于一线之经行而河形具。经行愈远，汇入愈多，河乃愈大。

禹之治淮也，顺水之性，因地之宜。导淮自桐柏至洪潭、

① 张氏研究导淮四十余年，值导淮会议召开，特沥陈导淮测量经过及导淮设计方案。

第三编 实业建设

白石二山，经行于山岭之间迤下，距山较远，而两岸高厚之土冈，相与回捍。故桐柏至息县，河长四百十五里，河底倾斜一百十一公尺，源微流急，无灾可言。息县至洪河口，冈之距河，不如上游之切近。居民为防御水患计，乃筑堤以补冈之不足。洪河长八百余里，洪河之上有潢河，洪河之下有白鹭河，先后来会。淮河两岸，无冈可依。再下至三河尖，又有史河、谷河下注入淮，共曰三河。计息县至此，河之共长二百九十九里。河底倾斜只十八公尺，则以巨大水源节节加入，水面之倾斜小，河底之倾斜因以俱小，而灾乃见。

三河尖至正阳关，河长一百六十六里，河底之差，下游反高于上游三公尺五，河面之宽，占上游之半，而左岸之淠河，右岸之柳沟润河涧河，挟巨大之量以偕来。正阳至蚌埠二百五十三里，河底倾斜四公尺七九，占长台以上十六分之一，占息县以上八分之一耳。其间如涡茨沘颍诸水汇入之量，不减于淮河本身外，此两岸支流尚二十有四，而有荆涂二山之束缚，而灾乃大。

蚌埠至五河，河长一百三十五里，河底差度零七公尺，实无倾斜可言。两岸加入支流一十有二，而浍沱诸大水，尚不与也。以蚌埠淮河本身之容量，欲承受上游来水之体积，不敷已巨；而蚌埠至五河，又有浍漴潼沱巨量之水，节节加注，水面乃逐渐增高。上文壅已不能支，又加以下之遏，面灾乃益大。

五河而下，受水之量已极，其重要在水之能泄。向分江海二路。今则清江以下淮河故道，如五年大水，每秒宜泄六十七立方公尺，十年大水，每秒宜泄一百七十立方公尺。计其量数，占来水百分之八与百分之十七，微细已甚。入江之量，以五年与十年较，十年之江水位，高于五年。故十年流量，只占五年之半。来源骤增，去路骤减，全以江皖间为屯积之区，而灾乃更大。

謇弱冠负笈游淮安，其时去黄河北徙，不足二十年，即怦怦心动，以为淮不治，江北无宁日。光绪年间，屡请于当局，辄被阻。乙卯至丙午十三年间，灾凡九见。端澄阳督两江，设导淮局派员测量，乃徇淮扬道扬某之詟说，阴令测员于图上增加旧黄河底真高至六公尺，为河底高仰不能行水，工巨费绌不能施治之证，而议遂寝。庚戌謇在江苏咨议局，通过导淮议案，设测量局于清江浦，及今已十二年。测绘区域，包括长淮全部，测量成绩，分别平面、断面、流量、雨量、含沙、土质等类。经外人之实地调查，而复较现测之图者，已非一次。

謇于导淮之设计亦屡矣。最初主复淮故道，辛亥以前，主入盐河出临洪口，民国二年，主入江由三江营，入海由灌河口，最近仍主江海分疏，而入海则由旧黄河。其主张经过之变更，乃具有今昔历史人情习惯之关系。謇初以为淮北诸水，在大禹时本合流入海，昔日能行之而无弊，今所治者犹是昔日之水，淮入盐河出临洪口，仍合禹时古制。而海属人士起而力争。民国二年，淮南北河道平面图告成。謇凭图策划，知今日之淮已入江，因泄泻有限，故致沉灾，自应利用现有之去路，与宽深之巨港，故舍临洪之主张而用灌河。经费之节省，以数千万计。

考自黄河夺淮以后，曩昔与淮合流之水，已逐渐分离，沭入临洪，沂入灌河，是其明验。地方人士，习焉而安之者已数百年。其平日畏惧心目中之淮水，甚于土匪盗贼、毒蛇猛兽。

一旦闻淮水之来，则群相骇告，视为大祸之临，而于施工方面种种安全之设备与计划，不加深究也。循环往复，博咨协议，所决最近之定点，乃与最初之主张适相似。

辛亥之秋，美国红十字会派詹美生氏为勘淮工程师，其计划将洪泽湖水分输江海，而沉田可涸。寨柏尔氏于民二秋季，率美籍工程师十余人，复测吾国已成之图而定计划，将淮水全部入江，洪泽高宝湖田，尽数涸出，抵偿施工之代价。惠根氏计划与寨氏相若，费礼门氏主张淮水全部入海，且合淮沂泗沭为一河，最近来因氏计划，则主江海分疏。

謇综合各工程家之计划而研究之，其中不同之点甚多，尤以寨氏与费氏为甚。寨主全入江，费主全入海，其余均主江海分疏，各具苦心，言之成理。费氏之说与三四千年前之大禹，十二年前之謇，先后暗合。惟因种种关系，謇不能持前说。费氏所言，亦姑存而不论。寨氏主全入江，其计算淮水之总量，不足五千立方公尺。今查五年淮河最大流量，数逾八千，十年则几及一万，与寨氏原计之数，相差甚远。且五年大水，淮水入江，每秒六千立方公尺，十年之水，大于五年，而入江流量小于五年几倍，故十年之险，甚于五年亦几倍。

由是言之，费氏计划，固节用而工捷，而实地之障碍，未易去除。寨氏之工用，亦节而捷矣。但来水之量数，与实际不符，根本上已不能适用。无已，惟有仍取江海分疏之策。

謇尝拟淮沂泗沭施工计划书，经费总数一万五千余万元。其方法乃在顺其宽，齐其深，合正干与支流所需之容量，及调剂正干与支流所需之闸坝，一一设备。其结果乃使历年任何大水位，均能如法吐纳，不致沉灾。由是而原有之湖面积缩小，涸出田亩以六千五百方里计，合三百五十一万亩，每亩之代价以十元计，即三千五百万元。更有受益田亩，以二十三万方里计，合一万二千余万亩。每亩之负担，以一元计，即一万二千余万元。两共一万五千余万元，为数不为不巨。但如因款巨而中止，设遇有五年十年之大水，则每亩之损失，不止一元，且生种种扰乱情形，彼此相衡，利在积进。

若为受益田亩之负担过重，而分其数为四年缴纳，则每亩每年之负担，不过二角五分耳。若为费大工巨，不易举行，而欲变其计，则赛于十年冬季，又拟有淮沂泗沭治标商榷书。合苏皖两境之工费，不过一千三百万元。就苏境言，向所塞者先使之通，设遇大水，其自然之冲刷力，必能将窄浅之河渐次深广。费礼门氏主用水力开河，即吾国川字河之遗意。往昔行之，具有大效。其在皖境如倾斜失度、宽窄不顺之处，则去淤培高，为长时间之导治，从此上下交利，壅塞之患除，泛滥之灾免，用款既省，收效匪轻。

考淮河旧日之深度，在今日河底十三公尺以下，盖据长台建筑淮河桥，掘地至十三公尺以下，始见泥土乃真正之淮河底。又查江苏之码头河营志桩，其底高在今河底十二公尺以下。该处志桩，设自明代。可知当日河底真高之所在。又淮北之灌河，淮南之射阳河，乃与淮河并行出海之巨港。以今日射阳、灌河之底高与淮河故道相比较，差数亦逾十公尺，则淮河垫高之量，亦可推计。

今欲治淮，使之入灌河或临洪口，固属费省而功倍，即循高邮之三坝与宝应之泾河从运河起点，将原有泄水入海之河，裁湾取直，两岸距河二百公尺处，筑以夹堤，输送淮水出射阳或斗龙、王家等港，乃亦费省而工倍。亦尝有所计划，但进行之困难，有如前述。故入海之路不得不趋重于旧黄河。但望地方人士，一旦豁然开朗，知计划者之慎思审虑，认为无害，群相趋于节省之一途，俾得轻而易举，则謇之愚以为辛亥前謇之提议，与费氏之主张，最为适宜。

或曰：淮扬两属，灌溉交通，均恃淮水为挹注，一旦导之入海，独不患其无水乎？謇曰：不然。凡人不辨水之利害，不足与言治。淮何以欲治？因其为害。何由而起？因其有逾量之水。五年十年，凡一片汪洋滔滔不绝者，皆斩伐淮扬财产生命之利器。假曰无此害水，而如七八九年之安全，宁非淮扬之福？且此一片汪洋滔滔不绝之水，果能预筹出路，不致浩淼为灾，宁非淮扬之福？导淮之宗旨，乃使泛滥无归之水，顺轨入海，不为虐于地方，非将灌溉交通地方所借以生利者导而去之也。

謇对于治淮所欲言者，大率如此。抑有进者，治河工程之必有待于测量，固也。导淮测量处，筹设已十二年，凡所设施，皆为规划工程之预备。一旦实施工程，自应测有精密之图表，为准确之估计，若仅为大体之规划，则该处图表足以供之矣。今因导淮问题诸君子开会讨论，謇蓄志淮事已四十余年，尚未能遂，今后果有实行之望，乃謇所馨香祷祀以祈者也。凡上所云，皆关学理技术事，与行政纲纪无涉。若论事实利害，则中央应主之，豫皖苏三省应协之，庶几相与有成。敢布区区，惟希亮鉴。

运河工程感言[①]

民国十一年（一九二二年）

　　吾于顷者调查高宝江兴东盐泰七县，报告岁收之大熟，而不禁有无当之希望，无穷之感慨焉。希望何自而生？生于无穷之感慨。感慨何自而生？生于无当之希望。回忆去年淮水大涨高过东堤二尺时，謇与韩会办勘灾于昭关坝。坝上下河各县守坝之人数千，田父野老，哀求不开，答以须遍看灾区水势乃定。及至高邮，入境即见有执白旗求开昭关坝之人数千，随舟而行。至承天寺则胸佩某团体徽章者，陈列分次而进，不下十数起，大率以开昭关坝为请求，诘难则匪夷所思，督责则语无伦次。每一团体入，语毕，寺外呐喊声辄作如雷，盖环奇四面，皆求开昭关坝人围之数重也。卒答以非遍看灾区水势不能定，而哄愈甚。自晚五六时至寺，迄十一时始出，而就食于舟。次晨既历宝应、江都、泰县、兴化、东台，同时又委员往盐城、阜宁分勘，返至海安登岸之后，即详咨省长，决定不开。但七县积水稽天，视地高下深四五六尺不等，无法消疏，虑害今年种稻时期。于是四面设法筹款，开百余年淤塞之王家港，助新洋、斗龙之泄泻，限本年二月竣工。因雨，因待款，卒以三月港通。先时又沟通丫支港，尽泄内地积水，七县乃得种稻。其早退水者，正月尚获种麦，特少数耳。而本年七县稻之收成乃大有，每商获二石余至五石，平均计而又减之为每亩二石。七县种稻之田，另列表，约其总数为一千一百七十三万五千五百六十九亩；以每亩二石乘之，为二千四百六十三万七千九百五十八石；又以每石市价三元五角乘之，凡收入总数，为八千六百二十三万二千八百五十三元五角。盖下河之地，本有以水为肥料之经验谈，故兴化地势，在七县中为最低，每遇水灾，在七县中最酷。然千百年来，遇灾何止数十百次；而居民安忍其毒而不去者，甲年灾，乙年必大熟，得犹足以偿其失故也。仆得此报告，不胜喜慰，且为去年之灾民大喜深慰也。

然则何为感慨？当去年大水过堤二尺祸悬眉睫之时，高宝之议员争开昭关坝，高宝城居之寓公、土著，争开昭关坝，省长司可否否，而委责于督会办。督会办担高宝二城危在旦夕之险，又担泰东兴盐及高宝江东乡命悬呼吸之险，设迫于威胁，稍涉游移，昭关坝一开，七县死丧人命之数当有几何？沉没庐舍器物之数当有几何？清道光二十八年，开昭关坝历四年而后堵，用银三百三十余万两，彼时国家财力视今如何？今如竟开，亦竟如道光朝四年堵塞，试问此多死之人，多丧之庐舍器物，于何取偿？又试问此八千六百二十三万二千八百余元今年之收获，于何梦想？更试问累四年之八千六百二十三万二千八百余元，为数殆当三万四千五百万。噫嘻！七县农民有一二觉悟者乎？七县士绅有一二觉悟者乎？謇不敢谓七县无一二人觉悟也，此謇无当之希望所由生也。

希望惟何？即去年预计本年运河善后之工程。政府无钱，运河局无办法，此工程乃万不可缓、万不可减之工程，其用款即万不可缓、万不可减之用款。政府无钱而不急，犹可云如对岸观火也；若七县则处剥床切肤之地，宁可不急，济急惟何？则我七县之农民自筹之。筹正不在多也，但每稻一石，捐运河善后费二十分之一，不独本年预计可以速办，即完全预计亦可提前并办，则五年十年内，设再大水，我七县之人，可以有恃矣。若进一步言之，謇分年小治淮沂泗之计划为七百万元。按本年稻价，如抽捐十分之一，一年即得；三十分之一，三年即得。即得亦复何事不治，尤根本之大计矣。然謇料七县士绅必以为今年之收获，才足补去年之损失。士绅以轻人民担负，为最名誉之符号，不知于事理之正负适相左。人民为政府他事担负，自不当重，若为本身事担负，则有缓急而无轻重；何况十之一、二十之一、三十之一。如何云重？且姑以一年说，譬如去年开昭关坝，地方有大本领人，明年即能堵塞；而今年七县八千六百二十三万二千八百余元之收获断乎无望。三尺童子，亦应知之也。然则謇今所言，特患无唱之者耳，苟有唱者，其必有和准之良心，当可断言。是则謇希望之乐观也。

虽然，我国人之性质之意识，有不可以常理论者。古人有言，是丹非素。丹固自成为丹，素固自成为素，特是之非之

第三编　实业建设

者，偏于信丹而是丹，偏于不信素而非素耳。又有言曰：知
二五而不知十。二五数也，十亦数也，虽不能通二五与十，然
犹知有二五也。今则明明丹而吾以为素，明明素而吾以为丹，
人人可以神圣其丹；神圣其素。明明有二五之数，即有十之
数，而吾第知二五也，即以为天下无十，或知十也，即以为天
下无二五，人人又可以神圣其二五与十。若是者，举世纷纷然
亦夥矣，何止一事？何止一人？而欲以常理望之七县之人，毋
乃太奢。奢则无当矣，故自以为无当之希望。

嗟呼！天下有自知无当而犹昌言之者乎？謇诚不忘去年之
苦痛，而虑运河大计，不治本又不治标，河底日垫，运堤日
低，天灾不可测，而七县方来之忧无可弭也。謇又不胜今年之
喜慰，而期运河大计先治标，次治本，不烦政府，而人民以自
助力成之。七县自治之庆，将自此始也，是在地方明哲士绅提
唱之与众大觉而拓常识也。謇顷三辞局事未获，而旦夕犹盈其
职，则謇之所以不可已者也。附调查报告表于后，有愿平心观
览而忖度之者乎？

附：下河七县收成统计表

县别	全县农田亩数	每亩收成石数	全县收成石数	备考
江都	一七五二〇四二	三石至二石五斗不等，平均每亩得二石	三五〇四〇八四	杂粮约十分之一，余均禾稻
高邮	一八四四一〇〇	三石二石一石不等，平均每亩得二石三斗	四二四一四三〇	杂粮约十分之一，余均禾稻
宝应	一六二六三二〇	四石三石一石不等，平均每亩得二石五斗	四〇六五八〇〇	杂粮不足十分之二，余均禾稻
兴化	一七七四五五	二石五斗至一石八斗不等，平均每亩得二石一斗	三七三二六五五	杂粮极少，不足十分之一，余均禾稻
东台	一〇六五六〇〇	二石五斗至一石不等，平均每亩得一石八斗	一九一八〇八〇	杂粮约十分之二，余均禾稻
泰县	一六四一九四八	二石五斗至一石不等，平均每亩得一石九斗	三一一九七〇一	杂粮不足十分之二，余均禾稻
盐城	二〇二八一〇四	二石五斗至一石五斗不等，平均每亩得二石	四〇五六二〇八	杂粮不足十分之二，余均禾稻
统计	一一七三五五六九		二四六三七九五八	

说明	一、七县面积总数一千一百七十三万五千五百六十九亩，收成总数二千四百六十三万七千九百五十八石，内禾稻约百分之八十六，杂粮百分之十四。稻粮以平均每石价三元五角计者，约值八千六百二十三万二千八百五十三元五角。（现稻价不止三元五角，此以最初最少计。） 一、东台、盐城两县范堤以东系灶地，不在调查亩数之内。 一、今岁水小，故高地患旱，收成稍欠；低地有闸水灌溉，收成较丰。 一、今岁得能种稻与丰收，盖系三坝早闭，王港早开，以及闸水灌溉之功；如果五、六月不旱，则更丰矣。

第三编 实业建设

论淮水入下河应束堤归海复刘少青函

民国十一年（一九二二年）

　　曩者辱惠下河简图，兼附商榷书，意尊居或有业产近黄沙港，故言之详。披诵一过，怃然有感。夫治水先下游，乃一定不易之公理。并海多辟港河，使来水畅泄，为治淮之先声，亦至当不易之良策。书中商榷，专主辟黄沙港泄水，而不主束堤，则予江淮全局，尚未统筹也。试言之。

　　謇投身实业垂三十年，而水利工程，发愿尤早。淮扬徐海二十五县，为鲁豫皖三省泄水尾闾，属于鲁者为沂泗沭，属于豫皖者为淮。诸水之中淮为大。经近十年实测之比较，知合沂泗沭全量，不过淮量之半。但言形势，沂泗沭占徐海，淮占淮扬，近于分途别径。返观实际，淮行平原来而弱，沂泗凭高原来而强，洪泽、高宝皆为沂泗屯水之地，淮沂泗俱强，杨庄以下，无沂泗经行之路；十年大水，双金闸泄量，且为淮所夺。沂泗北趋犯沭，淮海两属之间少干土。运河乃承转众水机关，向无固定之水源。故论江北之水，当以淮为主体。淮无去路，或有去路而不适当，皆足为患。謇之主张导淮者以此。

或曰："淮扬两属享受淮水之利矣，导之将若何？"斯言也，謇日闻之，而申辩已再四。盖治水贵蓄泄兼筹，因水之有余为害也而泄之，亦当计水之不足亦害也而蓄之。古人开辟河道为泄也，而建筑闸坝即为蓄。不然，洪湖大堤欲其泄，大辟口门可也，何必有仁义礼智信五坝？邵伯湖水归江可也，何必有壁虎、拦江、凤凰、金湾、东湾、西湾、新河、沙河、土山、湾头十坝？高邮湖水归海可也，何必有新坝、中坝、车逻、五里、南关五坝？微山湖水入运可也，何必有韩庄、得胜、六里、张庄、万年、顿庄、侯迁、台庄八闸？骆马湖水入运可也，何必有潆流、惠泽、享济三闸？宿迁运水直入六塘可也，何必有刘老涧？淮阴运水直入盐河可也，何必有双金闸？中运河张福河水直入里运河可也，何必有头二三闸？既有闸，既有坝，任其泄水可也，何必严订启闭，依据时令，规定先后，较准基址，分别高下之制，存案勒石，垂为令典？可知必蓄泄互用，乃能早潦有备。无古今，无中外，同此心理，同此作用，何独于今日之导淮而忽之？

　　导淮计划，謇尝一再宣言矣。对于水位，分高常枯三种。高不适宜则泛滥，枯不适宜则干涸。今以高邮御码头水志为准，十年高水位一丈九尺二寸，而运河堤面高者一丈八尺二寸，低者一丈七尺六寸，以致脱坡串水，溃决时虞，所谓高不适宜也。六年，枯水位低于志桩二尺八寸，而运河水量深不过二尺，宽不过三丈，以致舟行搁浅，断绝交通，所谓枯不适宜。故导淮计划，订高水位为一丈五尺，乃较昔日为低而不溢；枯水位为六尺，乃较昔日为高而不涸，常水位为九尺五寸，与枯水较尚余三尺五寸，乃蒸发渗漏灌溉之所需也。高不溢，枯不溢，其法维何？要在水大则别筹去路，水小则以闸坝为之操纵。

或曰："以淮水今日已有水不济用之时，如别筹去路，将奈阿？"謇曰："所谓济用与不济用者，要在操纵闸坝之得当否耳。五年大水，车逻一坝，为长时间之开放；六年春季，既现断绝交通之患。夫此泄泻淮水之人，未始非平日津津于淮扬以淮水为利之人。顾知一而不知二，全局之规划未周，偏倚之害自至。今之所谓别筹去路者，必如丙辰辛酉江北皖北平地积水深至一丈一二尺，浅亦五六七尺。夫以数十县人民之生命财产房屋庐墓，尽付诸洪涛骇浪之中，此而不去，曷言治水？若夫冬春之际，船舶往来，车篷升转，借此水以便交通，滋灌溉者，尽人皆知其为利也，即謇计划书中所谓常水位以下之水也。水位至常，有闸坝为之节制。即如十年冬季，御码头水志在八尺以上，车南新三坝全体合龙，十一年未现干涸之患。为利为害，兼顾统筹，曷尝并此而亦导之入海以为治耶？又八年治淮计划书中，说明淮水如由旧黄河入海，必于杨庄河口，建筑大闸与滚水坝各一座，坝脊之高一如常水位，水过坝脊，尽量宣泄，若在脊下，则涓滴不能下注。闸则用双门式，为临时之节宣。且于水量分配，专章分晰。我为此言，固不自今日始。来书注重淮水入海，诚与普通之见有别。惟导淮除入江外，所余水量，全由旧黄河入海者，乃必不得已之举。果能于下河多疏海口，分淮水之一部分，利导因势，半其事必倍其功。若以为不必束堤归海，则未然也。先哲有言，"水性顺下"；又曰，"盈科而后进"。淮水入海，必使之先出范堤，为必不可逃之事实。惟查下河地势，不但低于运堤，亦且低于范堤，而运堤与范堤间，计其宽长面积，约得三万方里。车逻坝水东下三十里至二沟镇，即无堤防，平放直泻，回环散漫，东有范堤以为之埂，则三万方里之平面积，即坝水之科也。科不盈，水不进。以謇所订之高水位，一旦实行，则御码头水志，最高不必过一丈五尺。即使东南新三坝齐启，除一部分淮水由旧黄河入海外，三坝之最大泄量，每秒不得过二千立方公尺；以之平泻于下河三万方里之面积，其承水之深，平均二尺五寸计，其水面须经五十七日以后，乃得与范堤等高。堤至海口，以直径计，亦九十里，范堤之高于今日垦区，亦二尺以上。即令此三万方里之积水高于范堤，而堤外民地之垦熟者，计其宽度，亦二三十里。其势已不能漫行而下，即下矣，逾堤之水，且下而尽矣，而堤内积水，深尚二尺五寸，仅有射阳、斗龙、新洋、王家、东川五港，得以分泄。查大水之时，本局实测之射阳河为五港中之最宽最深者，其退潮时之顺流量，每秒平均得二千零四十四立方公尺，而涨潮时之逆流量，每秒平均得一千九百零四立方公尺，顺逆两抵，买得每秒平均泄量一百四十立方公尺。合五港之断而积，计其总流量，每秒不过四百四十立方公尺耳。欲以此数而泄三万方里盈科之水，非八阅月以后不能尽。按诸时序，甲年大水，乙年插秧之望绝矣；如乙年又水，则丁年之秧又无望。如此连年荒歉，民命何堪？且此荒歉之影响，非仅及于下河七八县也；上游如淮南北被同等之害者，亦以十数县计，将俱食水势散漫壅遏不能速迅入海之赐。宁非大误？

　　謇为下河滨海各县计水利，曾拟自东台之角斜起，至灌云之陈港止，计程四百七十一里，辟新运河一道，河之位置西距串场河四五十里。但此纵河也。串场河东岸，原有闸洞引河，其势横，如不与新运河衔接，则串场河之与新运河，不相连属。设遇西水涨发，其宣泄也，必仍以五港为限。源大流小，下河之损害不能免；而沿海数百里新辟之运河，仍不得效其用。謇计划新运河时，曾于筹款项下，提出加增场地亩捐一项，专以疏浚各场原有之东西引河，而范以堤，使之汇入新运。如此脉络贯通，新运河乃能尽其转输西水之能力。黄沙港位置在新运河西，原有之引河，自可疏浚。顾新运河距海且三四十里，西水之来，必不以输入新运河为止境，新运河之用，自不能以承受西水为止境。故复南自角斜，北至旧黄河，沿新运河东岸，另辟横河二十六道，下通海口，合原有之五港，为三十一道。计其泄水总量，适与车南新三坝下泄每秒二千立方公尺之量数相符。将来整理五港，使泄量占来源之半，其余二十五港，分泄此每秒一千立方公尺之水，每港应泄四十立方公尺，以退涨潮相抵，港宽十二丈深七尺五寸，已可措置裕如。但海口各河愿为西水效全力，而西水如何能收下达各河之效，则非天幸，而在人为。新运河西之引河应增若干，视面积广长之度为衡，正须各内地之人通盘筹划耳。

靳文襄之治河也，曾拟于归坝下，创立三河六堤之制，即所谓束堤归海也。乔石林尼之不能实行。在当时淮南盐务极为繁盛，形势自与今日不同。今以范堤距海之远，下河地面之洼，设遇水涨，在昔咸同之间，准高邮御码头水志一丈一二尺，即应开坝。然其时溃堤决口之事，尚史不绝书。旋因下河地势，宜于栽稻，每当伏秋大汛，屋民以刈稻关系，用全力以保车南各坝，水位增至一丈七尺以上，乃获启放。计淮水之来，约分三级：第一为洪湖，第二为高宝湖，第三为下河。洪湖之水，高于高宝一丈七八尺，高宝之水，高于下河亦称是。水愈高则危愈甚。而计其现有之平距不足百里，恃为原有之屏蔽，不过两堤。十年之秋，运堤未决，皆赖天心之护佑，与人事之绸缪，不能视为定例。而坝水已经三十余日之浸灌，兴化县境，仅城署一隅之地，尚为干土，其余尽在水中，悽惨情形，目不忍睹。设再有如清水潭、马棚湾之变，则万顷洪流一泻而下，洪泽高宝涸，而兴盐东泰沉，下河数百万生灵，其能免于祸者有几？以如此残杀生命劫毁财产浩荡无归之水，而尚拘于因以为利之成见而不之去，尚得谓有人理耶？夫今昔同是淮，同是水，今昔不同是河底；同是河身，受水泄水之形势不同，即处治之方，乌能不因时而异？譬诸人类，谁不知其可亲。若至啸聚徒众，抬架劫掠，行同盗贼之时，则去之惟恐不速。治淮亦然。安澜之水，利水也；泛滥之水，害水也。去害乃能生利。今且平心论之，大水之年，上下游生命财产，尽悬于堤。堤保则人生而物存，堤决则物亡而人死。死生存亡，争此一关，争于一线。试进土人而问之曰：车南新三坝早开，使水入下河，运堤不致溃决何如？则必曰：漫地而行，夺我收获，非所望也。试更问之曰：车南新三坝虽开，使水入东海，不致横溢地上又何如？则必曰：循轨而下，无害我田畴，所共愿也。嗟呼！危险如彼，安全如此，即漫地与顺轨之差耳。何以顺轨之利，非不能兴而不兴；漫地之害，非不能除而不除？是人事不欲尽也。曷言治水？

　　謇前拟先治王港商榷书中，曾主于高邮车南新三坝，准五年闭车逻坝，水位三尺五寸，致成六年之旱，十年闭车南新三坝，水位八尺八寸，十一年水能济用之比较，乃假定常水位之度为九尺五寸。并效古人依次递降之制，筑滚水坝，坝下培夹堤二道，按定倾斜，直接王港。良以水性必得高下之度，始能流行。开坝之期愈早，则泄水之量愈小；高下之差愈大，则流速之力愈强。中运河自韩庄以至杨庄，河底之高下七丈六尺。里运河自杨庄至瓜洲，河底之高下二丈七尺。故一遇盛涨，沂泗来水，倾泻而下，一昼夜之久，水流九十里上下，中运流速乃较里运为大。然一亦因有两堤之拘束，故能循轨而行，无有阻滞。若言下河地势，自车逻至海口，高下之度，无甚悬殊；滨海滩地较范堤以内地为高。人第知下河之水归海迟滞。所以然者，非水为之，乃地为之也；非地物之障碍为之，乃地面之洼下为之也，即所谓科也。不揣其本，凭空臆测，而曰某也阻止，某也壅遏，试以来源与去路之流量相加减，当知所言之失当。回忆十年之秋，沿运各县之富有者，泰半移家迁室，结队成群，甚且雇用大船，停舶河中以避水。贫苦者多数负土担革，攀门捲席，甚且搭盖茅舍，坐卧河干以防水。此情此景，笔难罄述。假如能使居民避不胜避防不胜防之水，引而之他，且能预为设备，不使发见防避之扰乱，宁非乾坤再造、天地重光之幸事！謇愿下河同人，毋忘十年秋季之奇灾，而谋永久安全之良策也。其策维何？即束堤归海是。不观诸火车乎？进行迅捷，往来乘客，可及时而待，但必有轨以为之范，乃能按期而无所误；否则自由行动，必致倾陷颠覆而不能拔，尚何进行之可言？水。之与堤，犹车之与轨也，无堤以为之束，即有海而不能归。又理之浅而易明者。

或又曰：今之淮水入江矣，以全淮之量，导之归江，工简而款省，何必犹言入海？謇曰：为此言者，未审丙辰与辛酉之变耳。查淮水来源，辛倍于丙，而淮水入江，丙倍于辛，适得事理之反，则以辛酉之长江水位，高于丙辰之故。其问题属于治江范围。但治江经费之巨与进行之难，奚翅十百倍于治淮？若欲于治江之后，坐收导淮之利，恐为不可必得之希冀。惟今日不欲治淮则已，欲治淮非归海不为功；治淮而不入下河则已，入下河非束堤不为功。至若往日之坝水，一旦开放，而乡之人以为水有所泄，可以无忧矣。其实水之泄也，多数屯积于下河米麦之田，去归海之期尚远。事前惧水之泛溢而不使泄，事后任水之停潴而无所归，而三万方里之面积，八九千万元之收入，完全付诸东流，而不一措念。其失计孰大于是？

　　来书所云先疏黄沙港，意在消弭西水，而不是束堤，欲其收效，未敢预必。盖以车南新三坝，距离海口既如是之远，又以兴东盐三县所有地面如是之洼，上游之水，决非因下游有港，而能越过洼地，提前下注。果能于三坝之下，筑以夹堤，先达串场河，复于场地引河相吐纳，其夹堤与串河交接处，建闸坝各一：保留冬春应需之水，定期启闭，计其利害，则水位逾常，自然泄泻，以免临下之险，生命财产，两得其全。一利也。束水有堤，不至四出游衍，春种秋收，均无妨碍。二利也。泄水提早，顺流归海，不生上下河人民之争执。三利也。有宽深河道，平日可为蓄水及交通之用，商业往来，均受其益。四利也。所视以为害者，夹堤间之地主耳。但两堤距合三坝之宽而又广之，姑以二百四十丈计，每丈占地以四亩计，三坝至串河，直径不过一百四十里，占地十万八百亩，合一百八十六方里强。以此与三万方里较，不过一百六十分之一耳。其堤内关于个人之田亩墓庐及迁让费用，当令全境受益田主，公共酬偿。即三倍五倍其酬偿之数，合上下河统计，得失相较，何止倍蓰。若此庶可相安，而西水亦不至时时为患。导淮事业，其过半矣。

或又曰：子之言诚善矣；但下河各县土质浮松，若新筑之堤，即以御水，一旦崩决，其害何堪设想？不如缓行之为愈。容曰：此堤关系之重要，尽人知之。果能实行，主管者于土质之选择，与工作之方法，必有慎密之讲求，决非轻率所能从事；而各县人士皆有切身利害，当然负严重监视之责。以最近事观，十年大水，近接车逻坝左右之民圩二十余处，有堤范水，堤内居民，安全无恙，咸庆丰收。可知堤防之稳固，与工程之核实成正比例，非人力所不能为之事。若虑坝堤之溃决，即以此策为不可行，乃不噎而先废食之见也。天下事如俱从消极着想，则饮食衣服，皆为多事，故事既人力所能为，即人人有应负之责任。语云："两利相权取其重，两害相权取其轻。"今此举为害轻利重，万世永赖之基。若何而视以消极？

来书所云先开黄沙港，旧有黄沙壪，将分为二，壪内之人，作何感想，不得而知。但謇以为下河之地，在在可筑以壪。壪之高，过于历来之大水位三二尺，则水不内灌；壪外留公共水道，则水不旁溢。壪下安设水管，为平时引水泄水之用，是为两利。安得一县同志之人十数辈，持以毅力，处以公道，起而图之乎？

执事宗旨在分泄淮水，为下河策久远，且裁湾取直，滨海建闸，视为切要之图。是则与向壁虚造者异矣；謇故乐与研究。謇拟辟海口各河之支配，其南北平距，不过十里，北七灶亦在规划范围以内，别有水利规划图可考。固已上下统筹，不以一方自囿，久当知之。运河局所征捐款，为数甚微，恐有顾此失彼之虑；场地亩捐，本拟为修治范堤以下原有引河之用，与执事所希望之旨正同。

开辟新运河于淮扬全部有利无害文

民国十一年（一九二二年）

　　窃查江北淮扬地面，广袤十二万方里，高原下湿，交错其间，乃大好平陆也。自宋以前，范公堤外，海水朝夕上下，地质斥卤，惟宜煮盐。厥后海势东趋，范堤之距海岸线，二百至一百五六十里不等，新增滩地，不下二千万亩。民国以来，垦荒条例，早奉中央颁布；淮南盐产，以价贵产绌，限年递减，亦有明文。昔滩以草而盐，今荡以草而田，乃天地古今自然之趋势，非謇一人所得私构也。农田之要在水利，水利之作用在河渠，乃自然之应求，非謇一人所得立异也。考诸历史，证诸地理，知两淮泄水干河，属于淮北者主横而客纵，两河间之距，不过百里。横如中运之于六塘，六塘之于蔷薇是。属于淮南者主纵而客横，其平距亦不过百里；纵如淮河之于里运，里运之于串场是；横如射阳、新阳、斗龙、王港、竹港是。横以利导，纵以利疏，其大效也。今旧串场河为淮南极东之干河矣。串场之距海滨，远者二百里矣。以广二百里、袤四百里之平面积，在中央停止煮盐提创垦荒之际，无论其为公司，为地方，使无历史地理上应有之南北干河，则草莽荆棘，沮洳厄塞，萑苇荒芜，盗薮所丛，民生日促，岂地方之幸福，岂自治所宜然？今原呈诮謇以知为各公司计利，不为里下河计害。夫公司乃里下河中之一部分，公司利即里下河之利，謇个人无从而私之也。如原呈言謇不解张纶、范仲淹。范堤之外并无旷土，何以沿堤即辟场河，纵贯南北，不虞西水之阻扼也。又不解今日之里运河，经明清两朝，尽分氾光、甓社、高邮、宝应屯积黄淮。兹水之湖培筑而成，不虞西水之阻扼也。昔人行之而无有害，謇今行之而独不利。岂不曰：里运河、串场洲均有归海闸坝，为宣泄西涨之预备，新运河则如原呈所云："一旦西水下注，过里运河出范公堤各闸，经射阳等港，奔腾入海，忽为新运河堤所阻。"等语。异哉，岂新运河纵贯南北，不与原有之河港相通会，而新运河堤，乃直当各河港之冲而塞其道也。果尔则请与言新运河之计划。新运计划之起点，北自涟水之陈家港，南行套子口、旧黄河、射阳河、新洋港、斗龙港、王家港、竹港，至东台之角斜止，计长四百七十一里。其间与各河港交会之处，在新河两端，各建一闸，使水小时不致泄泻过甚。如图中之甲，则原有之河港仍在，并不因新运河而湮塞也。可知沿河省道，长与河等。间有与河港通过之处，非架设桥梁，即改用船渡。如图中之乙，则原有之河港仍在，并不因省道而填堵也。又可知所谓不为里下河计害者何在。在昔謇曾有并治五港之宣言。五港中之王家港，于本年筹集赈款，实行修治，与原港之通塞广隘，相去绝远。附属王港之丫支港，提前浚辟，而丁溪草堰积水之退，日以寸计，事实俱在，悉可证明。今王港正河告成，他日泄水之利，宁非下河之利？所谓不为里下河计害者更何在？謇于三年二月，条陈新运河筹款方法五项，场地亩捐，本居其一。本年三月，续呈更变筹款方法，将场地亩捐，特别提出，专为疏浚或加辟各场中由范堤至新运间东西引河之用。他日引河成与新运衔接，则流量增大，东西脉络，在在贯通。一旦西水东下，由各场引河输入新运，转输于原有之河港，及各公司自行新辟之东西河以入海；以流量计，较诸未辟新运以前，所增不啻以倍。謇前呈所云：淮沂交涨，里运河、串场河所不能容，非此河不能大其容者此也。原呈诘责以不辟东西河道为言。须知淮以南主纵而客横，必先主而后客。试问不有纵河以利疏，不有横河以利导，纵横之河以容，疏导之河以通，有待于计划者正多。原呈人何以知之？而遽谓不为里下河计害者复何在？治河之于闸坝，利在操纵水量。十年大水，下河数万方里，一片汪洋，欲觅出水一丸之泥而不可得。本年插秧，人皆惧其无望，卒以里运河归海三坝，向例夏历十二月后，方筹堵合。去年三坝合龙，在十月中旬，合龙后三日，坝下水退，现滩二十余里，加以海水位低，丫支港辟，本年三月，地无积水，农尽施工。一港之效如此，异日五港并治，东西各引河尽通河水，建闸以操纵之，外以免海潮淤填之患，内以适淮涨高下之准。謇自谓为里下河水利计，无逾此者。查串场河东岸各闸，以天妃为最大，计孔七；一孔之宽，一丈八尺。其余各场，则二三五孔不等，计当日各闸之总面积，与里运归海三坝之面积，略亦相当，非漫然也。今謇计划各河港之闸孔，殆已过之；以闸孔须与泄水之流量成正比例。而各公司地面之水，须自辟河道，自行泄水，不假五港公共水道。如原呈人之目光与心理，则泄西水者，自有西水之道在，而又浚之而约之而直之矣。自古而今，自中而外，宁闻有不治河而以平滩泄潦为法者乎？所谓不为里下河计害者又何在？要之利害有大有小，有近有远，不为淮扬全部计，不为里下河计则已，若为淮扬全部为里下河计，则关系今日之地理，他年之历史，新运河乃必要无疑。以謇之愚，诚不敢谓贯彻古今，然良心具在，通筹新运，绝无公司与地方一毫畛域之见存，可自信也。原呈于謇之计划多所误认，宜与謇所呈之利害，随在相左。至所云如南通自吕四起之类，去事实地形，相差太远，不足斥，论者不更辨及。